U0512455

航空工程经济学

马凌远　主编

申君歌　郭惠君　唐丹丹　汪淑娟　刘慧岭　参编

格致出版社　上海人民出版社

内容简介

　　航空工程经济学是对飞机研制和航空运输项目进行经济分析与决策的理论和方法。飞机是一种构造复杂、投资巨大的运输工具，因此评价一架飞机或一个机队的首要标准是经济性的优劣，只有利用工程经济学的原理和方法进行决策分析，比较它们的经济效益，才能从中选出最优秀的方案。《航空工程经济学》共分 10 章，对航空工程经济学的基本概念和基本要素、资金的时间价值、经济评价指标体系、飞机制造成本及交易价格估算、航线的经济性分析及航线网络的优化、飞机研制项目的经济分析、机队规划、飞机更新和租赁的经济分析、不确定和风险分析等均作了系统的介绍。书中穿插了大量的数据和案例，尽可能将理论与实践融为一体，便于学生理解和应用。

作者简介

马凌远

　　教授、硕士生导师，现任郑州航空工业管理学院经济学院副院长。毕业于中南财经政法大学，获经济学博士学位。

前 言

　　建设航空强国、民航强国,是经济高质量发展的重要内容,也是中国式现代化的题中应有之义。近年来,围绕航空强国建设,机场经济、空港经济、临空经济等概念热度升级,全国各地也掀起了临空经济区建设热潮。相对而言,临空经济或航空经济的理论研究滞后于实践发展,究其原因:一方面在于该领域研究比较小众,属于经济研究中的非主流领域,投入产出比相对不高,较少有学者愿意全身心投入其中;另一方面是目前未能形成航空经济研究人才的系统化培养,而这又很大程度上缘于航空经济领域教材相对匮乏。编者所在单位郑州航空工业管理学院一直坚持"航空为本、管工结合"的办学特色,自1949年成立以来,为中国航空产业培养了大量经管类人才。近年来,为进一步强化航空经济人才培养,郑州航空工业管理学院先后开设了航空经济理论与实践、飞行器贸易概论、航空金融、航空保险、航空租赁等特色课程,同时,针对每门特色课程编写出版了配套教材。航空经济系列教材的出版为航空经济特色人才的培养提供了很好的载体和助力。

　　在新文科建设的背景下,学科交叉融合在高校人才培养中的重要性愈发凸显,打破学科专业壁垒,在经管、理工、人文领域之间实现交叉复合,将成为人才培养模式改革的主线。基于此,我们想进一步打造一批跨学科属性明显的航空经济类课程,以促进复合型航空经济人才的培养。航空工程经济学就是如此,其突出体现了航空工程技术与经济学的交叉,如果能熟练应用其原理和方法,就能对航空工程项目的经济效果作出判断,为正确决策提供科学依据。

　　航空工程经济学是对飞机研制和航空运输项目进行经济分析与决策的理论和方法。飞机是一种构造复杂、投资巨大的运输工具,因此,评价一架飞机或一个机队的首要标准是其经济性如何,只有利用工程经济学的原理和方法进行决策分析,比较它们的经济效益,才能从中选出最优秀的方案。《航空工程经济学》共分10章,对航空工程经济学的基本概念和基本要素、资金的时间价值、经济评价指标体系、飞机制造成本及交易价格估算、航线的经济性分析及航线网络的优化、飞机研制项目的经济分析、机队规划、飞机更新和租赁的经济分析、不确定和风险分析等均作了系统介绍,其中包括较多的模型、公式和计算,并穿插了大量数据和案例,尽可能将理论与实践融为一体,便于学生理解和使用。

本书各章节编撰人员情况如下:第 1 章、第 3 章由郭惠君编撰;第 2 章、第 8 章由马凌远编撰;第 4 章由刘慧岭编撰;第 5 章、第 6 章由唐丹丹编撰;第 7 章由汪淑娟编撰;第 9 章、第 10 章由申君歌编撰。

本教材不仅能满足经管学院的开课需要,还非常适用于航空航天工程、飞行器设计与工程等工科专业选用。目前,中国的航空产业,尤其是航空制造与发达国家还存在不小的差距,航空产业不仅需要懂技术的专业人才,更需要既懂技术又懂经济的复合型人才,希望本教材的出版,能为航空经济研究与实务人才的培养作出一些贡献。

马凌远

2023 年 12 月 22 日

目 录

第 1 章　航空工程经济学概论

1.1　航空工程经济学概述

随着航空市场的不断扩大,国际国内航空运输网络不断完善,特别是 C919 国产大飞机成功试飞,为航空领域全价值链的发展带来了良好的发展机遇和前景,与航空领域价值链相关各领域的工程项目也将进入高速发展阶段,航空工程经济学的研究正当其时。

1.1.1　航空工程经济学概念及研究内容

1. 航空工程经济学概念

航空工程经济学是一门研究航空领域中技术与经济相互关系的学科。作为工程经济学的一个分支,航空工程经济学主要研究航空工程项目和技术的经济性。它运用经济学原理和方法,对航空项目的投资决策、运营成本、市场前景等方面进行分析和研究。它旨在帮助决策者评估和优化航空工程项目、航空公司运营和航空产业发展等方面的经济性、可行性及效益。在当今全球化和竞争激烈的市场环境中,航空工程经济学的应用和发展对于提高航空产业的竞争力、促进经济发展和增强国家综合实力具有重要意义。

2. 航空工程经济学研究的主要内容

第一,航空工程技术方案的选择和评估。研究在有限的资源条件下,如何选择最优技术方案以满足项目的功能需求,同时确保经济效益最大化。

第二,成本控制与优化。分析航空工程项目在各阶段的投资成本、运营成本和维护成本等,研究项目成本的合理控制与优化方法,以评估项目的经济效益。

第三,项目融资与风险管理。研究如何在金融市场环境下为航空工程项目筹集资金,并采取有效措施降低项目风险。

第四,航空产业政策与产业经济分析。研究航空产业的发展趋势、政策环境及其对项目经济效益的影响。

第五,技术与经济相互影响。探讨技术创新、技术进步对航空工程项目经济效益的影响,以及经济效益对技术发展的反作用。

航空工程经济学的经济效益评价,可以帮助决策者权衡投资项目的经济风险和回报,以作出最佳决策。它通常是项目决策过程中的一个重要组成部分,有助于确保资源得到有效利用并最大程度地实现项目目标。

1.1.2 航空工程项目及其特点

航空工程项目是指与航空器设计和制造相关的工程项目,包括飞机设计、发动机设计、航空电子设备设计等方面。这些工程项目通常具有以下特点。

(1)技术导向。航空工程项目对技术要求非常高,需要具备先进的工程设计、材料、制造等技术。这些技术不仅需要深厚的专业知识和技能,还需要对最新的科技发展趋势和业界最佳实践进行深入了解。此外,航空工程项目还需要进行大量测试和验证,以确保其安全性和可靠性。因此,航空工程项目需要一个高度专业化、技术精湛的团队来负责实施和管理。

(2)大量的资金投入。航空工程项目通常需要巨大的资金投入,其涵盖研发、试验、制造等多个方面的费用。这些费用不仅数额巨大,而且用途广泛。在研发阶段,需要投入大量资金进行技术攻关和理论研究;在试验阶段,需要建设高标准实验室并进行反复试飞测试;在制造阶段,需要采购高质量的原材料和设备用于生产。因此,航空工程项目需要强大的资金实力和资源整合能力才能得以顺利实施。

(3)长周期性。航空工程项目的建设周期通常较长,需要经过多个阶段,包括预研、设计、试验、制造等。这种长周期性主要源于航空工程项目的复杂性和高技术性。在预研阶段,需要进行大量的技术研究和实验验证,以确定技术方案及其可行性。在设计阶段,需要进行详细的设计和计算,确保飞机能够满足各种性能和安全要求。在试验阶段,需要进行各种试验和测试,以验证设计和制造的正确性和可靠性。在制造阶段,需要采用先进的制造技术并进行严格的质量控制,以确保飞机能够达到高标准的质量和性能。因此,航空工程项目的建设周期通常需要数年甚至数十年,需要经过多个阶段和反复的迭代和优化。

(4)高风险性。航空工程项目因其复杂性和技术难度,成为一项高风险项目。项目的成功与否受到众多因素的影响,包括技术、环境、经济以及人员等。这些因素都可能对项目的成败起到举足轻重的作用。因此,对于航空工程项目来说,进行全面的风险评估和管理必不可少,它是确保项目顺利进行和成功实现的前提条件。

1.1.3　航空工程经济学与航空工程的关系

　　航空工程是一门工程学科,专注于飞行器的设计、开发、制造、测试和维护。这包括飞机、直升机、无人飞行器(无人机)、航天器以及相关系统和设备。航空工程领域涵盖广泛,包括航空器的结构设计、动力系统、电子系统、材料科学、飞行控制、空气动力学、航空安全、航空法规等。

　　航空工程的主要目标包括提高飞行器的性能、安全性、效率和可持续性。工程师在这个领域致力于解决各种复杂的问题,以确保飞行器在各种条件下能够安全、稳定、高效地运行。航空工程不仅涉及飞机和航天器本身的设计和制造,还包括地面基础设施、导航系统、航空交通管理和空中交通控制等方面的工程。航空工程是一个不断发展的领域,受到技术创新、环境法规、安全标准和市场需求等多种因素的影响。随着时间的推移,航空工程将继续推动飞行器技术的进步,以满足不断增长的航空需求和挑战。

　　航空工程经济学是一门研究在航空领域进行项目和投资决策时所涉及的经济因素和原则的学科。它结合了经济学、工程学和管理学的原理,是研究航空工程领域中技术方案和经济效益相互关系的学科。它以航空工程项目为主体,以技术与经济系统为核心,旨在实现资源的有效利用和提高航空工程项目的经济效益,帮助决策者评估和优化航空工程项目、航空公司运营和航空产业发展等方面的经济性、可行性和效益,以促进航空产业发展。

　　航空工程经济学与航空工程紧密相关,二者相互促进、共同发展。一方面,航空工程经济学为航空工程项目提供经济分析和评估,指导项目的技术路线和投资方向,是经济学在航空工程项目领域的具体应用。具体表现为:评估项目的投资效益和风险;制定合理的财务计划和预算;预测市场前景和运营成本;优化飞机设计和运营模式;制定资源利用和成本控制策略;等等。这些应用有助于提高航空项目的经济效益和社会效益,推动航空产业的可持续发展。另一方面,航空工程的发展也为航空工程经济学提供了新的研究领域和应用场景。随着航空工程领域的不断发展,例如,太空探索中的人工智能技术应用,行星探索任务中的图像处理,火箭返回地面再次使用,等等,航空工程经济学的应用范围也在不断拓展。

1.1.4　航空工程经济学的发展趋势

　　(1) 全球化背景下的航空工程经济学。随着全球经济一体化的加深,航空产业国际竞争愈发激烈。航空工程经济学在全球化背景下,应研究国际市场竞争、跨国合作与竞争、国际政策对航空工程项目的影响,以及如何提高中国航空产业的国际竞争力等问题。此外,还需要关注全球航空市场的需求、技术发展趋势以及跨国公司的战略布局。

(2)创新技术与航空工程经济学。创新技术对航空工程经济学产生了深远影响。新兴技术如无人机、智能制造、大数据、"互联网+"等,为航空工程带来了更高的生产效率、更低的成本和更优的产品性能。航空工程经济学需要研究创新技术在航空工程项目中的应用,以及如何利用技术创新提高项目的经济效益。同时,还要关注新技术带来的风险和挑战,如信息安全、知识产权等问题。

(3)可持续发展理念在航空工程经济学中的应用。随着环境保护意识的提高,可持续发展成为航空工程经济学的重要研究方向。航空工程经济学需要在项目评估中充分考虑环境因素,研究如何在保证经济效益的同时,实现社会和环境的可持续发展。这包括降低碳排放、提高能源利用效率、绿色制造等方面。此外,还需要关注国家政策对航空产业可持续发展的指导作用,以及在此背景下的企业战略调整。

在全球化、创新技术和可持续发展背景下,航空工程经济学的发展新趋势对航空工程经济学的研究方法和实践产生了重要影响,也为我们今后学习和应用航空工程经济学提供了有益启示。

1.2 航空领域发展概况

本节从航空市场发展、飞机制造业发展、飞机租赁市场发展几个方面介绍航空领域的发展现状。

1.2.1 航空市场发展

随着临空经济和腹地中心城市经济的发展,中国逐步形成以北上广三地为核心,深圳、成都、杭州等较发达地区以及郑州、西安、三亚等高速发展地区为重要基点,兰州、沈阳、太原等发展中地区为支撑的多极化、多层次、干线与支线共同支撑的现代航空运输网络,这标志着中国已经初步形成一定规模的航空运输网络体系,也意味着中国航空运输产业逐渐步入一个新的发展阶段。近年来,中国不断加强和完善航空运输网络,目前已经拥有超过约 5 500 条定期航班航线,将近 240 个通航城市,覆盖 62 个国家的 153 个城市。中国航空运输指标位于世界前列,已经在世界范围内形成颇具规模的航空运输体系,并不断加强与支线机场和支线航空公司的联合发展,在世界范围内取得了良好成绩。

2021年,中国全行业全年完成运输总周转量857亿吨公里,旅客运输量4.4亿人次,运输起飞架次977.7万架次。下面我们将分别从航空客运、航空货运和民航机队三个方面介绍航空运输市场的发展。

1. 航空客运市场发展

国际航协数据显示,2023年5月航空客运总量[按照收入客公里(revenue passevger killometres,RPK)计算]同比2022年5月增长39.1%,同期可提供座位公里数(Available Seat Kilometres,ASK)同比2022年5月增长35%。全球航空客运量恢复至2019年5月(新冠疫情前)水平的96.1%。全球客运市场整体RPK增速明显高于ASK,这表明航空客运市场需求大于供给的趋势将长期维持。

进入21世纪以来,中国处于经济高速增长期。在2004—2019年,中国航空运输规

表1.1　2023年5月份国际航空客运市场

	全球市场份额占比	RPK(同比变化率)	ASK(同比变化率)
非　洲	2.1%	38.6%	36.7%
亚　太	22.1%	130.4%	109.5%
欧　洲	30.8%	19.1%	13.5%
拉丁美洲	6.4%	16.2%	16.5%
中　东	9.8%	30.1%	23.8%
北　美	28.8%	14.0%	13.6%
全球合计	100%	39.1%	35.0%

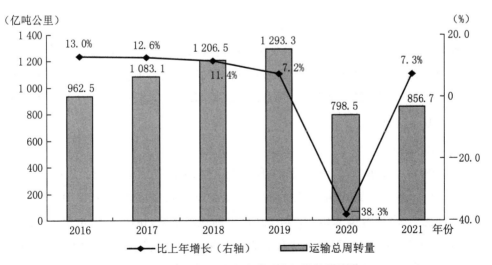

图1.1　2016—2021年中国民航运输总周转量

资料来源:中华人民共和国交通运输部网站。

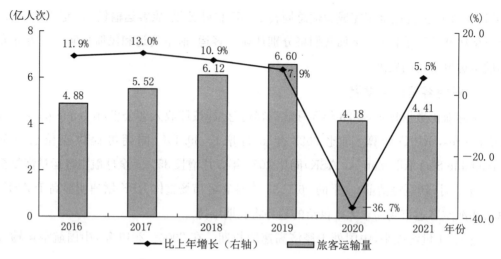

图 1.2　2016—2021 年中国民航旅客运输量

资料来源：中华人民共和国交通运输部网站。

模呈快速增长态势，旅客吞吐量、货邮吞吐量、飞机起降架次等主要衡量指标的年均增长率基本保持在两位数以上（见图 1.1、图 1.2）。此外，中国的城市化进程推动了国内和国际旅游需求的快速增长，增加了商务差旅需求，这使得航空客运市场规模快速扩张。

2020 年以后，新冠疫情给全球航空运输业造成巨大冲击，多项运输生产指标较往年出现明显下降，行业发展遭遇近年来少有的困境。民航局举行的例行发布会显示，2023 年 8 月，中国航空运输市场保持良好恢复态势，全行业完成运输总周转量达 116.1 亿吨公里，同比增长 87.4%，恢复至 2019 年同期的 100.7%。这表明航空运输总体规模已连续两个月超过新冠疫情前的水平。2023 年 8 月，民航旅客运输规模再创历史新高，完成旅客运输量 6 396.4 万人次，同比增长 98.0%，较 2019 年同期增长 4.5%。其中，国内航线旅客运输量同比增长 106.1%，国际航线旅客运输量虽受新冠疫情影响较大，但也呈现逐渐恢复态势。国内航空公司，如中国国际航空公司、中国南方航空和中国东方航空等，在国内和国际市场上继续扩大业务，它们为此采取了不同的策略，包括购买新飞机、开通新航线和加强国际合作等。

2. 航空货运市场

国际航协数据显示，2023 年全年，全球航空货运需求，按照货运吨公里（CTKs）同比 2022 年下降 1.9%。与 2019 年相比下降 3.6%。2023 年航空货运运力（可用货运吨公里，ACTKs）同比 2022 年增长 11.3%。与 2019 年（新冠疫情前）相比，运力增长 2.5%。

中国航空货运发展初期，由于没有形成专业化的航空货运企业，国内航空货运发展几乎全部依靠"以客带货"的方式。自民航市场化改革以后，不断有新的航空企业加入国内航空货运市场，尤其随着电子商务的兴起，顺丰航空、京东航空、圆通航空等依托快递物流呈现出迅猛的发展势头。中国航空货运企业出现越来越多的专业化航空货运企业,中国传统航空货运企业也不断改进其货物运输方式,全货运航班进行货物运输越来越多。至此,中国航空货运运输由最初的"以客带货"转变为"客货并举"方式。

此外,国家政府及行业相关部门高度重视航空货运发展,持续出台促进航空货运发展的政策文件。2018年民航局出台的《民航局关于促进航空物流业发展的指导意见》中提出,既要增强全货机航班运力,也要提升客机腹舱带货效率,不断扩大航空货运网络服务范围。2019年民航局在全国民航工作会议中明确要求:将国家运输战略与航空货运网络规划相结合,提高资源配置,提升运输效率,推进中国民航货运高质量发展。2020年国家发展改革委、民航局印发《关于促进航空货运设施发展的意见》指出,将优化航空货运网络布局,扩大航空货运网络服务范围,提高航空货物运输效率。2022年全国民航工作会议指出,要优化航空货运航班时刻供给,推进枢纽机场货运基础设施保障能力。在航空货运市场不断扩展及政府部门政策支持下,航空货运规模不断扩大,中国航空货运发展有了较大变化。

2014—2019年,国内航空货运呈现稳定增长的趋势,国内航线货邮运输量由2014年的425.7万吨增长至2019年的511.24万吨,如图1.3所示,平均每年比上年增长3.9%。在新冠疫情的影响下,国内各城市之间的航空货物运输受限,导致2020年国内航线货邮运输量明显下降,货邮运输量减至453.53万吨,比2019年下降11.3%。2021年国内航线货邮运输量同样受到影响,但是相比2020年有所恢复,比2020年增长2.6%。相比航空货运,航空客运受到新冠疫情的影响更为严重。在此情形下,航空公司将过剩的运力转移到航空货运市场,"客改货"航班大幅增加,全货运航班不断增长。在货运业务比重增加的同时,更多航空货运企业相继成立,如新冠疫情后上市的中国东方航空物流,促进

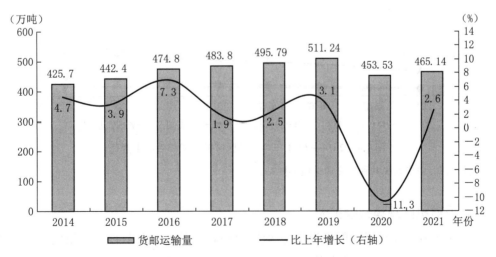

图 1.3　2014—2021年国内航线货邮运输量

资料来源:中华人民共和国交通运输部网站。

了国内航空货运市场的竞争,使得国内航空货运变化加快。中国成为全球民航市场中恢复最快且运行最好的航空货运市场,航空货运迎来重要的发展机遇期。

国内航空货运区域发展极不平衡,其中东部地区在国内航空货运中的地位最高,其次为西部地区,而东北地区和西部地区发展则相对较为落后。国内航空货运网络空间分布与中国城市经济发展空间分布相匹配,主要集中在四大城市群。为了解各区域航空货运发展的情况,以中国经济区域划分为标准对 2014—2021 年各区域的航空货邮吞吐量进行统计描述,如图 1.4 所示。从区域分布来看,经济发达的东部地区一直承担着航空货运量的主要部分,但近些年的增长速度低于中西部地区。特别是中部地区的航空货运吞吐量一直以 14.95% 的复合增长率增长,即使在新冠疫情爆发后也保持了这一增长速度,几乎没有受到新冠疫情带来的负面影响。相比之下,东北地区的情况并不乐观,经济增长相对停滞,过去 7 年其航空货运吞吐量年复合增长率为 5.76%。随着东部地区产业转换升级以及西部大开发等战略的推进实施,航空货运的重心由东部地区向中西部地区偏移,中西部地区航空货运的发展速度超过东部地区,航空货运在空间地理分布上也在不断发生变化。

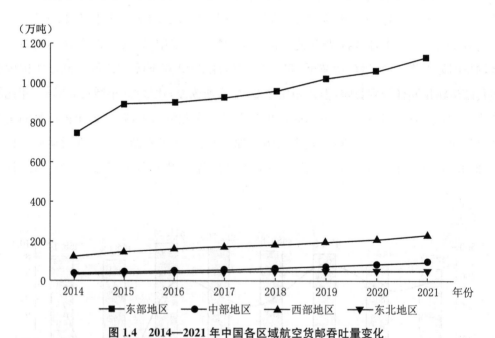

图 1.4　2014—2021 年中国各区域航空货邮吞吐量变化

资料来源:中华人民共和国交通运输部网站。

3. 民航机队规模持续扩大

近年来,随着全球经济的稳步恢复,航空市场需求不断增长,民航机队规模持续扩大。国际航空运输协会(IATA)公布的数据显示,2019 年全球民航机队规模达到约 25 000 架,而到 2025 年,这一数字预计将增长 25%,达到 31 000 架。

在中国,民航机队规模同样呈现快速增长趋势。据民航局公布的数据,截至 2019 年底,中国民航机队规模已达到 6 656 架,较前一年增长约 5%。而到 2025 年,这一数字预计将增长 50%以上,达到 10 000 架左右。

同时,国产飞机的发展也为民航机队规模的扩大注入了新的动力。中国自主研发的 C919 大型客机已完成首飞,并获得国内外近千架订单。这一突破标志着中国民用航空工业的发展迈上一个新台阶,也为中国民航机队规模的持续扩大提供了强有力的支持。

总之,在航空市场不断增长和国产飞机逐渐崛起的背景下,民航机队规模将持续扩大。对于航空公司而言,抓住这一机遇,适时更新和扩大机队规模,将有助于提高竞争力并在激烈的市场竞争中占据优势地位。

1.2.2 飞机制造业发展

飞机制造业是国家战略性产业,对国家的军事安全有重大影响,对经济和科技发展有重大推动作用,配装航空武器系统的空中力量对战争胜负具有关键性甚至决定性作用。在民用领域,航空运输是目前最快捷、最高效的交通运输系统,随着经济全球化的进一步深入以及社会进步和技术发展,航空运输将有更大的扩展空间。军民用飞机的市场需求巨大,其价值和附加值极高,对经济发展有重大贡献。而且航空科技高度复杂,其发展能够有力推动相关科技领域的发展和突破。

1. 飞机制造业发展的阶段

世界飞机制造业百年大致经历了以下五个阶段。

(1) 初期发展阶段(1908 年—20 世纪 20 年代末)。莱特兄弟建立了世界第一个飞机制造企业——莱特飞机公司。此外,在这一阶段,一些航空先驱和企业家、航空基础技术研究专家作出了巨大贡献。

(2) 体系形成阶段(20 世纪 20 年代末—二战前)。在这一阶段,航空技术实现快速发展,飞机及系统设计技术领域实现一些重大突破和发展,飞机性能显著提升,较好地满足了军用和民用市场需求,飞机制造企业形成专业化分工与协作,全行业的整体实力和水平达到一定高度,飞机制造业体系形成。

(3) 二战及战后数年(1939 年—20 世纪 50 年代)。在这一阶段,战争需求推动飞机制造业发展到空前规模和水平,成为最重要的国防工业门类,一些活塞动力军用飞机接近所能达到的性能极限,活塞动力民用运输机也取得较大发展。

(4) 喷气动力时期(20 世纪 50—70 年代)。喷气发动机技术在短短三四十年里实现了四次更新换代,喷气轰炸机技术也实现三四次跨越。这样的发展速度在军用飞机发展史上是罕见的。除了美苏两国外,法国、英国、意大利及后来的德国在军用喷气飞机领域也有较高成就。在民用飞机领域,美国取得喷气干线客机领域的绝对领先地位,将苏联远远甩在后面。

(5) 全球整合时代(20 世纪 70 年代至今)。飞机制造业经历了一百多年发展,随着航空技术的日益复杂,其研制和发展的资源需求使得单个人的作用相对弱化。在这一阶段,飞机制造企业为适应形势发展,通过整合和完善使自身力量不断强化。

2. C919 的发展历程

2006 年 2 月 9 日,国务院发布《国家中长期科学和技术发展规划纲要(2006—2020年)》。大型飞机重大专项被确定为 16 个重大科技专项之一。随后,国务院成立大型飞机重大专项领导小组,组织专家论证委员会独立开展论证,经过半年的论证工作,形成《大型飞机方案论证报告》。2006 年 8 月 17 日,国务院成立大型飞机重大专项领导小组。2007 年 2 月 26 日,国务院召开第 170 次常务会议,原则上通过《大型飞机方案论证报告》,原则上批准大型飞机研制重大科技专项正式立项。2007 年 8 月 30 日,中央政治局召开第 192 次常委会,听取并同意国务院大型飞机重大专项领导小组《关于大型飞机重大专项有关情况的汇报》,决定成立大型客机项目筹备组。2015 年 2 月 11 日,C919 客机首架机后机身后段完成制造并通过适航审查,正式交付中国商飞公司。同年 7 月 22 日,CFM 国际公司首台 CFMLEAP-1C 发动机交付中国商飞公司总装制造中心浦东基地。同年 11 月 2 日,C919 客机首架机在浦东基地正式总装下线。这标志着 C919 首架机的机体大部段对接和机载系统安装工作正式完成,同时,标志着 C919 客机项目工程发展阶段研制取得阶段性成果,为下一步首飞奠定了坚实基础。2016 年 12 月 25 日,C919 飞机首架机交付试飞中心。2017 年 4 月 18 日,C919 客机通过首飞放飞评审。同年 4 月 23日,C919 客机完成高速滑行抬前轮试验。同年 5 月 5 日,C919 在上海浦东机场圆满首飞。从 2007 年 C919 项目立项,科研、设计、工程人员经过十年的艰苦攻坚,终于在 2017年 5 月 5 日将 C919 送上蓝天。C919 首飞"一飞冲天",让中国航空制造业进入大型喷气式客机时代。

随后,C919 踏上试验试飞的征途。2017—2022 年,C919 飞越五湖四海,经受冰雪大风、高温严寒的严酷考验,向失速、最短距离刹车、最小离地速度等极限试验发起挑战,交出一份份圆满答卷。2022 年 9 月 29 日,C919 取得中国民航局型号合格证(TC 证),拿到投放市场的"入场券"。2022 年 12 月 9 日全球首架 C919 客机交付中国东方航空公司,2023 年 5 月 28 日圆满完成首次商业飞行。

1.2.3 航空运输系统的发展

航空运输系统应确保旅客和货物安全有效实现,为航班运行效能设定专业标准,通过多式联运、高铁货运、国际航空货运等方式"拓展"航空运输网络，运用市场导向、政府引导、融合创新等方法优化资源配置。现代综合运输体系重构了航空运输指挥监测系统，强调要增强航空运输系统顶层规划和体系结构，构建航空运输系统的安全度、效率度、灵活性和可持续性。

航空运输的持续增长、能源枯竭和环境危机对当前航空运输系统可持续发展提出了重大挑战。依托新能源、新材料、大数据、人工智能和宽带通信技术，建设安全、高效、绿色、智慧、便捷的智慧航空运输系统已成为全球共识，并上升到国家战略层面。接下来重点介绍中国智慧民用航空运输系统的总体架构、运行场景和关键技术。

1. 总体架构

2022 年 1 月，民航局发布《智慧民航建设路线图》，该路线图制定了建设智慧民航的指导思想、阶段目标、总体方案、产业协同、科技创新和保障措施等，成为未来 15 年中国民航发展的纲领性文件。该路线图以智慧建设为主线，以智慧出行、智慧空管、智慧机场、智慧监管为抓手，强化改革创新、科技创新、基础保障三大支撑，着力推进智慧航空运输和产业协同发展，努力实现以智慧塑造民航业全新未来的发展愿景。具体可分解为五大主要任务、四个核心抓手、三类产业协同、十项支撑要素、48 个场景视点，旨在从各方面发力以实现完备的智慧民航运输系统、产业协同发展体系、改革创新推进机制、科技成果转化链条和运行基础设施环境。

2. 四个核心抓手

（1）智慧出行。在物理层面建设综合交通网络基础设施，实现航路网、机场网、城市轨道交通网、高速铁路网、物流网等互联互通，安全标准互认；在信息层面，打破跨行业、跨部门、跨业务信息壁垒，完善数据治理机制，推动运行、商务、安全信息可信交互和融合，建设以旅客为中心的全流程民航旅客服务平台，为旅客提供门到门出行规划、个性化服务和旅客行李分离运输、全流程航班动态和气象信息动态推送等服务；依托物联网、室内定位、生物识别、射频识别技术（RFID）、计算机视觉等技术，简化安检流程，为旅客提供无纸化出行、无打扰通行、差异化安检、全流程行李跟踪、机场智能引导、精准服务推送等服务；推动机载宽带无线通信、云计算、人工智能、信息安全技术的结合，为旅客提供高速、经济、安全的空中互联网服务。构建无人驾驶航空器物流配送体系，实现从服务乡村地区到服务城市的拓展，推进机型大型化和服务商业化，提供便捷化、多层次、个性化的航空物流运输服务。

（2）智慧空管。全球导航卫星系统（GNSS）及其增强系统使航空器具备全空域精确四维航迹运行能力，可提升空中交通系统的可预测性和能控性。ADS-BIN、新一代空中防撞系统和智能驾驶舱使航空器具有自主间隔保持能力，从而实现空中交通自主化运行。空中交通的持续增长和无人机等新型运载体融入国家空域系统将带来全新挑战，产生新的科学和技术问题。在基础理论层面,突破自主运行模态下复杂航空巨系统运行机理和控制方法,支撑空中交通管理大系统的精准预测和鲁棒控制。在应用层面,打破航空公司、机场和空管之间的信息壁垒,建设全国民航协同运行平台,推动大系统层面、多尺度、多主体、递阶协同流量管理。要研制新一代空中交通管理系统,实现空中交通态势推演和精细化控制。加强新一代信息技术与航行技术深度融合,统筹布局空管新技术设备设施,建设数字化空域,实现基于性能的空域资源智能配置。突破多元交通融合运行风险管控技术,研制基于风险的有人机/无人机融合运行空中交通管理技术,支持无人机平稳融入国家空域系统。

(3)智慧机场。加快物联网、图像识别、探测雷达、机场宽带通信技术部署,推进机场运行保障资源数字化,建设机场运行全域管理与协同决策平台,实现机场全域协同运行。突破机场运行数字孪生推演技术与智能调度技术,实现对机场全域运行态势精准预测、机场运行和保障资源智能调度,提升机场运行效率和安全水平。推进机场无人驾驶车辆应用,突破无人机驾驶车辆自主协同技术,实现"机-车-场道-设施"协同运行,提升飞行区少人或无人化作业水平和协同作业能力。推进太赫兹安检设备、计算机判图、情感计算、大数据分析等技术应用,支持航站楼无感知安检、差异化安检、客流监控等场景应用,提升机场安保、应急处置水平。基于大数据和 BIM 技术,推进机场设施智能化养护维修和能源管理,实现机场全生命周期数字化管理。

(4)智慧监管。推进公共服务、政务服务、综合办公数字化和智能化转型,优化监管流程,逐步构建非现场监管与现场监管相融合、行业系统监管与差异化监管相协调、重点监管与双随机监管相结合、法定自查与行业检查相促进的行业监管体系,提升安全监管效能。运用大数据分析、人工智能和现代安全管理理论,突破对行业安全态势与系统安全风险的感知、评估和趋势预测技术,实现数据驱动的安全趋势预判、风险评估预警、智能决策支持,推动由事后被动监管向以风险管控为核心的事前主动监管转变,支撑监管自动化、智能化和精准化。

3. 五大主要任务

第一,建设完备的运行基础设施环境。整合创新资源,引导创新方向,围绕数字感知、数据治理和网络安全,推进新一代宽带通信技术、航空物联网技术、北斗导航系统在民航的应用,构建民航大数据管理体系,实现跨领域、跨地域、跨主体、跨平台的数据资源共享交换和融合应用,支持智慧出行、智慧空管、智慧机场、智慧监管典型融合应用场景。

第二,打造完备的科技成果转换链条,鼓励和引导行业内外企业、高校和科研院所培育跨学科、综合交叉的智慧民航科研团队。加强局地、政企、行业合作联动,建设智慧民航建设协作体系。围绕新一代信息技术在民航的融合应用,开展应用基础理论研究、先进技术研发、成果示范验证,加快科技成果转化和产业孵化。

第三,形成完备的改革创新推进机制。围绕民航智慧化转型升级,开展组织机构、体制机制和业务流程创新,推进管理创新和流程再造。加快智慧民航规章和标准制定,加强国际交流合作。建立数据治理体制机制和标准规范,打破行业、部门信息壁垒,推进数据依法共享和质量管理。

第四,建立完备的产业协同发展体制。以民航发展需求为牵引,围绕新一代航空宽带通信、北斗技术应用,引导行业内外研学产用协同开展基础理论与关键技术攻关、智慧产品研发与技术标准制定,形成全链条自主可控的产业链体系。推动大数据、人工智能、区块链、虚拟现实等新兴数字产业与民航深度融合,打造"民航＋数字产业"共同体。推进信息化与工业化深度融合,推动国产民航装备智能化升级转型,打造从装备研制到运营维修"民航＋先进制造"全产业链体系。

第五,构建完备的智慧民航运输系统。构建便捷旅客服务生态和高效航空物流服务体系,提升旅客出行体验;建设新一代四强空中交通管理系统,提升空中交通全局化、精细化、智慧化运行能力;推进机场运行协同化、服务人文化、作业智能化、建养数字化发展,提升机场保障能力、安全水平和运行效率;建设一体化数字政府,打造数据驱动的行业监管和融合创新的市场运行监测体系,推动实现行业监管的规范化、精准化、智能化。

4. 关键技术

(1)以旅客为中心的全流程旅客服务技术。围绕打造多式交通一体化的智慧出行生态,针对多式联运信息共享难、组织效率低、衔接不顺畅等难点,突破多式交通、物流等异构主体的信息壁垒,集成大数据、人工智能等新一代信息技术和生物识别、无感知安检、室内定位、虚拟现实、RFID 等智能化装备,研究以旅客为核心的全要素、全流程协同调度、旅客出行链优化等关键技术,研发面向多式交通联运的全流程旅客智能服务系统,为旅客提供"门到门"的航空运输服务。

(2)一体化航空物流综合交通智慧联运技术。围绕打造一体化智慧航空物流生态,针对航空物流链整合不足、自动化水平低等突出问题,突破异构主体信息壁垒,集成应用物联网、区块链、深度学习等技术,构建综合交通智慧联运物流平台,开展危险品智能识别、预警与全流程监管、差异化物流安检和多式联运物流保障资源智能调度等关键技术研究,研制无人化物流作业和危险品自动识别设备,实现航空物流智慧化升级。

(3)全国航班运行态势智能监控与协同调度技术。以民航运行大数据中心建设为契机,围绕打造全系统、全空域、全流程航班运行态势智能化监控和协同调度平台,突破民航大系统数字孪生预测与跨层级、跨部门、跨系统协同决策技术,研究对全国民航航班运行态势的预测、预警、空域资源动态配置和航班计划动态调整技术。实现对包括安全风险、运行效率、碳排放、噪声、空域资源利用率等指标的全国航班运行态势的可视化、集成化、智能化监控和预警,支持大面积航班延误下航班计划快速恢复。

（4）精细化航班运行控制技术。以提升民航航班运行控制的智能水平、满足旅客准时、弹性、快捷出行需求为目标，突破民航战略投送智能监视与精准控制技术，研发智能化航班运行控制技术，构建航空公司/空管/机场一体化智慧协同运行保障系统，提升大面积航班延误下的快速响应能力、运行决策效率、资源调配力度和整体联运水平。推进广域空地宽带通信技术在民航飞机监控中的应用，研究飞行动态数字孪生推演关键技术，实现前舱飞行态势实时可靠监控、预警和干预。

（5）智能化航空器综合健康管理技术。以推进预测性维修模式转变为目标，集成利用大数据、数字孪生等现代信息技术，突破航空器关键部件特征谱绘制、特征参数谱与故障失效机理映射等关键问题。研究飞机全机运行监控、故障精准预测和智能维修决策技术，研制智能化、预测性航空器健康管理平台，加快先进维修技术在国产大飞机项目中的应用，推动机务维修向智能化和自主化转型。

（6）面向自主飞行的新一代空中交通管理技术。以突破空中交通可持续增长瓶颈为目标，围绕构建基于自主运行和基于航迹运行（TBO）的新一代空中交通管理运行生态，重点突破四维航迹精细化控制、面向空中交通态势的数字孪生推演与智能决策、航空气象精细化预报、航空情报数字化服务等关键技术。研制新一代智慧空管系统核心产品和装备，提升空中交通的精细化、自主化水平，支撑空中交通自主运行、有人机/无人机融合运行，实现空管系统跨越式扩容增效。

（7）多机场全域协同运行与精准控制技术。围绕建设多机场全域协同运行模态，集成数字化建模、大数据、人工智能等技术，突破机场群终端区全要素数字孪生态势感知和保障资源统一调度技术，构建面向机场群的全域协同管理平台，实现机场群终端区交通全域精准管理与智能协同决策。突破"机-车-场道-设施"自主协同和智能调度技术，研发机场场面车辆智能调度系统，推进机场无人化作业运行升级，实现航空公司/空管/机场多主体一体化协同运行。

（8）全链条绿色机场智能化建养与运行技术。围绕打造全链条机场绿色发展生态，突破绿色机场标准化设计、工业化建造、智能化感知、精细化养护决策和绿色机场建造等技术，构建机场环境监测、治理、循环一体化的智慧环保数字云平台，建立基于大数据、BIM技术的绿色机场全生命周期信息化管理平台，实现基于大数据的绿色机场综合管理与自适应运行能力。

（9）飞联网背景下多式交通融合运行技术。面向未来多式交通融合运行场景，突破天地宽带通信网络、星地一体化高精度导航网络、航空通信导航监视一体化、民航信息智联网等关键技术，构建多式空中交通宽带空地互联、融合自主运行生态，攻克多式融合交通自主避让、空域态势智能感知和协同管控等关键技术，支撑有人机/无人机融合运行、编队飞行、集群飞行、尾随飞行等新型融合运行模态。

（10）基于数据驱动和风险管理的预测性监管技术。围绕打造数字政府目标,突破人、设备、设施、航空器等各类航空要素信息可信融合技术,研究民航数据质量评估、公平交易、隐私保护等完备的民航数据治理机制,搭建民航智慧监管与服务平台,推动政府科学、高效和智慧决策。突破民航安全大数据融合分析、风险识别和预警等关键技术,研发飞行安全空地交互实时监测系统,搭建覆盖民航各类要素全生命周期的民航行业智慧监管平台,实现系统安全风险感知、预警和决策,推动民航安全监管由被动监管向预测性监管转变。

（11）新一代机载系统、新型飞机、先进发动机适航审定技术。围绕打造新一代机载系统、新型飞机、先进发动机适航审定能力目标,针对智能驾驶、5G宽带通信、北斗机载设备等新技术的应用,突破智能航空、绿色航空、新型材料等方向跨领域、多专业综合适航技术,研究构建完备适航审定技术体系和实验验证体系,支撑国产航空产品和新技术的全面自主可控。

智慧民航建设任务被纳入《中华人民共和国国民经济和社会发展第十四个五年规划和2035年远景目标纲要》,上升到国家战略层面。《"十四五"民用航空发展规划》将智慧民航建设确立为"十四五"时期民航发展的主线。智慧民航建设工作正在稳步推进。

1.2.4 飞机租赁市场的发展

1.航空公司引进飞机的方式

航空公司引进飞机主要有三种方式,包括自购飞机、融资租赁和经营租赁,其中后两者都属于飞机租赁。自购飞机是指航空公司通过自有资金或者银行贷款,直接向飞机供应商购买飞机。自购飞机稳定性强,前期资金要求高。通常采用分期付款的方式,在确认订单后先支付30%—50%的预订款,随后分期支付,尾款在飞机交付时一次性付清,同时航空公司需要承担飞机价值波动的风险并对退役飞机进行处置。由于飞机从原部件制造到装配再到试飞交付流程较长,且波音公司与空客公司堆积了较多的历史订单,国内航空公司通过自购方式引进飞机通常需要2—3年时间。飞机作为一种单价较高的资产,自购飞机前期需要较大的资金体量,适合规模较大、运作成熟的航空公司,且这类公司的议价能力较强,可以提交大订单而获得购机优惠。

融资租赁是另一种分期自购方式。融资租赁是出租人按照承租人的要求购置飞机给承租人使用。对比直接自购飞机,融资租赁在前期需支付相对较低的押金,后期支付资金对价,以浮动费率为主的租金,后期与自购飞机一样,需要承担飞机剩余价值,选择出售和拆解等方式处理退役、报废飞机。融资租赁对前期资金要求较小,一定程度上能帮助航空公司在不牺牲流动性的情况下获得飞机,由于国家保税区建设等税收优惠政策,融资租赁比起自购飞机更经济。经营租赁灵活性强,有利于调整机队结构。

在经营租赁模式下,航空公司向飞机租赁公司支付租金并获得飞机使用权,由于通常标的飞机都是租赁公司自有的,所以交货时间很快。相比于融资租赁方式,经营租赁的租金更高、年化成本较小,其拥有灵活性高、不承受飞机价值波动风险等优势,能够帮助航空公司快速调整机队来应对市场变化、政策要求。

大型航空公司三种引进方式占比均衡,而中小型航空公司经营性租赁占比较大。截至 2022 年 6 月 30 日,东航、南航、国航自购飞机占比分别为 35.3%、34.2%、40.6%;融资租赁引进飞机占比分别为 36%、28.1%、32%;经营租赁引进飞机占比分别为 28.7%、37.7%、27.4%,基本上呈现 1∶1∶1 的结构。相对于中小型航空公司,东航、南航、国航的融资租赁占比较高,主要原因是它们旗下有自己的融资租赁公司,资金更加充足,可以获得比其他飞机租赁公司更低的租赁折扣。相较而言,经营租赁在小型航空公司机队中占比较高。截至 2022 年 6 月 30 日,海南、吉祥、春秋航空机队中经营租赁引进的占比分别为 66.8%、58.6%、44.8%。经营租赁对资金要求较低,具有高灵活性,较为适用于自有资金体量不大、运力处于上升期的中小型航空公司。对于大型航空公司而言,经营租赁也是一种保持机队灵活性,适应市场波动的方式。在"碳达峰,碳中和"的政策要求下,绿色航空、飞机产业的可持续发展在未来将成为关注焦点,同时基于老旧飞机退役,推动机型升级,以及宏观环境波动下公司对流动性的需求,飞机租赁对于航空公司等用机企业的重要性越来越高。根据 Statista 数据,截至 2022 年,飞机租赁市场渗透率已达到 50%,在"碳达峰,碳中和"的目标下,绿色航空、飞机产业的可持续发展关注度越来越高,未来或将成为飞机租赁产业发展新的增长点。

2. 飞机租赁市场的发展历程

飞机租赁市场的发展历程,有以下几个重要的阶段。

(1)起步阶段。在 20 世纪 70 年代,国际航空运输市场开始快速发展,航空公司开始意识到租赁飞机可以降低运营成本和风险,飞机租赁市场开始起步。

(2)快速发展阶段。在 20 世纪 80 年代,随着全球经济的复苏和航空市场的繁荣,飞机租赁市场进入快速发展阶段。航空公司开始扩大机队规模,以满足不断增长的出行需求,同时专业的飞机租赁公司开始涌现,提供全方位的飞机租赁服务。

(3)成熟阶段。进入 21 世纪,随着全球经济的快速发展和航空市场的不断扩大,飞机租赁市场逐渐成熟。航空公司开始大量采购新飞机,以满足其日益增长的出行需求,同时大型飞机租赁公司开始出现,提供更为全面和专业的飞机租赁服务。

(4)创新发展阶段。近年来,随着科技发展和创新涌现,飞机租赁市场开始出现新的模式和趋势。基于互联网的在线租赁平台开始兴起,航空公司也开始探索新的租赁模式,如联合租赁、共享租赁等。

总的来说,飞机租赁市场经历了起步、快速发展、成熟和创新发展四个重要阶段,目前已经成为全球航空市场的重要组成部分,并具有广阔的前景和潜力。

1.3　航空工程经济分析原则

1.3.1　基本原则

　　(1) 系统分析原则。系统分析原则在航空装备工程项目中是不可或缺的。该原则将项目视作一个完整的系统,并强调明确其目的,从而对系统的各个组成要素及其特征进行深入剖析。这样做有助于理解它们之间的相互联系,以便实现要素之间的有机组合,达到整个系统的最优化。

　　航空装备工程项目本身作为一个独立的子系统,其核心目标是提高经济效益并实现利润最大化。这也是整个项目的终极目标,所有其他工作都应以此为导向。然而,这并不意味着只关注经济效益。任何一个航空装备工程项目都是一个开放的系统,它与社会经济大系统相互影响、相互作用。因此,工程经济分析人员必须拥有系统论的视角,在追求经济效益的同时,也要兼顾社会效益的实现。

　　这意味着在分析航空装备工程项目时,我们需要考虑更多因素,如项目的环境影响、社会效益等。因此,我们需要全面评估项目的各个方面,而不仅仅是评估经济效益。只有这样,我们才能得出全面、准确的结论,并提出切实可行的建议。

　　坚持系统分析原则,我们才能更好地理解项目的本质,预测可能的风险和问题,并提出相应的解决方案。同时,也只有在坚持系统论观点的前提下,我们才能实现航空装备工程项目的经济效益和社会效益的最大化。

　　(2) 资源最优配置原则。资源最优配置原则,是在资源有限的条件下,通过综合分析,以实现资源的最优配置。在航空装备工程项目的选择上,我们要挑选那些在技术上可行、经济上合理的项目。在评估过程中,我们应尽可能将定性效益与费用量化,从而更准确地评价航空装备项目的经济状况。

　　然而,有些内容难以或无法量化,这时我们需要进行定性分析作为补充。通过综合运用定性和定量方法,我们可以更全面、更准确地评估航空装备工程项目的经济情况,为资源的优化配置提供有力支撑。只有通过全面的分析和评估,我们才能够得到最准确、最可靠的经济评估结果,为决策提供最有力的支持。

　　(3) 定性分析与定量分析相结合。在对航空装备项目进行评价时要采取定性分析与定量分析相结合的原则。能定量的效益与费用要尽量量化,只有这样才更有说服力,才能对航空装备项目作出较准确的评价。另外,我们所考察的航空装备项目与科学技术、经济社会、文化(价值)大系统相联系,有些内容是很难(或不能)量化的,需要进行定性分析,作为定量分析的补充。

(4)静态评价与动态评价相结合。静态评价是指在不考虑资金时间价值的情况下,对航空装备项目的经济情况进行评估。它通常以一次投资为基准,对未来的收益和成本进行简单的比较和评估。静态评价的优点是简单易行,适用于对短期项目作出评价或进行粗略评价,但它的缺点是忽略了资金的时间价值,无法准确反映航空装备项目的长期经济效益。

动态评价则考虑了资金的时间价值,对航空装备项目的经济情况进行更为准确的评估。它通常以复利计算为基础,考虑了资金在时间上的增值或贬值情况。动态评价的优点是能够准确反映航空装备项目的长期经济效益,但它的缺点是计算相对复杂,需要更多的数据和信息。

静态评价与动态评价的区别在于是否考虑资金的时间价值,对航空装备项目评价不考虑时间价值称为静态评价,考虑时间价值则称为动态评价。为了更科学、更全面地反映航空装备项目的经济情况,必须对其进行详细评价。所以对航空装备工程项目进行评价时应将静态评价与动态评价结合起来,并以动态评价为主。在实际评价过程中,可以先进行静态评价作为粗略评估,再在此基础上进行动态评价作为详细评估。同时,在考虑未来情况的不确定性时,还需要进行风险评估和不确定性分析,以避免或减少因不确定性带来的潜在风险和损失。

(5)统计分析与预测分析相结合。经济分析是航空工程项目投资之前至关重要的工作。一方面,工程经济分析离不开统计分析。统计分析方法可以帮助我们从大量的数据中提取出有用的信息,建立各种模型来预测项目的经济效益。例如,我们可以通过对历史数据进行回归分析,找出影响项目经济效益的关键因素,并据此预测未来的经济效益。此外,我们还可以通过统计分析方法对各种经验数据进行处理和分析,得到更为准确的经济效益预测结果。因此,掌握适当的统计方法是工程经济分析人员必备的技能之一。

另一方面,由于航空工程项目尚在酝酿中,一切都处于概念和设计阶段。在这个阶段,所有的经济数据都是基于预测得出的。这意味着,预测方法在工程经济分析中占据了举足轻重的地位。预测的准确性将直接影响航空项目的经济效益评估结果,进而影响到项目的投资决策。因此,工程经济分析人员需要深入理解和掌握各种预测方法,包括但不限于回归分析、时间序列分析等,以便在实际工作中能够准确地预测项目的经济效益。

在航空工程项目的投资决策过程中,工程经济分析人员需要综合考虑各种因素,包括技术可行性、市场前景、政策环境等，以得出更为全面和准确的投资决策建议。在这个过程中，预测方法和统计分析方法都是必不可少的工具。只有通过科学的方法和准确的预测，我们才能够确保项目的经济效益最大化，为企业的长期发展作出贡献。

（6）短期经济效益与长期经济效益相统一。任何航空工程项目不能只顾眼前利益，要以发展的眼光，从长远的角度看问题，使航空工程项目具有长期生命力；要正确处理短期经济效益与长期经济效益的关系，合理地安排人力、物力、财力资源，把握好项目发展方向，加大技术投资力度。若无计划地盲目生产，不注重设备的维修与保养以及设备更新，不及时进行技术改造，其结果必然是长远经济利益受损。在航空工程项目的建设中，我们必须具备长远眼光，兼顾短期经济效益与长期经济效益，合理配置资源，以保证项目的顺利进行和长期发展。

1.3.2　航空工程方案的可比性

工程经济分析的任务就是对不同的技术方案进行比较从而优选。航空工程方案的可比性是指在航空工程领域，进行不同方案或设计的比较和评估时，必须确保所比较的方案是在相同或类似的条件下进行评估的。这个原则对于作出明智的决策和确保设计的有效性至关重要。

（1）费用的可比性。微观经济效益是个体的、局部的，是宏观经济效益的基础。没有微观经济效益的提高，宏观经济效益的提高就难以实现。所谓"小河有水大河满，小河无水大河干"，正是强调微观经济的作用。但是也决不能以牺牲宏观经济效益为代价而达到发展微观经济效益的目的。总之要正确处理微观经济效益与宏观经济效益的关系，在合理利用资源的前提下，以尽量少的劳动消耗，生产和提供更多的能更好符合作战训练需要的航空装备。

（2）需要的可比性。确保航空工程方案在满足需求方面具有可比性，包括项目目标、性能指标、服务质量等方面的比较。这需要我们分析各方案在技术性能、功能需求等方面的优劣，对比各方案在满足项目目标方面的实际效果，评估各方案在应对未来需求变化和升级方面的适应性。

（3）价格的可比性。所有成本和收益都应以相同的货币单位来表示，通常是本国货币或国际货币。这可以避免货币汇率或通货膨胀对比较结果的影响。

（4）时间的可比性。对于各种航空工程方案的比较，由于资金时间价值原理的作用，必须考虑时间的可比性。技术方案的经济效果不仅与所能提供的有用成果数量、所消耗和占用的资金额有关，而且与投入和产出发生的时间早晚、时间长短有密切关系。时间的可比性包括两方面的要求。一是具有统一的计算期。将经济寿命不同的技术方案进行比较时,应采用相同的计算期。我们不能把甲方案在 4 年中的经济效果去和乙方案在 8 年中的经济效果相比,这显然是不可比的。二是要考虑资金的时间价值。技术方案在不同时间点上发生的费用支出和收益不能简单相加减,必须考虑时间因素的影响。

(5) 技术条件的可比性。在进行方案比较时,确保所有方案所采用的技术条件一致是前提。航空工程经济学研究的是在技术条件一致的情况下,不同航空工程方案的选择问题。这样可以确保航空工程方案的可比性,避免由技术水平不同导致的偏颇。确保技术条件一致性的需要关注的要点有六个:

第一,明确技术要求。在比较方案之前,应明确项目所需的技术指标和要求,主要包括性能、可靠性、安全性、维护成本等方面。

第二,标准化设计。对于不同方案,应采用相同或类似的设计标准和技术规范,以确保方案在技术条件上的一致性。

第三,采用相同或类似的技术设备。应确保各方案所采用的设备、材料和工艺等技术条件相同或类似。这样可以排除由设备差异导致的性能和安全差异。

第四,考虑技术成熟度。评估各方案的技术成熟度,应确保各方案在实施过程中具备可行性。此外,成熟的技术还能降低项目风险和成本。

第五,考虑技术创新。在确保技术条件一致的前提下,可以鼓励技术创新。对于采用先进技术或独特设计的方案,在比较时给予适当加分,以鼓励产业创新和发展。

第六,全面评估。在比较各方案时,应从多个角度进行评估,如技术、经济、环境、社会等。这有助于全面了解各方案的优缺点,为决策提供依据。

(6) 风险的可比性。分析不同方案在风险方面的差异,以确保决策者在面临风险时能够作出明智的选择。以下是需要关注的几点:识别各方案的技术风险、市场风险、政策风险等方面的潜在影响;评估各方案在应对风险方面的能力和措施;分析各方案在风险防控和风险承担方面的优劣。

(7) 环境的可比性。评估不同方案在环境影响方面的差异,以实现可持续发展。以下几点需要关注:分析各方案在能源消耗、污染物排放、资源利用等方面的环境影响;评估各方案在生态保护、节能减排等方面的实际效果;对比各方案在绿色、低碳、可持续发展等方面的表现。

(8) 社会效益的可比性。分析不同方案在社会效益方面的差异,以满足社会需求。以下几点需要关注:评估各方案在促进就业、教育、医疗等方面的贡献;分析各方案对社会发展和民生改善的实际影响;对比各方案在社会效益方面的优势和劣势。

综合以上各个方面,航空工程方案的可比性原则有助于确保在选择最佳方案时,充分考虑经济效益、社会效益和环境因素。通过遵循这些原则,工程师和决策者可以更好地理解不同设计的优劣,从而选择最佳解决方案,以满足项目的需求和目标。这有助于实现航空工程领域的高质量发展,同时也有利于提高决策的公正性、透明度和科学性。

本章小结

    航空工程经济学是一门研究在航空领域进行项目和投资决策时所涉及的经济因素和原则的学科。它结合了经济学、工程学和管理学的原理,是研究航空工程领域中技术方案和经济效益相互关系的学科。它以航空工程项目为主体,以技术与经济系统为核心,旨在实现资源的有效利用和提高航空工程项目的经济效益,帮助决策者评估和优化航空工程项目、航空公司运营和航空产业发展等方面的经济性、可行性和效益,促进航空产业发展。

    航空工程经济分析的基本原则包括:系统分析原则、资源最优配置原则。它将定性分析与定量分析相结合、静态评价与动态评价相结合、统计分析与预测分析相结合、短期经济效益与长期经济效益相结合。工程经济分析的任务就是对不同的技术方案进行比较从而优选。因此,需要满足技术方案的可比性,包括费用的可比性、需要的可比性、价格的可比性、时间的可比性、技术条件的可比性、风险的可比性、环境的可比性、社会效益的可比性。

思考题

    1. 什么是航空工程经济学? 航空工程经济学与航空工程的关系是什么?

    2. 航空工程经济分析的基本原则是什么?

    3. 查阅资料,思考航空工程经济学的发展前景,并和你的同学进行探讨。

第 2 章　工程经济分析的基本要素

在航空工程经济分析中使用的各种指标,如投资、成本、销售收入、折旧、税金、利润等是进行项目经济评价和方案比选的基本要素。其中,投资、成本及费用构成投入要素,而销售收入、税金、利润等则是产出要素。本章重点阐述这些基本要素的概念、构成及其相互关系。

2.1　工程项目投资及其构成

2.1.1　投资的概念

1. 投资的定义

投资(investment)是工程经济分析中的重要经济概念,是人类最重要的经济活动之一,它是指投资主体为了实现盈利或规避风险,通过各种途径投放资金的活动。换句话说,投资是指以一定的资源(资金、人力、技术、信息等)投入某项计划或工程,以获取所期望的报酬。

工程项目投资一般是指某项工程按照确定的建设内容、建设规模、建设标准、功能要求和使用要求全部建成并验收合格交付使用所需的全部费用。

2. 投资形成的资产

建设项目总投资完成后,在竣工决算阶段,各构成总投资的费用,按照费用归属,形成了固定资产、流动资产、无形资产及递延资产。

(1) 固定资产(fixed assets)。固定资产是指企业为生产产品、提供劳务、出租或者经营管理而持有的、使用时间超过一年的、价值达到一定标准的非货币性资产,包括房屋、建筑物、机器、机械、运输工具以及其他与生产经营活动有关的设备、器具、工具等。此外,使用年限超过两年的、不属于生产经营主要设备的物品,只要企业认为可以的且使用寿命大于一个会计年度的均可认定为固定资产。

（2）流动资产（current assets）。流动资产是指企业可以在一年或者超过一年的一个营业周期内变现或者运用的资产,是企业为维持生产所占用的全部周转资金,在项目寿命期结束时,应予以回收。流动资产主要包括货币资金（包括银行存款、库存现金等）、短期投资[指企业购入能够随时变现,并且持有时间不超过一年（含一年）的有价证券以及不超过一年（含一年）的其他投资,包括各种股票、债券、基金等]、应收票据（指企业持有的未到期或未兑现的商业票据）、预付款项（指企业在正常经营过程中因销售商品、产品、提供劳务等业务,应向购买单位收取的款项,包括应由购买单位或接受劳务单位负担的税金、代购买方垫付的各种运杂费等）和存货（指企业或商家在日常活动中持有以备出售的原料或产品、处在生产过程中的半产品、在生产过程或提供劳务过程中耗用的材料及物料、销售存仓等）等。

（3）无形资产（intangible assets）。无形资产是指企业为生产商品或提供劳务、出租给他人,或者以管理目的而持有的,没有实物形态的非货币性长期资产。无形资产是不具实物形态,但能带来经济利益的资产。企业自创的商誉以及未满足无形资产确认条件的其他项目,不能作为无形资产。

（4）递延资产（deferred assets）。递延资产是指不能全部计入当期损益,应当在以后年度内分期摊销的各项费用。包括开办费、租入固定资产的改良支出、摊销期限在一年以上的长期待摊费用、建设部门转来在建设期内发生的不计入交付使用财产价值的生产职工培训费、样品样机购置"大修理"等。

① 开办费是企业在筹建期间实际发生的各项费用。包括筹建期间人员的工资、差旅费、办公费、职工培训费、印刷费、注册登记费、调研费、法律咨询费及其他开办费等。开办费应当自企业开始生产经营当月起,分期摊销,且摊销期不得少于五年。

② 租入固定资产的改良支出是指对租入固定资产实施改良,因其有助于提高固定资产的效用和功能,应当另外确认为一项资产。由于租入固定资产的所有权不属于租入企业,不宜增加租入固定资产的价值而作为递延资产处理。租入固定资产改良及大修理支出应当在租赁期内分期平均摊销。

③ 待摊费用是指不超过一年但大于一个月期间内分摊的费用,列在流动资产项目内。

④ 长期待摊费用是摊销期限均在一年以上的递延资产,包括一次性预付的经营租赁款、向金融机构一次性支付的债券发行费用,以及摊销期在一年以上的固定资产大修理支出等。

2.1.2　投资的构成

项目总投资由建设投资、建设期利息和流动资金三部分组成。固定资产投资由建设投资和建设期利息组成。

1. 建设投资

建设投资是指按拟订的建设规模、产品方案、工程技术方案和建设内容进行建设所需的费用，包括工程费用、工程建设其他费用和预备费用。建设投资是项目投资的重要组成部分，是项目工程经济分析的基础数据。

（1）工程费用。工程费用是指构成固定资产实体的各项投资，包括生产工程、辅助生产工程、公用工程、服务工程、环境治理工程等的投资。按性质划分，工程费用包括建筑工程费、设备及工器具购置费和安装工程费。

① 建筑工程费是指为建造永久性建筑物和构筑物所需要的费用，包括建筑物、构筑物自身的建造费用，列入建筑工程预算的供水、供电、供暖、通风、煤气、卫生等设备费用，列入建筑工程预算的管道、线缆等费用，施工场地清理、平整费用，建设环境绿化、美化费用，等等。

② 设备及工器具购置费是指为购置生产运营设备及辅助生产设备、工具、器具而发生的费用，主要包括设备及工器具的购置费、运输装卸费、包装费、采购费等。

③ 安装工程费是指为安装定位生产运营设备所需要的费用，主要包括设备的装配费用，与设备连接的工作台、梯子、栏杆等的装设费用，设备管线的敷设费用，调试运行费用，等等。

（2）工程建设其他费用。工程建设其他费用是指从工程筹建到工程竣工验收交付使用为止的整个建设期间，为保证工程建设顺利完成和交付使用后能够正常发挥效用而发生的各项费用。

工程建设其他费用，按其内容大致可分为三类：第一类为土地费用；第二类为与项目建设有关的其他费用；第三类为与未来企业生产经营有关的其他费用。其中，土地是不可再生的稀缺资源，是工程项目的载体。进行工程经济活动，必须涉及土地取得方式及其费用。值得注意的是，这与计划经济时期的土地无偿使用不同。

中国已经建立土地市场，在绝大多数情况下，取得土地的使用权是有偿有期限的，因而土地费用是必不可少的。目前，土地费用一般占工程项目总投资的 30% 左右，个别项目甚至占到 60%—70%。

（3）预备费用。预备费用是指为使工程顺利开展，避免不可预见因素造成的投资估计不足而预先安排的费用。按中国现行规定，预备费用包括基本预备费和涨价预备费。

基本预备费是指在项目实施中可能发生的难以预料的支出,又称工程建设不可预见费,其主要指设计变更及施工过程中可能增加的工程量所产生的费用。费用内容包括:在批准的初步设计范围内,技术设计、施工图设计及施工过程中所增加的工程费用;设计变更、局部地基处理等所增加的费用;一般自然灾害所造成的损失和为预防自然灾害而采取措施产生的费用;竣工验收时为鉴定工程质量对隐蔽工程进行必要的挖掘和修复所产生的费用。

涨价预备费是指对建设工期较长的项目,由于在建设期内可能发生材料、设备、人工等价格上涨而引起投资增加,或工程建设其他费用调整,如利率、汇率调整等需要事先预留的费用,也称价格变动不可预见费。

2. 建设期利息

建设期利息是指因筹措债务资金而在建设期发生的并按规定允许在项目实施后计入固定资产原值的利息,即资本化利息,包括银行借款、其他机构借款、发行的债券等所有债务资金应计的利息以及手续费、承诺费、管理费、信贷保险费等财务费用。需要注意的是,对于分期建成投产的项目,应按各期投产运营时间分别停止借款利息的资本化,即投产后继续发生的借款费用不再作为建设期利息计入固定资产原值,而应作为运营期利息计入总成本费用。

建设期每年利息的计算公式为:

$$每年应计利息 = \left(年初借款本息累计 + \frac{本年借款额}{2}\right) \times 年利率 \quad (2.1)$$

【例 2.1】某新建项目,建设期为 3 年。在建设期第一年借款 3 000 万元,第二年借款 4 000 万元,第三年借款 3 000 万元,每年借款平均支用,年实际利率为 5.6%,用复利法计算建设期借款利息。

【解】建设期各年利息(I_x, $x=1$, 2, 3)计算如下:

$P_1 = 0$, $A = 3\,000$(万元),$I_1 = 0.5 \times 3\,000 \times 5.6\% = 84$(万元)

$P_2 = 3\,000 + 84 = 3\,084$(万元),$A_2 = 4\,000$(万元)

$I_2 = (3\,084 + 0.5 \times 4\,000) \times 5.6\% = 284.7$(万元)

$P_3 = 3\,000 + 84 + 4\,000 + 284.7 = 7\,368.7$(万元),$A_3 = 3\,000$(万元)

$I_3 = (7\,368.7 + 0.5 \times 3\,000) \times 5.6\% = 496.6$(万元)

到建设期末累计借款本利和为:$A_1 + I_1 + A_2 + I_2 + A_3 + I_3 = 10\,865.3$(万元),其中,建设期利息为:$I_1 + I_2 + I_3 = 865.3$(万元)。

3. 流动资金

流动资金是指项目投产运营后,为维护项目正常生产运营所占用的全部周转资金。它是在生产期内为保持生产经营的永续性和连续状态而垫付的资金,是伴随固定资产投资而发生的永久性流动资产投资。流动资金主要包括用于购买原材料、燃料、动力的费用,支付工资以及相关开支的费用,其他经营费用,等等。流动资金是流动资产与流动负债的差额。流动资产是指在一年或超过一年的一个营业周期内变现或耗用的资产,包括现金、应收账款、预付账款、存货等。流动负债是指将在一年或超过一年的一个营业周期内偿还的债务,包括短期借款、应付账款、预收账款、应付工资、应交税金、应付利润、其他应付款、预提费用等。即

$$流动资金＝流动资产－流动负债 \qquad (2.2)$$

$$流动资产＝现金＋应收账款＋预付账款＋存货 \qquad (2.3)$$

$$流动负债＝短期借款＋应付账款＋预收账款＋应付工资＋应交税金$$
$$＋应付利润＋其他应付账款＋预提费用 \qquad (2.4)$$

在工程经济分析中,流动资金是指建设项目必须准备的基本运营资金,不包括运营中需要的临时性运营资金。在工程经济分析实务中,流动负债一般只考虑应付账款和预收账款。流动资金在生产经营期间被项目长期占用,在项目终了时被全额回收。流动资金的构成如图 2.1 所示。

图 2.1　流动资金的构成

2.1.3　投资的运行

投资是个动态概念,投资既是经济活动也是资金运动。投资运动是从货币资金形成、筹集开始,通过建造和购置阶段,形成固定资产和流动资产,直到固定资产动用、投资回收与增值为止。投资运动的全过程可以划分为首尾相连的四个阶段,它们构成投资的循环与周转。

(1) 投资的形成与筹集阶段。投资的形成与筹集是投资运动的起点,是一个投资运

动周期的开始阶段。投资形成于生产，在社会化大生产条件下，投资可形成于社会总成品的 c、v、m 的每一价值构成部分。一定时期的 c、v、m 生产出来之后，经由储蓄—投资的转化，形成投资资金。从投资者的角度来看，这就是投资的筹集过程。

（2）投资的分配阶段。投资在产业部门、地区项目之间的分配，是投资形成、筹集与投资运用的中间环节。投资分配也可以是指总投资在不同单项、单位工程中的分配。宏观的投资分配主要取决于国家一定时期的产业政策和地区资源禀赋，单个项目的投资分配则主要取决于项目的经济技术目标。

（3）投资的运用阶段。投资的运用阶段，即把投资转化为资产的阶段。这是投资运动过程中最重要的阶段。投资的运用阶段通常可分为项目建设前期、项目建设和竣工两个阶段。在项目建设前期，主要的工作是为项目的建设做好准备。在项目的建设和竣工阶段，主要是通过建筑物的建造活动和设备的购置安装活动，逐步形成固定资产。

（4）投资的回收与增值阶段。投资的回收与增值是一个投资运动周期的结束阶段，同时又是后续投资运动周期的开始。在这一阶段，投入的资金早已转化为固定资产和流动资产，在此基础上依靠产品生产创造新的价值，通过产品出售实现已创造的价值和转移价值，取得货币收入，使所投入的资金得到增值。投资实现增值，这既是投资的根本目的，又是扩大投资的前提。

整个投资运动过程就是由上述四个相互独立、相互衔接的阶段所构成。投资依次经过这四个阶段并周而复始地运动，不断地循环和周转。

需要指出的是，并非所有的投资运动都要经过上述四个阶段。对于非生产经营性投资来说，因其投资实施后所形成的资产并不用于经营，没有投资的回收与增值，因此，它只经过三个阶段。

2.1.4 投资资金来源

工程项目投资的资金来源可分为自有资金和负债资金两大类。

（1）自有资金。项目自有资金也称为权益资金，是指投资者缴付的出资额（包括资本金和资本溢价），企业用于项目投资的新增资本金、资本公积金、提取的折旧费与摊销费以及未分配的税后利润等。

（2）负债资金。负债资金是指银行和非银行金融机构的贷款及发行债券的收入等，包括长期负债（长期借款、应付长期债券与融资租赁的长期应付款项等）和短期负债（短期借款、应付账款等）。

2.2 工程项目成本费用

2.2.1 总成本费用

1. 总成本费用构成

总成本费用是指在运营期内为生产、销售产品或提供服务所发生的全部费用。成本和费用是两个不同的概念。成本是指企业在一定的时间内为生产、销售一定的产品、提供一定的劳务而发生的各项费用支出的总和。费用是指企业为生产和销售商品、提供劳务等日常活动所发生的各种支出。总成本费用包括生产成本和期间费用两部分。

生产成本包括各项直接支出及制造费用。直接支出是指生产中实际消耗的直接材料（原材料、辅助材料、备品备件、燃料及动力等）、直接人工（生产人员的工资、补贴）、其他直接支出（如福利费）；制造费用是指组织和管理生产所发生的各项费用，包括分厂、车间管理人员工资、折旧费、维修费及其他制造费用（办公费、差旅费、劳保费等）。

期间费用包括管理费用、财务费用和销售费用。

（1）管理费用。管理费用是指企业行政管理部门为管理和组织经营活动发生的各项费用。管理费用包括管理人员工资和福利费、公司一级的折旧费、修理费、技术转让费、无形资产摊销费、递延资产摊销费，以及其他管理费用（差旅费、办公费、职工教育经费、劳动保险费、土地使用费、研发费、咨询费、顾问费等）。

（2）财务费用。财务费用是指企业为筹集资金而发生的各项费用，包括生产经营期间的利息净支出、汇兑净损失、调剂外汇手续费、金融机构手续费，以及在筹资过程中发生的其他财务费用等。

（3）销售费用。销售费用是指企业在销售产品、自制半成品和提供劳务等过程中发生的各项费用，以及专设销售机构的各项经费，具体包括应由企业负担的运输费、装卸费、包装费、保险费、委托代销费、广告费、展览费、租赁费（不包括融资租赁费）和销售服务费用、销售部门人员工资、职工福利费、差旅费、办公费、折旧费、修理费、物料消耗、低值易耗品摊销以及其他经费等。

2. 总成本费用的计算

工程经济分析中的成本概念与企业会计中的成本概念不完全相同。会计中的成本是对实际发生费用的记录，影响因素确定，成本数据唯一。工程经济分析中的成本是对未来发生费用的预测和估算，影响因素不确定，不同方案有不同的数据。为方便计算和进行经济分析,在工程经济中将工资及福利费、折旧费、修理费、摊销费、利息支出进行归并后分别列出,将制造费用、管理费用、财务费用和销售费用中扣除工资及福利费、折旧费、修理费、摊销费、维简费、利息支出后的费用列入其他费用。这样,各年总成本费用的计算公式为:年总成本费用=外购原材料成本+外购燃料动力成本+工资及福利费+修理费+折旧费+维简费+摊销费+利息支出+其他费用。

(1) 外购原料成本计算。外购原材料成本计算的计算公式为:

$$外购原材料成本=年产量×单位产品原材料成本 \qquad (2.5)$$

式(2.5)中,年产量可根据测定的设计生产能力和投产期各年的生产负荷加以确定,单位产品原材料成本依据原材料消耗定额和单价确定。企业生产经营过程中所需要的原材料种类繁多,在计算时,可根据具体情况选取耗用量较大的、主要的原材料为对象,依据有关规定、原则和经验数据进行估算。

(2) 外购燃料动力成本计算。外购燃料动力成本计算的计算公式为:

$$外购燃料动力成本=年产量×单位产品燃料和动力成本 \qquad (2.6)$$

(3) 工资及福利费计算。工资的计算有两种方法:第一种方法是按整个企业的职工定员数乘以人均年工资额计算年工资总额;第二种方法是按照不同的工资级别对职工进行划分,分别估算每一级别职工的工资,然后再加以汇总。若有国外的技术人员和管理人员,应单列。福利费主要包括职工的保险费、医药费、职工生活困难补助,以及按国家规定开支的其他职工福利支出,不包括职工福利设施的支出。一般可按职工工资总额的一定比例提取。

(4) 折旧的计算。折旧是指在固定资产的使用过程中,随着资产损耗而逐渐转移到产品成本费用中的那部分价值。根据中国现行会计制度的有关规定,计提折旧的固定资产范围包括:房屋建筑物,在用的机器设备、仪器仪表、运输车辆、工具器具,季节性停用和在修理停用的设备,以经营租赁方式租出的固定资产,以融资租赁方式租入的固定资产。将折旧费计入成本费用是企业回收固定资产投资的一种手段。作为企业的成本项目,折旧提得越多,企业所得税就越少。折旧这种减少企业所得税负的作用,被人们称为"折旧抵税"或"税收挡板"。计提折旧的方法主要有直线折旧法和加速折旧法。

① 直线折旧法。

a. 平均年限法。平均年限法是最常用的固定资产折旧方法。它是在设备资产估算的折旧年限里按期平均分摊资产价值的一种计算方法。每期折旧额的计算公式为:

$$资产折旧率=\frac{(1-预计残值率)}{规定的折旧年限}×100\% \qquad (2.7)$$

固定资产原值是指项目投产时按规定由投资形成固定资产的部分,包括建设投资和建设期利息。财政部对各类固定资产折旧的最短年限作了如下规定:房屋、建筑物为10—55 年;火车、轮船机械设备和其他生产设备为 10—15 年;电子设备和火车、轮船以外的运输工具,以及与生产、经营业务有关的器具、工具、家具等为 5 年。在工程项目的经济分析中,对轻工、机械、电子等行业的折旧年限,一般可确定为 8—15 年;对港口、铁路、矿山等项目的折旧年限可选择 30 年或 30 年以上。各行业应依据财政部的相关规定确定折旧年限。

平均年限法的优点是简便易行,缺点是每年的折旧费用是均匀分布的,这与获利能力分布不相符,并且只考虑资产存在时间,未考虑资产的使用强度。该方法适用于生产较为均衡的固定资产。

【例 2.2】某企业有一设备,原值为 500 000 元,预计可使用 20 年,按照有关规定,该设备报废时净残值率为 2%,求该设备的月折旧率和月折旧额。

【解】年折旧率=(1-2%)/20×100%=4.9%

月折旧率=4.9%/12=0.41%

月折旧额=500 000×0.41%=2 050(元)

b. 工作量法。工作量法是以固定资产的实际工作量为依据计提折旧额的一种方法。其计算公式为:

$$年折旧额=年内完成工作量×单位工作量折旧额 \qquad (2.8)$$

常用的计算方法有两种。

一是行驶里程法。行驶里程法是以固定资产净值除以预计使用期内可以完成的总行驶里程,求得单位里程折旧额的方法。使用这种方法时,单位里程的折旧额是相同的,根据各个时期的行驶里程,即可计算出各时期应计提的折旧额。其计算公式为:

$$单位里程折旧额=(固定资产原值-预计净残值)/预计总行驶里程 \qquad (2.9)$$

二是工作小时法。工作小时法是以固定资产净值除以预计使用期内可以完成的总工作小时,求得每工作小时折旧额的方法。根据各个时期的工作小时,即可计算出该时期应计提的折旧额。其计算公式为:

$$每工作小时折旧额=(固定资产原值-预计净残值)/预计总工作小时 \qquad (2.10)$$

② 加速折旧法。

加速折旧法是指在固定资产使用前期多计提折旧费,而后期少提取折旧费,使固定资产价值在使用年限内快速得到补偿的折旧计算方法,故又称递减折旧法。这是一种鼓励投资的措施,即国家先让利给企业,使其加速回收投资,增强还贷能力,促进技术进步。

同时,设备在效率高的时候多提折旧,效率低的时候少提折旧,符合收入与费用配比原则。加速折旧的方法有很多,主要有双倍余额递减法和年数总和法。

a. 双倍余额递减法。双倍余额递减法是以平均年限法确定的折旧率的两倍乘以固定资产在各年年初(即上一年末)的账面净值,从而计算当期应提折旧的一种方法。

因为双倍余额递减法的折旧率是平均年限法折旧率的两倍,所以年折旧率为 $d=2/N$。则每期的折旧额计算公式为:

$$D_t = B_{t-1}\frac{2}{N} \tag{2.11}$$

式(2.11)中,D_t 为第 t 年的折旧额,B_{t-1} 为第 $(t-1)$ 年末的账面净值。

实行双倍余额递减法的固定资产折旧,应当在其固定资产折旧年限到期前两年内,将固定资产净值扣除预计净残值后的净额平均摊销,即在最后两年改用直线折旧法计算折旧。

【例 2.3】某企业进口一台高新设备,原价为 410 000 元,预计使用 5 年,预计报废时的净残值为 20 000 元,试采用双倍余额递减法计算该设备计提的各年折旧额。

【解】由题干可知年折旧率=2/5=40%,则运用式(2.11)计算各年折旧额,其结果见表 2.1。

表 2.1　双倍余额递减法计提折旧

年限	年初账面净值(元)	年折旧率	年折旧额(元)	累计折旧额(元)	年末账面净值(元)
1	410 000	40%	164 000	164 000	246 000
2	246 000	40%	98 400	262 400	147 600
3	147 600	40%	59 040	321 440	88 560
4	88 560	—	34 280	355 720	54 280
5	54 280	—	34 280	390 000	20 000

从表 2.1 中可以看出,为了保持第 5 年年末净残值为 20 000 元,第 4 年和第 5 年的年折旧额为:(88 560−20 000)÷2=34 280(元)。

b. 年数总和法。年数总和法是以固定资产原值扣除预计净残值后的余额作为计提折旧的基础,将此余额乘以一个逐年递减的折旧率来计算各年折旧额的一种方法。其计算公式为:

$$D_t = (P-S)\frac{N-(t-1)}{N(N+1)/2} \tag{2.12}$$

式(2.12)中符号与式(2.11)相同,$\frac{N-(t-1)}{N(N+1)/2}$ 就是各年的折旧率,其分子代表固定资产尚可使用的年数,分母代表年数总和。

【例2.4】某企业一台高科技设备的原价为100万元,预计使用年限为5年,预计净残值为4万元,请计算各年的折旧额。

【解】首先计算折旧总额,即折旧总额＝1 000 000－40 000＝960 000(元),年数总和＝1＋2＋3＋4＋5＝15(年),运用式(2.10)计算各年折旧额,其结果见表2.2。

表2.2　年数总和法计提折旧

年限	折旧总额(元)	年折旧率	年折旧额(元)	累计折旧额(元)	固定资产净值(元)
1	960 000	5/15	320 000	320 000	680 000
2	960 000	4/15	256 000	576 000	424 000
3	960 000	3/15	192 000	768 000	232 000
4	960 000	2/15	128 000	896 000	104 000
5	960 000	1/15	64 000	960 000	40 000

(5)修理费的计算。修理费包括大修理费用和中小修理费用。在估算修理费时,一般无法确定修理费具体发生的时间和金额,可按照折旧费的一定百分比计算,该百分比可参照同行业的经验数据加以确定。修理费可按下列公式之一估算:

$$修理费＝固定资产原值×计提比率(\%) \qquad (2.13)$$

$$修理费＝固定资产折旧额×计提比率(\%) \qquad (2.14)$$

(6)维简费的计算。维简费是指采掘、采伐工业按生产产品数量(采矿按每吨原矿产量,林区按每立方米原木产量)提取的固定资产更新和技术改造资金,即维持简单再生产的资金。在计划经济体制下,规定对采矿地下工程不计提折旧,而是按产量提取维简费作为补偿。因此在传统的项目财务评价方法中将其作为折旧对待,在计算经营成本时予以扣除。目前有的行业已不计提维简费而改为计提折旧了,或者缩小计提维简费的范围。维简费的计算公式为:

$$维简费＝出矿量×计提标准(元/吨) \qquad (2.15)$$

(7)摊销费的计算。无形资产和递延资产的原始价值要在规定的年限内,按年度或产量转移到产品的成本之中,这一部分被转移的无形资产和递延资产的原始价值,称为摊销。企业通过计提摊销费,回收无形资产及递延资产的资本支出。因此,摊销费是无形资产和递延资产等一次性投入费用在摊销期内平均分期摊销的费用。

按照有关规定,无形资产从开始使用之日起,在有效使用期限内平均摊入成本。法律和合同规定了法定有效期限或者受益年限的,摊销年限从其规定(一般不少于10年);否则,摊销年限应注意符合税法的要求。无形资产摊销费一般采用年平均法,且不计残值。递延资产按照财务制度的规定在投产当年一次摊销。

(8) 生产经营期间利息支出计算。利息支出是指筹集资金而发生的各项费用,包括生产经营期间发生的利息净支出,即在生产经营期所发生的建设投资借款利息和流动资金借款利息之和。建设投资借款在生产期发生利息的计算公式为:

$$每年支付利息 = 年初本金累计额 \times 年利率 \tag{2.16}$$

流动资金的借款属于短期借款,利率较长期借款利率低,且利率一般为季利率,三个月计息一次。在工程经济分析中,为简化计算,一般采用年利率,每年计息一次。流动资金借款利息计算公式为:

$$流动资金年利息 = 流动资金借款累计金额 \times 年利率 \tag{2.17}$$

(9) 其他费用计算。在工程项目经济分析中,其他费用一般可根据成本中的原材料成本、燃料和动力成本、工资及福利费、折旧费、修理费、维简费及摊销费之和的一定百分比计算,并按照同类企业的经验数据加以确定,将上述各项合计,即得出生产经营期各年的成本。

2.2.2　经营成本

经营成本是工程经济学特有的概念,是从投资方案本身考察的,是在一定期间(通常为一年)内由于生产和销售及其提供劳务而实际发生的现金支出。它不包括已计入产品成本费用中,但实际没有发生现金支出的费用项目。经营成本是指项目从总成本费用中扣除折旧费、维简费、摊销费和利息支出以后的成本。即

$$经营成本 = 总成本费用 - 折旧费 - 维简费 - 摊销费 - 利息支出 \tag{2.18}$$

在工程项目的经济分析中,经营成本被应用于现金流量的分析和计算。经营成本之所以要从总成本费用中剔除折旧费、维简费、摊销费和利息支出,是因为两个原因。

第一,在进行工程项目经济分析时,必须考察项目在计算期内逐年发生的现金流入和现金流出。由于项目投资已经按其发生的时间作为一次性支出被计入现金流出,所以,不能再以折旧和摊销的方式计为现金流出,否则会产生重复计算。因此,作为经常性支出的经营成本并不包括折旧费和摊销费。同理,也不包括采掘、采伐工业的维简费。

第二,贷款利息是使用资金所付出的代价,对于企业来说,是实际的现金流出。但各项目的融资方案不同,利率也不同,因此,在对工程项目全部投资的经济效果进行评价时,不考虑投资资金来源,项目全部投资现金流量表是以全部投资作为计算基础的,利息支出不作为现金流出;而项目自有资金现金流量表中已将利息支出单列,因此,经营成本

中也不包括利息支出。

2.2.3　其他成本费用概念

1. 固定成本与变动成本

按照与产量的关系,成本费用可分为固定成本、变动成本和混合成本三大类。

(1)固定成本。固定成本是指在一定的产量范围内,不随产量变化而变化的成本,如按直线折旧法计提的固定资产折旧费、计时工资及修理费等。固定成本的特点是:其总额在一定时间和一定业务量范围内不随产量的增加而变动,但单位产品的固定成本与产量的增减呈反方向变动。

(2)变动成本。变动成本是指随产量变化而变化的成本,如原材料费用、燃料和动力费用、包装费和计件工资等。变动成本的特点是:其总额随产量的增加而增加,但就单位产品而言,变动成本是固定不变的。

(3)混合成本。混合成本是指介于固定成本和变动成本之间的一种成本,即随产量变化但又不成正比例变化的成本。其又被称为半固定和半变动成本,即同时具有固定成本和变动成本的特征。

在工程项目的经济分析中,为便于计算和分析,可将总成本费用中的原材料费用及燃料和动力费用视为变动成本,其余各项均视为固定成本。之所以作出这样的划分,主要目的就是为不确定分析方法中的线性盈亏平衡分析创造条件。

2. 机会成本

机会成本是指将某种有限的资源用于某种用途而放弃其他用途所获得的最大收益。在方案选择时,资金可能有多个获取相应收益的机会,将资金用于特定的投资方案,意味着失去了用资金获取其他收益的机会,这是选择特定投资方案所付出的代价,这个代价不是实际发生的支出,而是一种机会。由上可知,机会成本不是实际发生的支出,只是理论上的成本或代价,在进行项目决策时,将准备放弃方案所可能取得的最大收益作为拟选方案的机会成本来进行分析判断,才能作出正确决策,使资金得到有效利用。因此,在进行投资决策时,不仅要考虑项目本身的投资成本,而且要考虑项目的机会成本。

例如,某企业有一台设备,可以自用,也可以出租,出租可获得 50 000 元的年净收益,自用可产生 40 000 元的年净收益。当舍弃出租方案采用自用方案时,其机会成本为 50 000 元,其利益是－10 000 元;当舍弃自用方案而采取出租方案时,其机会成本为 40 000 元,利益是 10 000 元。很显然,应采用出租方案。

3. 沉没成本

沉没成本是指过去已经支付的、与当前决策无关的费用。经济活动是一个连续的时间过程,过去支付的费用只是造成当前状态的一个因素。从决策的角度来看,当前状况是决策的出发点,所要考虑的是当前需要实际支付的费用和未来可能发生的费用及未来的收益,而不应该考虑过去已经发生且现在已无法得到补偿的费用。因此,在经济分析中,引入沉没成本的概念,有助于排除与当前决策无关的费用干扰,确保分析决策的科学性。

例如,某建筑施工企业两年前花费 200 万元从国外购入一台混凝土泵送设备,由于折旧、进口关税和技术进步等因素的影响,该设备当前市场价值为 120 万元。因此,当前设备的经济决策只能按 120 万元考虑,两年前发生的 200 万元与当前决策无关。

4. 边际成本

边际成本是指企业多生产一单位产量所产生的成本的增加额。由于边际成本考虑的是单位产量的变动,在固定成本保持不变的情况下,边际成本实质上是单位变动成本。

5. 经济成本

一旦认识到存在机会成本,就可以清楚地看到企业除会产生显性成本外,还存在隐性成本。经济成本就是显性成本与隐性成本之和。显性成本是指看得见的实际成本,诸如企业购买原材料、设备、劳动力、支付借款利息等;而隐性成本是指企业实际上已经投入自有资源,但在形式上没有支付报酬的那部分成本。例如,某人利用自己的地产和建筑物开了一个企业,那么此人就放弃了向别的厂商出租土地和房子的租金收入,也放弃了受雇于别的企业而可赚得的工资,这些隐性成本并没有列入企业的账册,导致经营利润偏高。事实上,这种以自己拥有的资源投入,存在自有要素的机会成本,应该被看作实际生产成本的一部分。

2.3 营业收入、税金及利润

2.3.1 营业收入

营业收入是指企业在从事销售商品,提供劳务和让渡资产使用权等日常经营业务过程中所形成的经济利益的总流入。营业收入是进行利润总额、营业税金及附加和增值税估算的基础数据,也是企业获利和持续经营的基本前提。

1. 营业收入的计算

计算营业收入,先要正确估计各年的生产能力利用率(或称生产负荷)或开工率,还需要合理确定产品或服务的价格,并明确产品或服务适用的流转税率。在工程项目经济分析中,产品年销售量应根据市场行情,采用科学的预测方法确定。产品销售单价一般采用出厂价格,也可根据需要选用送达用户的价格。其计算公式为:

$$营业收入=产品销售量(或服务量) \times 产品单价(或服务单价) \tag{2.19}$$

2. 销售价格的选择

估算营业收入,产品销售价格是其中一个很重要的因素,一般来讲,工程项目的经济效益对销售价格的变化是最敏感的,一定要谨慎选择。一般可在三种价格中进行选择。

(1) 口岸价格。如果项目产品是出口产品和间接出口产品可选择离岸价格(FOB),替代进口产品可选择到岸价格(CIF)。或者直接以口岸价格定价,或者以口岸价格为基础,参考其他有关因素确定销售价格。

(2) 市场价格。当同类产品或类似产品已在市场上销售,且此产品既与外贸无关,也不属计划控制的范围时,则可选择现行市场价格作为项目产品的销售价格。也可以现行市场价格为基础,根据市场供求关系上下浮动作为项目产品的销售价格。

(3) 根据预计成本、利润和税金确定价格。当拟建项目的产品属于新产品时,则可根据下列公式估算其出厂价格:

$$出厂价格=产品计划成本+产品计划利润+产品计划税金 \tag{2.20}$$

其中:

$$产品计划利润=产品计划成本 \times 产品成本利润率 \tag{2.21}$$

$$产品计划税金=\frac{(产品计划成本+产品计划利润)}{(1-税率)} \times 税率 \tag{2.22}$$

3. 产品年销售量的确定

在工程经济分析中,应先根据市场需求预测项目产品的市场份额,进而合理确定企业的生产规模,再根据企业的设计生产能力确定年产量。

在工程项目经济分析中,由市场波动而引起库存变化导致产量与销售量的差别,产品年销售量不一定等于年产量,且对因市场波动引起的库存量变化难以准确估算。因此,在估算营业收入时,不考虑项目的库存情况,而假设当年生产出来的产品在当年全部售出。

2.3.2 税金

税收是国家凭借政治权力参与国民收入分配和再分配的一种方式,具有强制性、无偿性和固定性等特点。税收是国家取得财政收入的主渠道,也是国家对各项经济活动进行宏观调控的重要杠杆。税金是国家依据法律对有纳税义务的单位和个人征收的财政资金。

中国从1994年1月1日起实行新税制。按照征税对象的不同,中国税收种类分为流转税、所得税、财产税、资源税和特定目的税五种类型。

1. 流转税类

流转税是以商品流转和劳务收入额为征税对象的各种税的总称,包括增值税、消费税、营业税、关税、土地增值税等税种。流转税税源广泛且比较稳定,是中国的主要税类。

(1)增值税。增值税是以商品生产流通和劳务服务各个环节中的增值额为征税对象的一种流转税。增值税于20世纪50年代创立于法国,现已有近60个国家和地区先后采用该税种。它的最主要特征是以纳税人创造的没有征过税的那部分增值额为征税对象,对于从其他纳税人那里转移过来的已征过税的那部分销售额不再征税。

增值税征收通常包括生产、流通或消费过程中的各个环节,是以增值额或价差为计税依据的中性税种。增值税征收的主要范围包括农业各个产业领域(种植业、林业和畜牧业)、采矿业、制造业、建筑业、交通和商业服务业等。

增值税纳税人分为一般纳税人和小规模纳税人两种。

一般纳税人增值税的计算公式如下:

$$应纳税额＝当期销项税额－当期进项税额 \tag{2.23}$$

当期销项税额小于当期进项税额不足抵扣时,其不足部分可以结转下期继续抵扣。小规模纳税人销售货物或者应税劳务,实行按照销售额和征收率计算应纳税额的简易办法,并不得抵扣进项税额。应纳税额计算公式如下:

$$应纳税额＝销售额×征收率(3\%) \tag{2.24}$$

小规模纳税人的标准由国务院财政、税务主管部门规定,小规模纳税人增值税征收率为3%,国务院另有规定的除外。

(2)消费税。消费税是对特定消费品的消费行为所征收的一种税。中国的税法在对所有货物普遍征收增值税的基础上,选定一些特殊的消费品和消费行为征收消费税,如烟、酒、化妆品、贵重首饰、小汽车等。

消费税是对在中国境内从事生产和进口税法规定的应税消费品的单位和个人征收的一种流转税,是对特定消费品和消费行为在特定环节征收的一种间接税。消费税一般采用实行从价定率和从量定额计征两种方法计算应纳税额。应税额的计算公式如下:

$$实行从价定率法计算:应纳税额＝销售额×适用税率 \tag{2.25}$$

$$实行从量定额法计算:应纳税额＝销售数量×单位税额 \tag{2.26}$$

销售额为纳税人销售应税消费品向购买方收取的全部价款和价外费用,不包括向买方收取的增值税税款。

(3)营业税。营业税是对在中国境内经营餐饮业、旅游业、交通运输业、邮电通信业、文化体育业等行业或转让无形资产的单位和个人所取得的营业收入为征税对象的一种税。营业税以第三产业中的劳务服务为主要征税对象。营业税按照营业额或交易金额的大小乘以相应的税率计算。应税额的计算公式为:

$$应税额＝营业额×适用税率(税率为 3\%—20\%) \qquad (2.27)$$

在一般情况下,营业额为纳税人提供应税劳务,转让无形资产、销售不动产时向对方收取全部价款和价外费用。价外费用包括向对方收取的手续费、基金、集资费、代收款项及其他各种性质的价外收费。自 2016 年 5 月 1 日起,中国全面推开营改增试点,所有营业税行业都已改为缴纳增值税。

2. 所得税类

所得税是以纳税人一定时期的纯收入为征税对象的一种税类。中国所得税包括企业所得税、外商投资企业和外国企业所得税以及个人所得税三种。

(1)企业所得税。企业所得税的纳税人是中国境内除外商投资企业和外国企业外的一切实行独立经济核算的企业或组织,征税对象为纳税人每一纳税年度的生产经营所得和其他所得。

(2)外商投资企业和外国企业所得税。外商投资企业和外国企业所得税的纳税人为外商投资企业和外国企业,征税对象为企业生产经营所得和其他所得。

(3)个人所得税。个人所得税的纳税人为依《中华人民共和国个人所得税法》的规定应在中国交纳所得税的个人,征税对象为个人的工资薪金所得、劳务报酬所得、稿酬所得、特许权使用费所得、生产经营所得、承包经营或承租经营所得、股息利息或红利所得、财产租赁所得、财产转让所得、偶然所得等所得收入。

企业所得税的计算公式为:

$$应纳税额＝应纳税所得额×税率$$
$$应纳税所得额＝应纳税收入总额－准予扣除项目金额 \qquad (2.28)$$

式(2.28)中,收入总额是指企业在生产经营活动中以及其他行为取得的各项收入的总和。准予扣除的项目是指纳税人每一纳税年度发生的与取得应税收入有关的所有必要和正常的成本、费用、税金和损失。

【例 2.5】某企业 2005 年实现收入 300 万元,发生成本费用总额为 210 万元,计算该企业 2005 年应缴纳的企业所得税。

【解】应纳税所得额＝300 万元－210 万元＝90 万元,应纳税额＝90 万元×33%＝

29.7 万元。

3. 财产税类

财产税是指对纳税人拥有或使用的财产征收税额的一种税,主要包括房产税和契税。

(1) 房产税。房产税是以房屋为征收对象、按照房产价格或房产租金收入征收的一种税。其纳税人是房产所有人、经营管理人、承租人、代管人或使用人,征税对象是在城市、县城、建制镇和工矿区范围内的应税房产。房产税的计税依据是房产的计税价值或房产的租金收入,按照房产的计税价值征税的称为从价计征,按照房产的租金收入征税的称为从租计征。从价计征是按房产原值减除一定比例后的余值计征,其公式为:

$$应纳税额=应税房产原值×(1-扣除比例)×1.2\% \tag{2.29}$$

式(2.29)中,房产原值是固定资产科目中记载的房屋原价;扣除比例是省、自治区、直辖市人民政府规定的 10%—30% 的扣除比例;计征税率为 1.2%。从租计征是按房产的租金收入计征,计征的适用税率为 12%,其公式为:

$$应纳税额=租金收入×12\% \tag{2.30}$$

【例 2.6】某企业 2022 年 1 月 1 日的房产原值为 3 000 万元,当年 4 月 1 日将其中原值为 1 000 万元的临街房出租给某连锁商店,月租金为 5 万元。当地政府规定允许将房产原值减除 20% 后的余值计税。试确定该企业当年应缴纳的房产税额。

【解】自身经营用房的房产税按房产余值从价计征,临街房 2022 年 4 月 1 日才出租,当年 1—3 月仍从价计征。

$$自身经营用房应缴房产税=(3\,000-1\,000)×(1-20\%)×1.2\%+1\,000$$
$$×(1-20\%)×1.2\%×1/4$$
$$=19.2+2.4=21.6(万元)$$

出租的房产按本年租金从租计征 $=5×9×12\%=5.4(万元)$

企业当年应缴房产税 $=21.6+5.4=27(万元)$

(2) 契税。契税是指在中国境内转让土地使用权、房屋权属时,依当事人所订契约按交易价格的一定比例向承受人征收的一次性税收。其纳税主体是承受土地、房产权属的单位或个人。

4. 资源税类

资源税是对在中国境内开采应税资源的单位和个人所取得的收入征收的一种税。资源税的征税对象包括下列产品:石油、天然气、煤炭、黑色金属矿原矿、有色金属矿原矿、其他非金属矿原矿、盐等。

资源税按照应税产品的课税数量和规定的单位税额计算,应税额的计算公式为:

$$应纳税额＝课税数量×单位税额 \tag{2.31}$$

课税数量为:开采或者生产应税产品销售的,以销售数量为课税数量;开采或者生产应税产品自用的,以自用数量为课税数量。《中华人民共和国资源税暂行条例实施细则》规定,从 2011 年 11 月 1 日起,石油、天然气将在全国范围内"从价征收",税率定为 5％。

5. 特定目的税类

特定目的的税是指对经济活动中某些特定行为征收的税,包括固定资产投资方向调节税、印花税、城市维护建设税、车船使用税、证券交易税、屠宰税等。对于工业企业来说,土地使用税、房产税、印花税以及进口原材料和备品备件的关税等可计入成本费用。计算企业销售(营业)利润时,从销售(营业)收入中减去的销售税金是指消费税、营业税、资源税、城乡维护建设税以及教育费附加。所得税从销售利润中扣除。

投资方向调节税是以固定资产投资行为为征收对象的税。国家征收投资方向调节税的目的在于利用经济手段对经济活动进行宏观调控,实施产业政策,控制投资规模,引导投资方向以保证重点建设。在中国境内进行固定资产投资的单位和个人都是投资方向调节税的纳税义务人。

城乡维护建设税是为保证城乡维护和建设有稳定的资金来源而征收的税。凡有经营收入的单位和个人,除另有规定外都是该税种的纳税人。

教育费附加税是指为了加快地方教育事业发展、扩大地方教育经费来源,而向缴纳增值税、营业税的单位和个人征收的教育经费。教育费附加税按应交纳的增值税、营业税税款的 3％征收。

上述税金根据税种不同,有不同的核算方式。有的允许在税金中列支,有的直接从销售收入中扣除,而有的则是从利润中扣除。

可以计入产品成本的税金有:房产税、土地使用税、车船使用税、印花税及进口原材料和备品备件的关税。

从销售收入中直接扣除的税金及附加有:营业税、消费税、资源税、城乡维护建设税和教育费附加。增值税为价外税。

从销售利润中扣除的税金为所得税。

2.3.3　利润

《企业会计准则——基本准则》(2014 年)规定,利润是指企业在一定会计期间的经营成果。利润包括收入减去费用后的净额、直接计入当期利润的利得和损失等。按照构成的不同层次划分,利润可分为营业利润、利润总额和净利润。利润是企业经营所追求的目标,也是企业投资人和债权人进行投资决策和信贷决策的重要依据。

1.利润及指标计算

（1）利润总额指标。现行会计制度规定,利润总额等于营业利润加上投资净收益、补贴收入和营业外收支净额的代数和。其中,营业利润等于主营业务收入减去主营业务成本和主营业务税金及附加,加上其他业务利润,再减去营业费用、管理费用和财务费用后的净额。

在对工程项目进行经济分析估算利润总额时,为简化计算,假定不发生其他业务利润,也不考虑投资净收益、补贴收入和营业外收支净额,计算期内的总成本等于主营业务成本、营业费用、管理费用和财务费用之和,项目的主营业务收入为本期的销售（营业）收入,主营业务税金及附加为本期营业税金及附加。利润总额的估算公式为:

$$利润总额＝产品销售（营业）收入－营业税金及附加－总成本费用 \qquad (2.32)$$

根据利润总额可计算所得税和净利润,在此基础上可进行净利润分配。在工程项目的经济分析中,利润总额是计算一些静态指标的基础数据。

（2）利润率指标。利润率是反映企业一定时期利润水平的相对指标。利润率既可考核企业利润计划的完成情况,又可比较各企业之间和同一企业不同时期的经营管理水平。企业利润率的主要形式有以下几种。

① 销售收入利润率。销售收入利润率是指一定时期的销售利润总额与销售收入总额的比值。它表明单位销售收入获得的利润,反映销售收入和利润的关系。其计算公式为:

$$销售收入利润率＝（利润总额/销售收入）×100\% \qquad (2.33)$$

② 成本费用利润率。成本费用利润率是指一定时期的企业利润总额与成本费用总额之比,其中,成本费用一般指主营业务成本及附加和三项期间费用（经营费用、管理费用、财务费用）。它表明单位成本费用获得的利润,反映企业投入与产出之间的关系。其计算公式为:

$$成本费用利润率＝（利润总额/成本费用）×100\% \qquad (2.34)$$

③ 净利润率。净利润率是指一定时期的净利润（扣除所有成本、费用和企业所得税后的利润）与销售收入总额的比值。它表明单位销售收入获得税后利润的能力,反映销售收入与净利润的关系。其计算公式为:

$$净利润率＝（净利润/销售收入）×100\% \qquad (2.35)$$

④ 资本金利润率。资本金利润率是指利润总额占资本金（即实收资本、注册资金）总

额的百分比,是反映投资者投入企业资本金的获利能力的指标。企业资本金是所有者投入的主权资金,资本金利润率的高低直接关系投资者的权益,是投资者最关心的问题。其计算公式为:

$$资本金利润率＝利润总额/资本金总额×100\% \tag{2.36}$$

2. 所得税计算及净利润分配

《中华人民共和国企业所得税法》规定,在中华人民共和国境内,企业和其他取得收入的组织(企业)为企业所得税的纳税人,均应依法规定缴纳企业所得税。

(1) 所得税计算。企业所得税以应纳税所得额为计税依据。企业每一纳税年度的收入总额,减除不征税收入、免税收入、各项扣除以及允许弥补的以前年度亏损后的余额,为应纳税所得额。企业所得税的应纳税额计算公式为:

$$企业所得税应纳税额＝应纳税所得额×25\% \tag{2.37}$$

按照《中华人民共和国企业所得税法》规定,国家对重点扶持和鼓励发展的产业和项目,给予企业所得税优惠。对于符合条件的小型微利企业,减按 20% 的税率征收企业所得税。对于国家需要重点扶持的高新技术企业,减按 15% 的税率征收企业所得税。在工程项目的经济分析中,一般按照利润总额作为企业所得额,乘以 25% 税率计算所得税:

$$所得税应纳税额＝利润总额×25\% \tag{2.38}$$

(2) 净利润分配。净利润是指利润总额减去所得税后的金额,计算公式为:

$$净利润＝利润总额－所得税 \tag{2.39}$$

在工程项目的经济分析中,一般将净利润作为可供分配的净利润,并按照下列顺序分配:

① 提取法定盈余公积金。一般企业提取的法定盈余公积金,其金额累计未达到注册资本的 50% 的,按照可供分配净利润的 10% 提取;达到注册资本 50% 的,可以不再提取,而是否提取任意盈余公积金以及提取比例则由企业自行决定。此外,用于企业职工的集体福利设施支出的公益金提取在《中华人民共和国公司法》中未作明确规定。

② 向投资者分配利润(应付利润)。企业以前年度未分配利润,可以并入本年度向投资者分配。

③ 未分配利润。可供投资者分配的利润减去盈余公积金和应付利润后的余额为未分配利润。当企业发生亏损时,可以按规定由以后年度利润进行弥补。

本章小结

工程项目经济分析的基本要素主要包括投资、成本、销售收入(营业收入)利润和税金。建设项目总投资是指项目从筹建开始到全部建设完成投产为止,整个过程发生的费用的总和,包括固定资产投资与流动资产投资两大部分。

建设项目的固定资产投资由建设投资和建设期利息组成,建设投资由建筑工程费、设备与工器具购置费、安装工程费、工程建设其他费用、预备费用构成。

投资估算主要包括固定资产的投资估算与流动资产的投资估算。投资估算的常用方法是概略估算法(类比估算法)和分类(详细)估算法。流动资产估算常用的方法是扩大指标估算法和分项详细估算法。

工程经济分析中的成本概念与企业会计中的成本不完全相同,总成本费用的计算是按单项费用来进行归集。在进行经济分析时涉及多种成本概念,包括经营成本、固定成本与变动成本、机会成本、沉没成本、边际成本与经济成本等。

营业收入是项目建成投入使用后,生产销售产品或提供服务的所得。利润是企业在一定会计期内从事生产经营活动所取得的财务成果,它集中反映了企业生产经营各方面的效益,也是考核企业生产经营水平和管理水平的重要综合指标。利润有销售利润、利润总额、税后利润等概念。

目前中国的工商税制分为:流转税、资源税、所得税、特定目的税等类。主要税种包括增值税、消费税、资源税、土地使用税、土地增值税、企业所得税、城市维护建设税、教育费附加、车船税、印花税等。

思考题

1. 工程经济要素包括什么内容?

2. 工程项目建设投资的构成内容是什么?

3. 总成本费用包括哪些内容?

4. 经营成本的含义是什么,与总成本费用有何区别?

5. 计算固定资产折旧的方法有哪些?

6. 如何估算企业的营业收入?

7. 消费税一般采用哪两种方法计算?

8. 生产某产品的某企业,其设计生产能力为年产 900 吨,但由于市场原因,目前每年只能生产 600 吨,已知目前每吨产品的总成本为 4 800 元,每年固定成本为 30 万元,该企业产品目前售价为 5 800 元/吨。现有一国外客户欲订购 200 吨产品,但要求价格不能超过 4 600 元/吨。若仅从经济的角度考虑,企业是否应该接受订货?

9. 某设备固定资产原值为 100 万元,预计净残值率为 4%,折旧年限为 5 年,试按平均年限法计算年折旧率(以固定资产原值为基础)及年折旧额。

10. 某公司拥有一艘轮船,原始价值为 300 万元,预计净残值为 13.5 万元,清理费用为 15 000 元,预计可行驶 80 万公里。第一年行驶 10 万公里,第二年行驶 15 万公里。试用工作量法计算上述两年的折旧额。

11. 新购混凝土搅拌机 60 000 元,寿命 5 年,预计净残值 5 000 元,用双倍余额递减折旧法计算各年的折旧额。

12. 某机器的购置成本为 40 000 元,使用年限估计为 5 年,预计净残值为 4 000 元,试用年数总和法计算各年折旧费用,以及各年末的账面价值。

13. 某企业去年销售 A 产品 8 000 件,单位成本为 150 元/件,销售单价为 240 元/件。全年发生管理费用 12 万元、财务费用 10 万元,销售费用为销售收入的 3%,销售税金及附加相当于销售收入的 5%,所得税税率为 25%,企业无其他收入。试求企业去年的利润总额和税后利润。

第3章 资金的时间价值和经济等值计算方法

3.1 资金的时间价值的概述

资金的时间价值反映了社会资金运动的客观规律。对于具有时间分布长期性特征的项目的评价,引入资金的时间价值十分必要。

3.1.1 资金的时间价值的基本概念

1.资金的时间价值

资金的时间价值是指一定的资金在不同时点上具有不同的价值。资金的时间价值是初始货币在生产与流通中与劳动相结合,即作为资本或资金参与再生产和流通,随着时间的推移会得到货币增值,用于投资就会带来利润,用于储蓄会得到利息。

在商品经济中,资金的时间价值是客观存在的。例如,将资金存入银行可以获得利息;运用于公司的经营活动可以获得利润;用于对外投资可以获得投资收益。这种由于资金运用实现的利息、利润或投资收益表现为资金的时间价值。由此可见,资金的时间价值,是指同样数额的资金在不同时点上具有不同的价值。即资金在使用过程中随着时间的推移发生的增值。由于货币的时间价值,今天的 100 元和一年后的 100 元是不等值的。今天将 100 元存入银行,在银行利息率 10% 的情况下,一年以后会得到 110 元,多出的 10 元利息就是 100 元经过一年时间的投资所增加的价值,即资金的时间价值。显然,今天的 100 元与一年后的 110 元价值相等。由于不同时间的资金价值不同,所以,在进行价值大小对比时,必须将不同时间的资金折算为同一时间后才能进行比较。

在公司的生产经营中,公司投入生产活动的资金,其数额会随着公司经营时间的推移持续不断地增长。公司将筹集的资金用于购建劳动资料和劳动对象,劳动者借以进行生产经营活动,从而实现价值转移和价值创造,带来货币的增值。随着时间的推移,资金不断周转使用,时间价值不断增加。

在公司财务活动中,公司经营者会充分利用闲置资金,购买股票、债券等投资活动以获得投资收益。通常情况下,只有当所获得的投资收益大于或等于利息收入,即投资利润率大于或等于同期银行利息率时,公司才进行投资活动,否则宁愿把资金存到银行中也不愿进行有一定风险的投资活动。由此可见,从价值量上看,资金的时间价值是在没有风险和通货膨胀条件下的社会平均资金利润率,它是公司资金利润率的最低限度。

2. 资金的时间价值的影响因素

资金的时间价值随着时间的推移而发生变化,影响资金的时间价值的因素有很多,主要有以下几点。

(1)资金的使用时间。在单位时间的资金增值率一定的条件下,资金使用时间越长,则资金的时间价值越大;资金使用时间越短,则资金的时间价值越小。

(2)资金数量的大小。在其他条件不变的情况下,资金数量越大,资金的时间价值越大;资金数量越小,资金的时间价值越小。

(3)利率。一般来讲,在其他条件不变的情况下,利率越大,资金的时间价值越大;利率越小,资金的时间价值越小。例如,如果银行存款年利率为 2.2% 时,将 100 元存入银行,一年的时间价值是 2.2 元,如果银行存款年利率为 5%,将 100 元存入银行,一年的时间价值是 5 元。显然,银行存款年利率为 5% 的时间价值比存款年利率为 2.2% 的时间价值大。

(4)资金投入和回收的特点。总投资额一定时,前期投入越多,资金负效益越大;资金回收额一定,较早回收越多,资金的时间价值越大。在总投资额一定的情况下,前期投入的资金越多,资金的负效益越大;反之,后期投入的资金越多,资金的负效益越小。在资金回收额一定的情况下,离投资初始期越近的时间回收的资金越多,资金的时间价值就越大;反之,离投资初始期越远的时间回收的资金越多,资金的时间价值就越小。

(5)通货膨胀。如果出现通货膨胀,资金会发生贬值,贬值会减少资金时间价值。

(6)风险。投资是一项充满风险的活动。项目投资以后,其寿命期、每年的收益、利率等都可能发生变化,不确定性时刻存在,即使项目进行不顺利,也可能获得意外的收益,这就是风险的影响。不过,风险往往与收益成比例,项目的风险越大,一旦经营成功,其收益也越大。这需要考验决策者的综合能力。

资金的时间价值原理,正确揭示了不同时点上资金之间的换算关系,例如,某企业拟购买一台运输设备,若采用现付方式,其价款为 10 万元,若延期至 5 年后付款,则价款为

15 万元。如果不考虑资金的时间价值,因 10 万元小于 15 万元,可以认为现在付款更有利。如果考虑资金的时间价值,假设该企业已经筹集到 10 万元,暂不付款,而存到银行,假设年利率为 10%,则 5 年后将得到资金 16.1 万元[10 万元×(1+10%)^5≈16.1 万元],支付 15 万元后,企业尚可得到 1.1 万元的利益。因此,可以认为延期付款 15 万元比现付 10 万元更为有利。这说明,年初的 10 万元在 5 年之后价值提高到 16.1 万元。这是由于随着时间的推移,资金在周转使用中发生了增值。

3. 资金的时间价值存在的条件

资金的时间价值存在的条件有两个。一是将货币投入生产或流通领域,使货币转化为资金,从而产生增值(称为利润或收益)。二是货币借贷关系的存在,使所有权和使用权分离。比如把资金存入银行或向银行借贷所得到或付出的增值额(称为利息)。

4. 资金的时间价值在航空工程经济学中的意义

在航空工程方案经济评价中考虑资金的时间价值的意义有三点。

第一,一项工程若能早一天建成投产,就能多创造一天的价值,延误一天竣工就会延误一天生产,造成一笔损失。另一种情况是,当我们积累了一笔资金时,若把它投入生产或存入银行,就会带来一定的利润或利息收入,若资金没有得到及时利用就会失去一笔相应的收入。

第二,考虑资金使用的时间价值可以促使资金使用者加强经济管理,更充分地利用资金以促进生产发展。

第三,在利用外资的情况下,不计算资金的时间价值,就无法还本付息。因此,在经济活动中,应千方百计地缩短投资项目的建设周期,加快资金周转,尽量减少资金占用数量和时间。

总之,资金的时间价值是客观存在的,投资经营的一项基本原则就是充分利用并最大限度地获得资金的时间价值,这就要加速资金周转,在较短时间内回收资金,并不断从事利润较高的投资活动。任何资金闲置,都会损失资金的时间价值。

3.1.2 现金流量与现金流量图

1. 现金流量

现金流量是航空工程经济学中的一个关键的财务概念。每一个航空工程项目在实际运营过程中,都有现金流入和现金流出。现金流量是指把投资项目看作一个独立的系统,在一定时期内(项目寿命期内)流出或流入项目系统的资金活动。流入系统的实际收入称为现金流入,或叫正现金流量;流出系统的实际支出称为现金流出,或叫负现金流量。同一时点上的现金流入和现金流出的代数和称为净现金流量,或者说现金流入与现金流出之差称为净现金流量。现金流入、现金流出及净现金流量统称为现金流量。现金流量只计算现金收支(包括现钞、转账支票等凭证),不计算项目内部的现金转移(如折旧等)。

现金流量的构成有大小(资金数额大小)、方向、时间点三要素。

工程项目财务分析中的现金流量包括以下几项:固定资产投资、固定资产残值、项目寿命期末回收的流动资金、建设期利息、流动资金投资等。净现金流量可以表达为:

$$净现金流量＝营收收入－运营成本－年税金－投资＋残值 \tag{3.1}$$

现金流量既可以用现金流量表(如表3.1)表示,也可以用现金流量图表示。

表 3.1　现金流量表　　　　　　　　　　　　　(单位:万元)

时期	0	1	2	3	4	5	6
现金流入	—	—	100	200	200	200	300
现金流出	−200	−200	0	0	0	0	0
净现金流量	−200	−200	100	200	200	200	300

2. 现金流量图

现金流量图是一种反映经济系统资金运动状态的图示,运用现金流量图可以形象、直观地表示现金量的三要素:大小(资金数额)、方向(资金流入或流出)和作用点(资金流入或流出的时间点)。通过现金流量图,我们可以清晰地了解项目的现金流动情况,为项目管理和决策提供依据。现金流量图如图3.1所示。

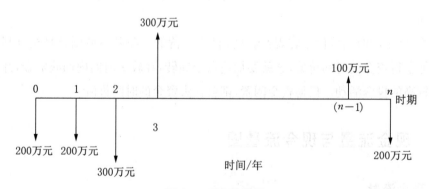

图 3.1　现金流量图

在现金流量图中,水平轴是时间轴,向上的箭头表示现金流入,向下的箭头表示现金流出,垂直箭头的长短代表现金流的大小。应该注意的是,收入和支出是相对而言的,一方的流入意味着另一方的流出。

对现金流量发生时间有两种处理方法。第一,年初投资年末收益法。把投资计在发生年年初,而把其他收益与支出计在发生年年末。第二,年末习惯法。每年发生的现金流量都计在发生年年末。2006年中华人民共和国国家发展改革委员会和建设部颁布的《建设项目经济评价方法与参数》规定,项目经济评价采用年末习惯法。

为了全面地考察新建项目的经济性,必须对项目在整个寿命周期内的支出和收入进行研究。根据各阶段现金流动的特点,可以把一个项目分为四个周期:建设期、投产期、稳产期和回收处理期。建设期是指项目开始投资至项目开始投产获得收益之间的阶段,投产期是指项目投产开始至项目到达预定的生产能力的阶段,稳产期是指项目达到生产能力后持续发挥生产能力的阶段,回收处理期是指项目完成预计的寿命周期后停产并进行善后处理的阶段。

3.1.3 时间周期与时值

1. 时间期限

时间期限(time period)是资金时间价值计算的另一个关键因素。它指的是资金在未来增值或减值的时间段。

2. 时值

以某个时点为基准,运动着的资金所处的相对时间位置上的价值就称为资金的时值。时值是资金在特定时间位置上的价值。

时值受两个因素的影响:其一为利率;其二为时间。因此,时值是利率和时间的函数。时值有两种基本形式。

(1) 未来时值(F):也称为将来值或终值。以开始使用资金的时间为基准,按照一定的利率,经过一定的时间间隔后的资金称为未来时值或将来时值。将来值就是原来的资金加上随资金运动而增值部分,用借贷关系的术语来说,就是本金加利息的本利和。所以,资金将来值一定大于资金原值。

(2) 现在时值(P):简称现值。以将来某个确定的时点为基准,资金在该时间基准上的价值按照一定的利率,折算到现在时点上的价值称为现在时值。现值就是从将来时点上的资金价值中剔除因时间间隔而增值的部分后的价值。用借贷关系的术语来说,就是贴现(discount)或折现。所以,贴现是对未来时点上的资金价值打折的做法,贴现率就是贴现时的折扣量,也称为折现率。资金现值的数额一定小于资金原值的数额。

需要说明的是,"现值"是一个相对概念。一般来说,把第($t+k$)个时点上发生的资金贴现到第t个时点,所得的资金数额就是第($t+k$)个时点上资金的现值。

3.1.4　资金等值概念

1. 资金等值的概念

资金等值是指在考虑资金时间价值的条件下，一定的资金在不同的时点代表不同的价值，必须赋予其时间价值，才能显示真实意义。资金等值是指在时间因素的作用下，在不同时点上数额不等的资金在一定条件下可能具有相等的价值。资金等值是资金时间价值理论的重要应用，它可以帮助我们在不同时间点和不同金额的情况下进行等值计算，为投资决策和项目管理提供依据。

2. 影响资金等值的因素

（1）资金额大小。资金的规模会影响资金等值，较大规模的资金在相同利率下产生的利息收益更多，因此其价值更高。

（2）资金发生的时间。资金的时间顺序对资金等值产生重要影响。相同金额的资金，在不同的时间点投入，由于时间的价值效应，其实际价值可能有所不同。

（3）利率。利率是衡量资金时间价值的重要因素，不同的利率水平会导致资金等值发生变化。利率的变动会影响借款成本、投资收益以及资金的增值或贬值。

【例 3.1】假设年利率为 10%，现在的 100 元与一年后的 110 元在数量上并不相等，但是两者是等值的。

再举例，你有一笔 10 万元的资金，打算用于投资。你可以现在就将这笔钱用于投资，也可以在未来的某个时间点进行投资。假设年利率为 5%。

① 现在投资：如果你现在就将这笔钱用于投资，那么一年后，你将获得 105 000 元[10 万元×(1+5%)]。

② 延迟投资：如果你决定将这笔钱在未来某个时间点用于投资，比如说半年后，那么你将获得 105 000×(1+5%)$^{0.5}$≈105 075(元)。

【例 3.2】在工程项目投资中，现在的 100 万元钱与 5 年后的 146.93 万元在数额上并不相等，但是，在年利率为 8% 的复利计息条件下，两者是等值的。因为现在的 100 万元，在 8% 的利率条件下，5 年后的本利和是 146.93 万元。

即，100 万元折算到 5 年后是 146.93 万元；同样，5 年后的 146.93 万元，折算到现在的价值应该是 100 万元。

而且，这两笔资金折算到任何确定的时间，都可以算出它们的数额是相等的。比如，分别把这两笔资金折算到第 3 年年末，则第 3 年年末都是 125.97 万元。

对于不同时点的两笔或两笔以上不同数额的资金，在考虑资金的时间价值情况下，把它们折算到某一相同的时点，它们可能是等值的。

在实际应用中,资金等值的概念被用来进行各种财务计算,例如贷款利息的计算、投资回报的评估,以及项目的经济效益分析等。通过资金等值的计算,我们可以更加准确地评估项目的经济效益,从而作出更明智的投资决策。我们通常使用等值换算公式进行资金等值计算。常用的资金等值计算方法有等额本金法和等额本息法。

3.2 名义利率和实际利率

资金的时间价值一般用利息和利率来衡量。利息是利润的一部分,是利润的分解或再分配。利率是指一定时期内积累的利息总额与原始资金的比值,即利息与本金之比。它是国家调控国民经济、协调部门经济的有效杠杆之一。

3.2.1 利息与利率

利息是借款人按照约定向贷款人支付的额外费用,是贷款人因提供资金而获得的回报。利率是指资金的价格,是利息与本金的比率,通常以百分比表示,是衡量资金价值的重要指标,反映了借款成本的高低。利率通常由市场供求关系决定,反映了市场对资金风险和通货膨胀的预期。

利率就是在单位时间内所得利息额与原借贷之比,通常用百分数表示:

$$i = \frac{I_t}{P} \times 100\% \tag{3.2}$$

式(3.2)中,i 为利率;I_t 为单位时间内所得的利息额;P 为本金。

$$利息 = 本金 \times 利率 \times 时间周期 \tag{3.3}$$

其中,本金是指借款的金额,利率是指利息与本金的比率,时间指借款的期限。

利率根据计算的周期来分,有年利率、月利率、日利率等。上述公式中,以月利率为例,利息=本金×利率×12。这里,年利率通常以百分比表示,月利率以千分比表示,日利率以万分比表示。

用于表示计算利息的时间单位称为计息周期,计息周期 t 通常为年、半年、季、月、周或天。

【例 3.3】某人现借得本金 1 000 元,一年后付息 35 元,则年利率为多少?

【解】利率=利息/本金

$$i = \frac{35}{1\,000} \times 100\% = 3.5\%$$

在航空工程项目中,理解和应用利息和利率对于评估项目的投资回报、计算成本、预测现金流等至关重要,它是评估项目投资效益和贷款成本的重要依据,也可以为投资决策提供依据。

3.2.2　单利计息和复利计息

从计算方法上来讲,利息的计算有单利计息和复利计息。单利计息是指仅按本金计算利息,前期的利息不再产生新的利息。这种计息方式比较简单,但在实际应用中,往往不能充分体现货币的时间价值。复利计息是指本金需要计算利息,前期的利息也要计算利息。俗称"利滚利"。这种计息方式更能体现货币的时间价值,但在计算上稍微复杂一些。

1. 单利计息的计算方法

单利计息的计算公式为:

$$本息和 = 本金 \times (1 + 利率 \times 期数) \tag{3.4}$$

【例 3.4】王某将 100 万元存入银行,期限为两年,年利率为 3%,单利计息。则两年后到期王某能拿到多少钱?

【解】本金＝100 万元

年利率＝3%

期数＝2 年

本息和＝100×(1＋3%×2)＝100×(1＋0.06)＝100×1.06＝106 万元

【例 3.5】某人将 1 000 元存入银行,期限为 4 年,银行存款利率为 6%,如果按单利计息,则到期时的本利和为多少?

【解】本息和＝1 000×(1＋6%×4)＝1 240(元)

2. 复利计息的计算方法

【例 3.6】王某在互联网金融平台购买一份理财,本金 10 万元,利率 5%,复利计息,那么,两年后王某可以拿到多少钱?

【解】本金＝10 万元

年利率＝5%

期数＝2 年

本息和＝10×(1＋0.05)²＝10×(1.05)²＝10×1.102 5＝11.025(万元)

【例 3.7】假设一家工程企业年初接入 100 万元资金,期限为 5 年,年利率为 10%,单利付息偿还,其偿还情况如表 3.2 所示:

表 3.2 单利计息偿还示例

年限	年初欠款(万元)	年末应付利息(万元)	年末欠款(万元)	年末偿还(万元)
第 1 年	100	10	110	——
第 2 年	110	10	120	——
第 3 年	121	10	130	——
第 4 年	133	10	140	——
第 5 年	146	10	150	150

【例 3.8】假设一家工程企业年初接入 100 万资金,期限为 5 年,年利率为 10%,复利付息偿还,其偿还情况如表 3.3 所示。

表 3.3 复利计息偿还示例

年限	年初欠款(万元)	年末应付利息(万元)	年末欠款(万元)	年末偿还(万元)
第 1 年	100	10	110	——
第 2 年	110	10	121	——
第 3 年	121	10	133.1	——
第 4 年	133	10	146.41	——
第 5 年	146	10	161.05	161.05

通过以上的例子,我们可以看到复利计息的情况下,产生了"利滚利"现象。除本金外,利息再计利息,会出现期末偿还金额大于单利计息的情况。

从资金在社会再生产过程中的实际情况看,采用复利计算比较符合资金运动规律。在航空工程经济学分析中均采用复利计算方法。

3.2.3 名义利率、实际利率

在复利计算中,通常用年利率,并且每年计息一次,即利率的时间单位与计算周期单位为年。但在实际工作中,计息周期较为灵活,可能小于一年,这就产生了名义利率和实际利率的问题。

1. 名义利率

名义利率是指贷款或投资合同中约定的利率,是按单利计算的年利率。

例如,月利率为 1%,那么计息周期为月,每年计息 12 次,年名义利率则为 1%×

12＝12％。

2. 实际利率

实际利率是指考虑资金时间价值因素后的实际利率。实际利率通常高于名义利率，因为资金在时间上的使用价值是不同的，也就是说，在一年的计息周期中利息再计息。如前文中的年实际利率为$(1+1\%)\times 12 = 12.68\%$。

名义利率与实际利率的关系可表示为：

$$i = (1+r/m)^m - 1 \tag{3.5}$$

式(3.5)中，i 表示实际年利率，r 表示名义年利率，m 表示计息周期数。

由于利息按复利计算，对于同样的本金和名义利率，计息次数越多，实际利率就越高。因此，实际利率可以看作名义利率的复利计算结果。因此，在方案比较中要注意，必须是同样的利率才具有可比性。

【例3.9】某工程项目需要贷款100万元，分别向两家银行贷款，第一家银行的年名义利率为5％，计息周期为月，第二家银行的年名义利率为6％，计息周期为季度。请问，如果按照实际利率计算，哪家银行提供的贷款更合算？

【解】我们需要计算两家银行的实际利率。

第一家银行的实际利率：

$$i_1 = (1+5\%/12)^{12} - 1 \approx 5.12\%$$

第二家银行的实际利率：

$$i_2 = (1+6\%/4)^4 - 1 \approx 6.13\%$$

由此可见，第二家银行提供的贷款实际利率略高于第一家银行，因此从实际利率的角度来看，第二家银行提供的贷款更加合算。但实际选择时，还需考虑其他因素，如贷款条件、还款方式等。

3.3　复利计算因数和公式

复利计算在航空工程经济领域具有广泛的应用，如投资决策、成本效益分析等。本节将介绍复利计算的因数和公式，包括一次支付复利因数和公式、等额支付系列复利系数和公式。

3.3.1　一次支付复利因数和公式

1. 复利终值(已知 P,求 F)

一次支付复利是指在一定期限内,将所得利息加入本金再进行计息的过程。一次支付复利终值公式如下:

$$F = P(1+i)^n \qquad (3.6)$$

式(3.6)中,F 表示复利终值,即将来时点的资金额;P 表示现值或本金,即现在时点的资金额;i 表示年利率;n 表示计息期数,通常以年计。

此式表示在折现率为 i、计息周期数为 n 的条件下,终值 F 和现值 P 的等值关系。式(3.6)中,$(1+i)^n$ 称为复利终值系数,可用符号 $(F/P,i,n)$ 来表示,其中斜线右边的大写字母表示已知因素,左边表示要求的因素。

复利终值系数可以通过专门编制的"复利终值系数表"(见本章附录)直接获得。该表第一行是利率 i,第一列是计息期数 n,相应的 $(1+i)^n$ 的值在其纵横相交处。

例如:$(F/P,8\%,5)$ 表示利率为 8%、5 年期复利终值的系数,通过该表可以查 $(F/P,8\%,5)=1.4693$,说明在利率为 8% 的情况下,现在的 1 元和 5 年后的 1.4693 元在经济上是等值的,根据这一系数可以将现值换算成终值。

【例 3.10】某人将 1000 元存入银行,期限为 4 年,银行存款利率为 6%,如果按复利计息,则到期时的本利和为多少?

【解】$F=1000\times(1+6\%)^4=1000\times(F/P,6\%,4)=1000\times1.2625=1262.5$(元)

2. 复利现值(已知 F,求 P)

复利现值相当于原始本金,它是指今后某一特定时间收到或付出一笔款项,按折现率 (i) 所计算的现在时点价值。例如,将 n 年后的一笔资金 F 按年利率 i 折算为现在的价值,这就是复利现值。

公式(3.6)的逆运算(即现值)的计算公式为:$P=F(1+i)^{-n}$,其中,$(1+i)^{-n}$ 称为复利现值系数,可用符号 $(P/F,i,n)$ 来表示。

例如 $(P/F,5\%,4)$,表示利率为 5%、4 年期的复利现值系数。

与复利终值系数表相似,在已知 i,n 的情况下,通过现值系数表查出 P。

【例 3.11】某人打算在 5 年后用 10000 元来支付一笔款项,目前银行存款利率为 5%,则在复利计息条件下,此人现在需存入银行的款额为多少?

【解】如果按复利计算,则现在应存入银行的金额为:

$$P=10000(P/F,5\%,5)=10000\times0.7835=7835(元)$$

多笔不等额的款项按复利方式计算终值或现值,可以依据上述原理进行。

3.3.2 年金支付复利系数和公式

在现实经济生活中,经常会发生一定时期内多次收付的款项,即系列收付款项。如果每次收付的金额相等,则这样的系列收付款项便称为年金。简言之,年金是指在一定时期内每隔相同的时点等额收付的系列款项,通常记作 A。

年金的形式多种多样,如分期付款赊购、分期偿还贷款、发放养老金、支付租金、计提折旧、零存整取或整取零存储蓄等。

年金按其每次发生的时点不同,可以分为普通年金、先付年金、递延年金和永续年金四种。

在年金的计算中,设定以下符号:

A 表示每年收付的金额;i 表示利率;F 表示年金终值;P 表示年金现值;n 表示期数。

1. 普通年金

普通年金是指每期期末有等额收付款项的年金,又称后付年金。

(1)普通年金终值的计算(已知 A,求 F)。普通年金终值的计算是指在投资期限内,定期等额支付一定金额,并将每次支付的金额按照相同利率进行复利计算。

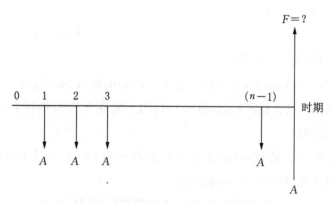

图 3.2　现金流量图(已知 A,求 F)

表示每年年末投资金额 A,在年利率为 i 的条件下,n 年后的投资金额是多少?我们可以画出现金流量图,见图 3.2。

由现金流量图可知,第 n 年积累的资金总额 F 等于每年投资 A 元的终值的综合:

$$F=A\left[1+(1+i)+(1+i)^2+(1+i)^3+\cdots+(1+i)^{n-1}\right] \tag{3.7}$$

根据等差数列求和公式,式(3.7)可以化简为:

$$F = A \frac{(1+i)^n - 1}{i} \tag{3.8}$$

式(3.8)中,F 表示复利终值,即将来时点的资金额;A 表示分期等额系列中,每一个支付的金额,在每个计算期末实现。通常表示年收益或均匀年度金额;i 表示年利率;n 表示计息期数,通常以年计。

式(3.8)中,$\frac{(1+i)^n - 1}{i}$ 称为年金终值系数,可用符号$(F/A,i,n)$来表示,可通过查阅年金终值系数表获得,其中斜线右边的大写字母表示已知因素,左边表示要求的因素。

【例 3.12】某工程项目建设周期为 5 年,每年向银行贷款 10 000 元。如果年利率为 5%,求第 5 年末的向银行还本息多少?(即终值)。

【解】根据终值公式 $F = A \frac{(1+i)^n - 1}{i}$,将已知数据代入:

$$F = 10\,000 \times [(1+0.05)^5 - 1]/0.05$$
$$F \approx 10\,000 \times (1.276 - 1)/0.05$$
$$F \approx 10\,000 \times 0.276/0.05$$
$$F \approx 55\,200 (元)$$

所以,第 5 年末偿还的本息为 55 200 元。

【例 3.13】某工厂为了在 10 年后更新一台大型设备,从现在起每年年末从净收益中提取 8 万元存入银行,设年利率为 6%,问 10 年后可从银行提取多少钱?

【解】已知 $A = 8$ 万元,$i = 0.06$,$n = 10$,代入公式得:

$$F = A \frac{(1+i)^n - 1}{i} = 105.448 (万元)$$

所以,10 年后可从银行提取 105.448 万元。

(2) 年偿债基金的计算(已知 F,求 A)。偿债基金是指为了在约定的未来某一时点清偿某笔债务或积聚一定数额的资金而必须分次等额形成的存款准备金。因为每次形成的等额准备金类似年金存款,同样可以按复利计算利息,所以债务实际上等于年金终值,每年提取的偿债基金等于年金 A。也就是说,偿债基金的计算实际上是年金终值的逆运算。

为了在 n 年内积累资金 F,年利率为 i,求每年投入资金 A 应该是多少?我们可以画出现金流量图,如图 3.3 所示。

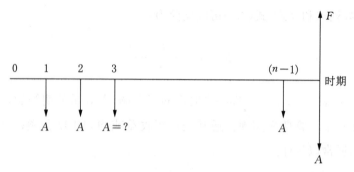

图 3.3　现金流量图(已知 F,求 A)

偿债基金计算公式可直接由普通年金公式推导出:

$$A = F \frac{i}{(1+i)^n - 1} \tag{3.9}$$

式(3.9)中,F 表示复利终值,即将来时点的资金额;A 表示分期等额系列中,每一个支付的金额,在每个计算期末实现,通常表示年收益或均匀年度金额;i 表示年利率;n 表示计息期数,通常以年计。

式(3.9)中,$\frac{i}{(1+i)^n - 1}$ 称为偿债基金系数,可用符号 $(A/F, i, n)$ 来表示,其中斜线右边的大写字母表示已知因素,左边表示要求的因素。

【例 3.14】某公司计划在 8 年后更新设备,预计需要 400 万元,假设银行存款利率为 4%,则该公司在这 8 年中每年年末要存入多少万元才能满足更新设备的资金需要?

【解】已知 F,求 A。

$$
\begin{aligned}
A &= F \frac{i}{(1+i)^n - 1} \\
&= 400(A/F, 4\%, 8) \\
&= 400 \times 0.108\,53 \\
&= 43.41(万元)
\end{aligned}
$$

即该公司在银行存款利率为 4%时,每年年末需存入 43.41 万元,方可在 8 年后获得 400 万元用于更新设备。

(3) 普通年金现值(已知 A,求 P)。普通年金现值是指一定时期内每期期末收付款项的复利现值之和。当利率为 i 时,为了在 n 年内每年收回 A 元,计算现在的投资 P 应该是多少。

首先我们可以画出现金流量图,如图 3.4 所示。

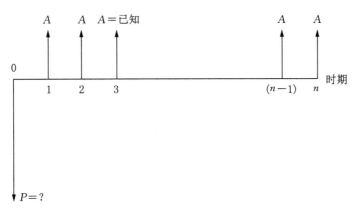

图 3.4　现金流量图(已知 A，求 P)

经计算得：

$$P = A(1+i)^{-1} + A(1+i)^{-2} + \cdots + A(1+i)^{-n} \tag{3.10}$$

上式等号两边同乘以 $(1+i)$，再相减得：

$$P = A\frac{(1+i)^n - 1}{i(1+i)^n} = A\frac{1-(1+i)^{-n}}{i} \tag{3.11}$$

式(3.11)中，$\dfrac{(1+i)^n - 1}{i(1+i)^n}$ 或 $\dfrac{1-(1+i)^{-n}}{i}$ 称为年金现值系数，用符号 $(P/A, i, n)$ 表示。式(3.11)又可以表示为：$P = A(P/A, i, n)$。

【例 3.15】当年利率为 8% 时，要在 8 年内，每年年末从银行提取 100 万元，问现在至少应存入银行多少现金？

【解】解决这个问题实际上就是已知 $A=100$ 万元，计算 P。

代入公式：$P = A(P/A, i, n) = 100(P/A, 8\%, 8) = 574.66$(万元)

【例 3.16】某航空工程项目预计 5 年完成，计划投资额为每年 8 000 万元，若年利率为 7%，求全部航空工程项目投资的现值是多少？

【解】解决这个问题实际上就是已知 $A=100$，计算 P。

代入公式：$P = A(P/A, i, n) = 8\,000(P/A, 7\%, 5) = 32\,801.6$(万元)

(4) 年资本回收额公式(已知 P，求 A)。年资本回收额，是指在约定年限内等额回收初始投入资本或清偿所欠债务的金额。年资本回收额的计算是年金现值计算的逆运算。其现金流量图如图 3.5 所示。

计算公式为：

$$A = P\frac{i(1+i)^n}{(1+i)^n - 1} \tag{3.12}$$

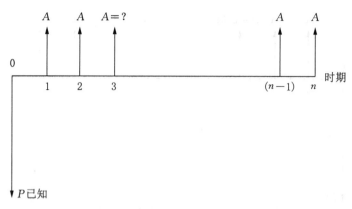

图 3.5　现金流量图(已知 P,求 A)

式(3.12)的含义是:若现在投资 P 元,年利率 i,要求在 n 年内回收全部本利和,求每年等额回收金额。

式(3.12)中: $\dfrac{i(1+i)^n}{(1+i)^n-1}$ 称为资金回收系数,记作 $(A/P,i,n)$,所以资金回收公式又可以表示为: $A=P(A/P,i,n)$,资金回收系数可查询资金回收系数附录表。

【例 3.17】某航空企业现在借得 1 000 万元贷款,在 10 年内以年利率 12% 等额偿还,计算每年应付的金额。

【解】解决这个问题,实际上就是借款 1 000 万元,年利率为 12%,10 年年偿还额 A。

$$代入公式: A=P(A/P,i,n)=1\,000(A/P,12\%,10)$$
$$=177(万元)$$

【例 3.18】某航空工程项目初始投资为 5 000 万元,航空公司要求的投资收益利率为 12%,欲 8 年回收,每年应回收多少资金?

【解】解决这个问题,实际上就是要求投资 5 000 万元,年利率为 12%,8 年回收的年回收额 A。

$$代入公式: A=P(A/P,i,n)=5\,000(A/P,12\%,8)$$
$$=5\,000×0.201\,3=1\,006.5(万元)$$

2. 先付年金

先付年金是指从第 1 期起,在一定时期内每期期初等额收付系列款项的年金,又称预付年金或即付年金。

(1) 先付年金的终值计算(已知 A,求 F)。先付年金的终值计算公式为:

$$F=A\frac{(1+i)^n-1}{i}(1+i)=A\left[\frac{(1+i)^{n+1}-1}{i}-1\right] \tag{3.13}$$

$\left[\dfrac{(1+i)^{n+1}-1}{i}-1\right]$ 通常被称为先付年金终值系数,它是在普通年金终值系数的基础上,期数加1、系数减1求得的,可表示为 $[(F/A,i,n+1)-1]$,通过查阅"普通年金终值系数表",得 $(n+1)$ 期的值,然后减去1可得对应的先付年金终值系数的值。例如 $[(F/A,6\%,4+1)-1]$,已知 $(F/A,6\%,4+1)$ 的值为 5.637 1,再减去1,即得先付年金终值系数为 4.637 1。

【例3.19】某航空公司租赁一架787飞机,每年年初支付租金50万美元,年利率为8%,该公司计划租赁12年,需支付的租金为多少?

【解】解决这个问题实际上就是求解先付年金情况下的终值。

$$F=A\left[\dfrac{(1+i)^{n+1}-1}{i}-1\right]$$
$$=50\left[\dfrac{(1+8\%)^{12+1}-1}{i}-1\right]$$
$$=50\times20.495=1\,024.75(万美元)$$

或:

$$F=A[(F/A,i,n+1)-1]$$
$$=50[(F/A,8\%,12+1)-1]$$

查"年金终值系数表"得:

$$(F/A,8\%,12+1)=21.495$$
$$F=50\times(21.495-1)=1\,024.75(万美元)$$

(2) 先付年金的现值计算(已知 A,求 P)。先付年金的现值计算公式为:

$$P=A\dfrac{1-(1+i)^{-n}}{i}(1+i)=A\left[\dfrac{1-(1+i)^{-(n-1)}}{i}+1\right] \tag{3.14}$$

$\left[\dfrac{1-(1+i)^{-(n-1)}}{i}+1\right]$ 通常称为先付年金现值系数,先付年金现值系数是在普通年金现值系数的基础上,期数减1、系数加1求得的,可表示为 $[(P/A,i,n-1)+1]$,可通过查阅"年金现值系数表",得 $(n-1)$ 期的值,然后加上1即可得对应的先付年金现值系数的值。例如 $[(P/A,6\%,4-1)+1]$,已知 $(P/A,6\%,4-1)$ 的值为 2.673,再加上1,得先付年金现值系数为 3.673。

【例3.20】某航空零部件制造商分期付款购买厂房,每年年初支付 6 000 元,20年还款期,假设银行借款利率为5%,该项分期付款如果现在一次性支付,需支付现金多少元?

【解】其中 $i=5\%$,$n=20$

代入公式得：$P = 6\,000 \times 13.085\,3 = 78\,511.8(元)$

或：

$$P = A[(P/A, i, n-1)+1]$$
$$= 6\,000[(P/A, 5\%, 20-1)+1]$$

查"年金现值系数表"得：

$$(P/A, 5\%, 20-1) = 12.085\,3$$
$$P = 6\,000 \times (12.085\,3+1) = 78\,511.8(元)$$

3. 递延年金

递延年金是指第一次收付款发生时间是在第2期或者第2期以后的年金。它是普通年金的特殊形式，凡不是从第1期开始的年金就是递延年金。

（1）递延年金终值。递延年金终值的计算方法与普通年金终值的计算方法相似，其终值大小与递延期限无关。

（2）递延年金现值。递延年金现值是自若干时期后开始每期款项的现值之和。其现值计算方法有两种。

方法一：第一步，把递延年金看作第 n 期普通年金，计算出递延期末的现值；第二步，将已计算出的现值折现到第1期期初。

方法二：第一步，计算出 $(m+n)$ 期的年金现值；第二步，将计算的 $(m+n)$ 期的年金现值扣除递延期 m 的年金现值，得出 n 期年金现值。

【例3.21】若前两年没有年金发生，从第3年起，连续4年每年年末有年金100元，假设银行利率为6%，其递延年金现值为多少？

【解】方法一：

第一步，计算4期的普通年金现值。

$$P_2 = A(P/A, i, n) = 100(P/A, 6\%, 4)$$
$$= 100 \times 3.465\,1 = 346.51(元)$$

第二步，将已计算的普通年金现值折现到第1期期初。

$$P_0 = P_2(P/F, i, n) = 346.51(P/F, 6\%, 2)$$
$$= 346.51 \times 0.89 = 308.39(元)$$

方法二：

第一步，计算 $(2+4)$ 期的年金现值。

$$P_{2+4} = A(P/A, i, m+n) = 100(P/A, 6\%, 2+4)$$
$$= 100 \times 4.917\,3 = 491.73(元)$$

第二步,将计算出的(2+4)期的年金现值扣除递延期 2 期的年金现值,得出 4 期年金现值:

$$P = A[(P/A, i, m+n) - (P/A, i, m)] = 100[(P/A, 6\%, 6) - (P/A, 6\%, 2)]$$
$$= 308.39(元)$$

4. 永续年金

永续年金是指无限期支付的年金,如优先股股利。由于永续年金持续期无限,没有终止时间,因此没有终值,只有现值。永续年金可视为普通年金的特殊形式,即期限趋于无穷的普通年金。其现值的计算公式可由普通年金现值公式推出。永续年金现值 P 的计算公式为:

$$P = A \frac{1-(1+i)^{-n}}{i}$$

$$= A \frac{1-\dfrac{1}{(1+i)^n}}{i} \tag{3.15}$$

当 $i \to \infty$ 时,$\dfrac{1}{(1+i)^n} \to 0$,故:

$$P = \frac{A}{i} \tag{3.16}$$

表 3.4 时间价值计算公式汇总表

收付类别	公式名称	已知	求	公 式
一次性支付	终值公式	P	F	$F = P(F/P, i, n)$
	现值公式	F	P	$P = F(1+i)^{-n}$ $P = F(P/F, i, n)$
等额系列支付	普通年金终值	A	F	$F = A(F/A, i, n)$
	偿债基金	F	A	$A = F(A/F, i, n)$
	普通年金现值	A	P	$P = A(P/A, i, n)$
	资本回收额	P	A	$A = P(A/P, i, n)$
	先付年金终值	A	F	$F = A[(F/A, i, n+1) - 1]$
	先付年金现值	A	P	$P = A[(P/A, i, n-1) + 1]$
	递延年金现值			$P = A[(P/A, i, m+n) - (P/A, i, m)]$ $P = A(A/P, i, n)(P/F, i, m)$
	永续年金现值	A	P	$P = A/i$

3.4 经济等值计算应用实例

等值计算是工程经济效益评价的基础,在工程经济效益评价中主要用于比较不同金额在不同时点的价值,用于航空工程项目的投资决策。本节内容主要通过例题阐释经济等值计算的方法与技巧。

3.4.1 现值的计算

现值是指将未来现金流折现到现在的价值,用于评估项目的投资价值和盈利能力。就是把选定的基准期(年)以后发生的资金支付折算成基准期的值。

【例 3.22】某工程项目自 2020 年开始,分年投资如表 3.5 所示。

表 3.5 工程分年投资额

	2020 年	2021 年	2022 年
投资额(万元)	1 000	2 500	2 500

所有支付都发生在当年年末,年利率为 6%。求建设开工时工程总投资的现值。

【解】求建设开工时的现值,即把此时选为基准年,求全部工程投资在这一年的现值。

$$P = 1\,000(P/F, 6\%, 1) + 2\,500(P/F, 6\%, 2) + 2\,500(P/F, 6\%, 3)$$
$$= 5\,267.4(万元)$$

所以,全部工程投资在开工时的现值是 5 267.4 万元。

【例 3.23】某企业欲购置某种设备一台,每年可增收益(即每年节约)1 万元。该设备可使用 10 年(经济寿命),期末残值为 0。若预期年利率为 10%,问:该设备投资最高限额是多少? 如果设备售价为 7 万元,是否应当购买?

【解】将每年收益转换成现值,和设备售价 7 万元比较,收益现值大于 7 万元则应当购买,小于 7 万元则不应当购买。画出现金流量图如下:

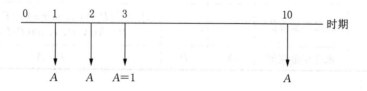

经计算,该设备最高投资限额为 6.144 万元。售价 7 万元超过设备投资最高限额,故不应购买该设备。

3.4.2 终值的计算

【例 3.24】某航空企业数字化改造项目计划在未来 5 年内进行投资,每年末投资 100 万元。假设年利率为 4%,求 5 年后这笔投资的终值是多少?

【解】根据等额支付系列终值公式,已知 $A=100$ 万元,$i=4\%$,$n=5$ 年,求 F。

将已知数据代入公式:$F=A\dfrac{(1+i)^n-1}{i}$

计算公式结果:$F\approx546.86$(万元)

所以,5 年后这笔投资的终值约为 546.86 万元。

本章小结

资金的时间价值是指一定的资金在不同时点上具有不同的价值。资金的时间价值是初始货币在生产与流通中与劳动相结合,即作为资本或资金参与再生产和流通,随着时间的推移会得到货币增值,资金用于投资就会带来利润,用于储蓄会得到利息。

时间价值受两个因素的影响:其一为利率;其二为时间。因此,时值是利率和时间的函数。时值有两种基本形式:未来时值和现在时值。

资金等值是指在考虑资金时间价值的条件下,一定的资金在不同的时点代表不同的价值,资金必须赋予时间价值,才能显示真实的意义。资金等值是指在时间因素的作用下,在不同时点上数字不等的资金在一定条件下可能具有相等的价值。资金等值是资金时间价值理论的重要应用,它可以帮助我们在不同时点和不同金额的情况下进行等值计算,为投资决策和项目管理提供依据。

利息是借款人按照约定向贷款人支付的额外费用,是贷款人因提供资金而获得的回报。利率是指资金的价格,是利息与本金的比率,通常用百分比表示,是衡量资金价值的重要指标,反映了借款成本的高低。利率通常由市场供求关系决定,反映了市场对资金风险和通货膨胀的预期。计息的方法有两种:单利计息和复利计息。

复利的计算因数和公式包括两大类:一次支付复利和年金支付复利。

思考题

1. 什么资金的时间价值,资金的时间价值的影响因素分别是什么?

2. 为什么在航空经济学中采用复利的方式计算收益和成本?

3. 复利计算公式有哪些,请大家根据一次支付复利和年金支付复利两种方式进行总结。

附表 1%的复利系数表

年限	一次支付		等 额 系 列			
	终值系数	现值系数	年金终值系数	年金现值系数	资本回收系数	偿债基金系数
n	$F/P, i, n$	$P/F, i, n$	$F/A, i, n$	$P/A, i, n$	$A/P, i, n$	$A/F, i, n$
1	1.010	0.990 1	1.000	0.991 0	1.010 0	1.000 0
2	1.020	0.980 3	2.010	1.970 4	0.507 5	0.497 5
3	1.030	0.970 6	3.030	2.940 1	0.430 0	0.330 0
4	1.041	0.961 0	4.060	3.902 0	0.256 3	0.246 3
5	1.051	0.951 5	5.101	4.853 4	0.206 0	0.196 0
6	1.062	0.942 1	6.152	5.795 5	0.172 6	0.162 6
7	1.702	0.932 7	7.214	6.728 2	0.148 6	0.138 6
8	1.083	0.923 5	8.286	7.651 7	0.130 7	0.120 7
9	1.094	0.914 3	9.369	8.566 0	0.116 8	0.106 8
10	1.105	0.905 3	10.426	9.471 3	0.105 6	0.095 6
11	1.116	0.896 3	11.567	10.367 6	0.096 5	0.086 5
12	1.127	0.887 5	12.683	11.255 1	0.088 9	0.078 9
13	1.138	0.878 7	13.809	12.133 8	0.082 4	0.072 4
14	1.149	0.870 0	14.974	13.003 7	0.076 9	0.066 9
15	1.161	0.861 4	16.097	13.865 1	0.072 1	0.062 1
16	1.173	0.852 8	17.258	14.719 1	0.068 0	0.058 0
17	1.184	0.844 4	18.430	15.562 3	0.063 4	0.054 3
18	1.196	0.836 0	19.615	16.398 3	0.061 0	0.051 0
19	1.208	0.827 7	20.811	17.226 0	0.058 1	0.048 1
20	1.220	0.819 6	22.019	18.045 6	0.055 4	0.045 4
21	1.232	0.811 4	23.239	18.857 0	0.053 0	0.043 0
22	1.245	0.803 4	24.472	19.660 4	0.050 9	0.040 9
23	1.257	0.795 5	25.716	20.455 8	0.048 9	0.038 9
24	1.270	0.787 6	26.973	21.243 4	0.047 1	0.037 1
25	1.282	0.779 8	28.243	22.023 2	0.045 4	0.035 4

第4章 航空工程经济评价指标和指标体系

在航空工程领域，为了更好地评估工程项目的经济效益，我们需要建立一套科学有效的评价指标体系。本章将围绕航空工程经济评价指标的选择原则、分类以及指标体系的构建展开讨论，并进一步探讨这些指标体系在实际应用场景中的作用。

4.1 航空工程经济评价指标的选择原则

在航空工程的经济评价中，评价指标的选择至关重要。为了全面、客观、有效地评估航空工程的经济效益，我们需遵循以下三个原则：可量性原则、可比性原则和综合性原则。

4.1.1 可量性原则

在航空工程经济评价中，可量性原则是指所选择的评价指标应该能够以数量化的方式进行衡量和比较。这是因为经济评价需要基于客观、准确的数据来进行，只有能够量化的指标才能提供这样的数据基础。

可量性原则是航空工程经济评价中最为基础与重要的原则，其重要性体现在三个方面。一是提高决策的科学性。通过定量计算和评估经济评价指标，可以更准确地反映项目的经济效益和投资回报，从而提高决策的科学性和准确性。二是便于比较和分析。可量性原则可以比较和分析不同项目或不同方案之间的经济评价指标，从而帮助决策者更好地了解项目的经济效益和投资回报。三是符合国际标准和行业规范。可量性原则符合国际民航组织（ICAO）和美国航空航天工业协会（AIAA）等国际组织和行业协会的标准和规范,有利于进行国际比较和行业交流。

在航空工程经济评价中,可量性原则的应用较为广泛,主要表现在三个方面。

(1) 直接成本,包括飞机购买成本、维修成本、燃料消耗等可以直接量化的成本。这些数据可以通过航空公司的财务报表或相关研究报告获得。

(2) 直接效益,例如,提高航班频率、缩短旅行时间等带来的经济效益。这些效益指标可以通过调查、统计等方法进行量化。

(3) 间接效益,主要指成本效益分析、敏感性分析、风险评估等方面。如在航空工程领域,成本效益分析通常用于评估新技术引进、设备更新等项目的经济效益。例如,某航空公司计划引进一项新技术以提高运营效率,为了评估该技术的经济效益,需要对技术的投资成本、运营成本、技术效益等因素进行量化分析,以确定技术的经济效益和投资回报期。

4.1.2 可比性原则

可比性原则是指所选择的评价指标应当能够在不同的时间、空间和对象之间进行比较。在航空工程的经济评价中,我们需要对不同工程之间的投入、产出和效果进行比较,以便更全面地评估工程的效益。这要求所选择的评价指标应具有统一性、标准化和规范化,以便在相同条件下进行比较和分析。

在航空工程经济评价中,可比性原则的应用主要体现在三个方面。

(1) 投资方案比较。在多个投资方案中选择最优方案时,需要使用可比性原则对各方案的经济效益进行比较。例如,对于不同的飞机设计方案,可以通过比较其投资成本、运营成本、使用寿命等方面的经济指标,来评估各方案的优劣。

(2) 时间比较。对于同一投资在不同时间的经济效果进行比较时,也需要遵循可比性原则。例如,在分析航空器的购买成本与使用成本的差异时,需要将不同年份的货币价值进行调整,使其具有可比性。

(3) 地点比较。对于在不同地点的同类投资或同一投资在不同地点的经济效果进行比较时,也需要遵循可比性原则。例如,在比较不同机场的运营成本时,需要考虑到各机场的地理位置、规模、运营方式等因素,以确保比较的公平性和准确性。

为了实现可比性原则,需要在经济评价过程中采取五个方面的措施。

(1) 统一评价指标。对于不同的投资或项目,应采用统一的评价指标和计算方法,以确保评价结果的客观性和可比性。例如,可以采用净现值(net present value, NPV)、内部收益率(internal rate of return, IRR)等统一的财务评价指标进行比较。

(2) 标准化和规范化数据。在进行经济评价时,应采用标准化和规范化的数据,以确保数据的准确性和可比性。例如,对于投资成本、运营成本等数据,应采用统一的计量单位和计算方法。

(3)考虑时间因素。在进行经济评价时,应考虑时间因素对评价结果的影响。例如,对于长期投资项目,应采用合适的折现率对未来现金流进行折现,以反映时间价值对评价结果的影响。

(4)考虑地点因素。在进行经济评价时,应考虑地点因素对评价结果的影响。例如,对于不同地理位置的机场,应考虑其运营成本、旅客流量等因素对评价结果的影响。

(5)建立数据库。为了方便不同项目之间的比较和分析,应建立统一的数据库,将不同项目的经济评价指标和数据进行存储和管理。

4.1.3　综合性原则

综合性原则是指选择的评价指标应能够全面反映航空工程的经济效益、社会效益和环境效益。在选择评价指标时,应综合考虑多个方面,包括投资回报率、净现值、内部收益率、投资回收期等财务指标,以及社会效益和环境效益方面的指标。这些指标可以涵盖航空工程的经济效益、技术可行性、社会影响、环境影响等方面,为评价者提供全面的信息,有助于评价者作出更加科学合理的决策。

综合性原则在航空工程经济评价指标选择中的应用体现为四类指标。

(1)技术指标。在选择技术指标时,应综合考虑项目的技术先进性、可行性、稳定性以及维护性等因素。例如,可以采用单位质量有效载荷的燃油消耗量、单位质量有效载荷的起飞距离等指标来评估项目的技术经济性。

(2)经济指标。在选择经济指标时,应综合考虑项目的投资成本、运营成本、收益以及现金流等因素。例如,可以采用总投资回报率、净现值等指标来评估项目的经济效益。

(3)环境指标。随着环境保护意识的增强,环境指标在航空工程经济评价指标中的地位也逐渐提升。在选择环境指标时,应综合考虑项目的能源消耗、碳排放、噪声污染等因素。例如,可以采用单位质量有效载荷的碳排放量、单位质量有效载荷的能源消耗量等指标来评估项目的环境影响。

(4)社会指标。社会指标是衡量航空工程社会效益的重要指标。在选择社会指标时,应综合考虑项目对当地经济发展的贡献、对就业的影响以及项目的社会形象等因素。例如,可以采用项目所在地每百万居民中的就业人数、每百万居民中的收入水平等指标来评估项目的社会效益。

以某大型客机项目为例,该项目采用综合性原则进行经济评价指标的选择。在技术方面,采用单位质量有效载荷的燃油消耗量、单位质量有效载荷的起飞距离等指标。在经济方面,采用总投资回报率、净现值等指标。在环境方面,采用单位质量有效载荷的碳排放量、单位质量有效载荷的能源消耗量等指标。在社会方面,采用项目所在地每百万居民中的就业人数、项目所在地每百万居民中的收入水平等指标。通过对这些指标的综合分析,该项目成功评估了其经济效益、环境影响和社会效益,为项目的决策提供了有力支持。

4.2 航空工程经济评价指标的分类

航空工程经济评价指标是对航空工程项目进行经济效益分析的重要工具。根据不同的分类标准,可以将这些指标分为不同的类型。其中,根据评价的角度和范围,可以将这些指标分为技术指标、财务指标、环境指标、社会指标等类型。

4.2.1 技术指标

技术指标是航空工程经济评价指标的重要组成部分,主要反映航空器的设计参数和性能指标。这些指标直接关系航空器的安全、经济、环保等方面。

1. 航空器设计参数

航空器设计是航空工业的核心,涉及多个学科领域,包括空气动力学、结构力学、材料科学等。在航空器设计过程中,需要考虑各种参数,以确保航空器的性能、安全性和经济性。航空器设计参数主要有四个。

(1) 气动布局。气动布局是航空器设计中的重要参数,它决定了航空器的升力、阻力和稳定性。不同的气动布局适用于不同的飞行环境和任务需求。例如,固定翼飞机的机翼和尾翼的形状及位置对升力和稳定性有重要影响;而旋翼飞机的旋翼尺寸和桨距对升力和阻力的平衡至关重要。

(2) 结构强度。结构强度是航空器设计的关键参数,它决定了航空器在各种飞行条件下的安全性和耐久性。结构强度需要考虑飞行器的重量、速度、加速度等因素。例如,战斗机需要承受高速飞行和高过载的冲击,因此其结构需要具有较高的强度和刚度。

(3) 材料选择。材料选择是航空器设计的重要参数之一,它直接影响航空器的性能、安全性和经济性。不同的材料具有不同的强度、刚度、耐腐蚀性等特性,需要根据飞行器的具体需求进行选择。例如,铝合金具有较高的强度和刚度,适用于制造轻型飞机;而钛合金具有较高的耐腐蚀性和高温性能,适用于制造高性能战斗机。

（4）发动机性能。发动机性能是航空器设计的核心参数之一，它直接影响飞行器的速度、爬升率、航程等性能指标。发动机的性能参数包括推力、功率、油耗等。例如，喷气式发动机的推力取决于其涡轮前温度和流量系数；而活塞式发动机的功率和油耗取决于其汽缸容积、压缩比和燃料效率。

专栏 4.1　固定翼飞机与旋翼飞机设计参数

固定翼飞机设计的典型代表是波音 747 飞机，其气动布局采用后掠翼和 T 形尾翼设计，以提高升力和稳定性。同时，其结构采用高强度铝合金材料，以承受高速飞行和高过载的冲击。在发动机方面，波音 747 采用四台涡扇发动机，具有较高的推力和较低的油耗，保证其长途飞行的经济性。

旋翼飞机设计的典型代表是卡-52 飞机，其旋翼采用共轴双旋翼设计，具有较高的升力和稳定性。同时，其结构采用钛合金材料，以承受高速飞行和高过载的冲击。在发动机方面，卡-52 采用两台涡轴发动机，具有较高的功率和较低的油耗，保证其直升机的性能和航程。

2. 航空器性能指标

了解航空器的性能指标是飞行员、航空工程师和相关领域从业者的基本要求，也是航空工程领域的重要内容。航空器的性能指标主要包括升力、阻力、推力、功率、燃油消耗量等。

（1）升力。升力是航空器在空气中飞行时，由于空气动力作用产生的向上力。升力的大小取决于飞行速度、飞行高度、飞行姿态等因素。升力公式为：

$$L = \rho V^2 S \qquad (4.1)$$

其中，L 为升力，ρ 为空气密度，V 为飞行速度，S 为机翼面积。

【例 4.1】假设一架飞机在 10 000 米高空以 200 节速度飞行，其机翼面积为 100 平方米，根据升力公式，其升力为：

$$L = 1.225 \times 200^2 \times 100 = 4\,950\,000 (牛)$$

（2）阻力。阻力是空气对航空器运动方向上的阻碍力。阻力的大小取决于飞行速度、飞行高度、飞行姿态、空气密度等因素。阻力公式为：

$$D = \rho V^2 C \qquad (4.2)$$

其中，D 为阻力，ρ 为空气密度，V 为飞行速度，C 为阻力系数。

【例 4.2】假设一架飞机在 10 000 米高空以 200 节速度飞行，其阻力系数为 0.025，根

据阻力公式,其阻力为:

$$D = 1.225 \times 200^2 \times 0.025 = 1\,225(\text{牛})$$

(3) 推力。推力是航空器发动机产生的推动航空器前进的力。推力的大小取决于发动机功率、飞行速度等因素。推力公式为:

$$T = P\eta/V \tag{4.3}$$

其中,T 为推力,P 为发动机功率,η 为发动机效率,V 为飞行速度。

【例 4.3】假设一架飞机发动机功率为 1 100 千瓦,飞行速度为 200 节,发动机效率为 0.9,根据推力公式,其推力为:

$$T = 1\,100 \times 0.9/200 = 4.95(\text{吨})$$

(4) 功率。功率是发动机在单位时间内所做的功。功率的大小取决于发动机转速、空气密度等因素。功率公式为:

$$P = \rho N S r p m^2 \eta p \tag{4.4}$$

其中,P 为功率,ρ 为空气密度,N 为发动机转速,rpm 为转速单位(转/分钟),ηp 为功率系数。

【例 4.4】假设一架飞机发动机转速为 2 400 转/分钟,空气密度为 1.225 千克/立方米,功率系数为 0.35,根据功率公式,其功率为:

$$P = 1.225 \times 2\,400^2 \times 0.35 = 3\,168(\text{千瓦})$$

(5) 燃油消耗量。燃油消耗量是航空器在单位时间内所消耗的燃油量。燃油消耗量的大小取决于飞行速度、飞行高度、飞行距离等因素。燃油消耗量公式为:

$$G = P/V^2 \eta f \tag{4.5}$$

其中,G 为燃油消耗量,P 为功率,V 为飞行速度,ηf 为燃油效率。

【例 4.5】假设一架飞机以 1 100 千瓦功率、200 节速度飞行 1 小时,燃油效率为 0.9,根据燃油消耗量公式,其燃油消耗量为:

$$G = 1\,100/(200^2 \times 0.9) = 0.3(\text{吨})$$

4.2.2　财务指标

财务指标是航空工程经济评价的重要依据,用于衡量航空工程项目的经济效益和投资回报。以下是一些常见的财务指标及其含义和计算方法。

1. 投资回收期

投资回收期(payback period)是指项目投资总额与项目每年净收益的现值之比。它反映了项目所需的时间来回收初始投资。该指标适用于具有确定现金流量的项目,如航空工程项目的建设和运营阶段。计算公式为:

$$投资回收期 = 总投资/年净收益 \qquad (4.6)$$

其中,总投资包括项目的建设成本、运营成本和其他相关费用。年净收益则是项目每年的运营收入减去运营成本和税费后的净额。

【例4.6】假设一个航空工程项目的总投资为1亿元,每年的净收益为2 000万元。那么,该项目的投资回收期为多少

$$10\,000/2\,000 = 5(年)$$

2. 净现值

净现值是指项目未来现金流量的现值减去初始投资后的净额。它反映了项目在考虑时间价值的情况下,相对于初始投资的净收益。该指标适用于具有不确定现金流量的项目,如航空工程项目的建设和运营阶段。计算公式为:

$$NPV = \sum [CF_t/(1+r)t] - I \qquad (4.7)$$

其中,CF_t 表示第 t 年的现金流量,r 表示折现率,I 表示初始投资。该公式通过将每个年度的现金流量折现到初始投资的时间点,然后减去初始投资,得到净现值。

【例4.7】工程项目的初始投资为10 000万元,未来每年的现金流量分别为2 000万元、2 500万元、3 000万元、3 500万元和4 000万元,折现率为5%。那么,该项目的净现值为多少?

【解】根据净现值计算公式可知:

第1年的现金流量折现值:$2\,000/(1+5\%)^1 = 1\,904.76$(万元)

第2年的现金流量折现值:$2\,500/(1+5\%)^2 = 2\,267.57$(万元)

第3年的现金流量折现值:$3\,000/(1+5\%)^3 = 2\,591.51$(万元)

第4年的现金流量折现值:$3\,500/(1+5\%)^4 = 2\,879.46$(万元)

第5年的现金流量折现值:$4\,000/(1+5\%)^5 = 3\,134.10$(万元)

将上述折现值累加,并减去初始投资1亿元,得到:

$$NPV = 1\,904.76 + 2\,267.57 + 2\,591.51 + 2\,879.46 + 3\,134.10 - 10\,000 = 872.64(万元)$$

3. 内部收益率

内部收益率是指项目未来现金流量的现值等于初始投资的折现率。它反映了项目

相对于初始投资的收益率。该指标适用于具有不确定现金流量的项目,如航空工程项目的建设和运营阶段。计算公式为:

$$IRR = r \times (1+r)n / \sum [(CF_t/(1+r)t) \times (1+r)n-t]$$
$$= r \times (1+r)n / \sum [CF_t \times (1+r)n-t]/(1+r)n \qquad (4.8)$$

其中,r 表示折现率,n 表示项目期限,CF_t 表示第 t 年的现金流量。该公式通过迭代的方式求解 IRR 的值。

【例4.8】假设一个航空工程项目的初始投资为 10 000 万元,未来每年的现金流量分别为 2 000 万元、2 500 万元、3 000 万元、3 500 万元和 4 000 万元,要求求解 IRR 的值。

【解】根据 IRR 的计算公式,可以通过迭代的方式求解得到 IRR 的值。假设迭代次数为 10 次,得到 IRR 的近似值为 12%。这意味着该项目相对于初始投资的收益率约为 12%。

4. 投资回报率

投资回报率是指投资项目的盈利与其投资总额的比值。它是评估投资项目经济效益的重要指标之一。计算公式为:

$$投资回报率 = (年利润总额/投资总额) \times 100\% \qquad (4.9)$$

【例4.9】某航空工程项目的投资总额为 10 000 元,年利润总额为 5 000 万元,则该项目的投资回报率为多少?

$$投资回报率 = (5\,000/10\,000) \times 100\% = 50\%$$

5. 效益费用比

效益费用比是指投资项目的效益与其费用的比值。它是评估投资项目经济效益的重要指标之一。计算公式为:

$$效益费用比 = (效益/费用) \times 100\% \qquad (4.10)$$

【例4.10】某航空工程项目的效益为 10 000 万元,费用为 5 000 万元,则该项目的效益费用比为多少?

$$效益费用比 = (10\,000/5\,000) \times 100\% = 200\%$$

4.2.3 环境指标

环境指标是航空工程经济评价中的重要组成部分,用于评价航空工程项目对环境的影响以及可持续发展性能。航空工程项目通常会对大气、噪声、土壤、生态系统等自然资源产生直接或间接的影响,因此必须考虑环境指标用来评估项目的可行性。在航空工程经济评价中,常用的环境指标包括以下几个方面。

1. 大气环境指标

大气环境指标是航空工程评价中非常重要的一项指标。航空工程的建设和运营过程中会产生大量的废气和污染物,对周围的大气环境造成一定的影响。通过评价大气环境指标,可以了解航空工程对大气环境的影响程度,并采取相应的措施进行污染防治。

在进行大气环境指标评价时,可以考虑三个方面。

(1) 温室气体排放,主要包括二氧化碳、甲烷、氧化亚氮等温室气体的排放情况。这些气体对全球气候变化具有重要影响。

(2) 酸雨形成物排放,主要是指硫氧化物和氮氧化物的排放情况。这些物质会在大气中与其他物质反应,产生酸性物质,导致酸雨的形成。

(3) 其他有害物质排放,包括颗粒物、挥发性有机化合物等。这些物质对空气质量和人体健康都有一定的影响。

对于大气环境指标的评价,可以采用实地监测和数学模型计算相结合的方法。通过实地监测,可以获取真实的数据,了解航空工程对大气环境的实际影响;而数学模型则可以用来模拟航空工程对大气环境的影响,并预测未来可能的环境变化情况。此外,航空工程对大气环境的影响评价需要考虑航空器使用燃料的种类和效率、发动机技术的先进程度、航空器运行规模等因素。评价结果可以用来指导航空工程建设和运营中的污染控制措施,以减少对大气环境的不良影响。

2. 噪声指标

航空工程的建设和运营过程中会产生噪声,对周围的居民和生态环境造成一定的影响。因此,需要对航空工程的噪声指标进行评价,以了解其对环境的影响程度,并采取相应的措施进行噪声控制。

在评价噪声指标时,可以考虑三个方面。

(1) 噪声级别,噪声级别是表征噪声强度的一个指标。航空工程项目通常会涉及飞机起降阶段、发动机运行等噪声源,需要在这些方面进行噪声级别的测量和评估。

(2) 噪声扩散,噪声扩散是指噪声在空气中传播的过程。航空工程项目需要考虑噪声扩散模型,以便预测噪声在不同距离和方向上的传播情况。

(3) 噪声影响区域,航空工程项目的噪声可能会对周边地区的居民和野生动物产生不良影响。因此,噪声影响区域是一个需要进行评估和监测的重要指标。

3. 土壤环境指标

土壤环境是指航空工程对周围土壤质量和土地利用带来的影响。在航空工程建设和运营过程中,土地往往需要被占用和改造,这可能会对土壤环境造成一定的破坏。因此,评价航空工程对土壤环境的影响是非常重要的。

在评价土壤环境指标时,可以考虑三个方面。

(1) 土壤质量,主要包括土壤结构、水分保持能力、肥力等指标。

(2) 土壤侵蚀,指土地被水流、风力等侵蚀的过程所造成的土壤流失和土壤质量下降。

(3) 土地利用变化,指评价航空工程对土地利用方式的改变和影响。

航空工程对土壤环境的影响评价需要考虑工程建设对土地的占用和改造程度、土地恢复能力等因素。评价结果可用于制定土地保护和再生措施,减轻航空工程对土壤环境的不良影响。

4. 生态系统影响指标

生态系统是指航空工程所处地区的自然生态系统,包括植被、动物、水域等生态要素。航空工程的建设和运营可能会对周围的生态系统产生一定的负面影响。因此,评价航空工程对生态系统的影响是非常重要的。

在进行生态系统影响指标评价时,可以考虑三个方面。

(1) 物种多样性,即评价航空工程对生物多样性的影响,包括濒危物种和生态系统中的重要物种。

(2) 生境破坏,即评价航空工程对生态系统生境的破坏程度。

(3) 水域污染,即评价航空工程对水体质量和水域生态的影响。

航空工程对生态系统的影响评价需要考虑工程建设对生境的破坏程度、物种的灭绝和迁移情况等因素。评价结果可用于制定生态保护和修复措施,减少航空工程对生态系统的不良影响。

4.2.4 社会指标

航空工程经济评价的社会指标是评估航空工程项目对社会影响的指标。在航空工程项目的实施过程中,不仅要考虑其经济效益和技术可行性,还需要关注项目对社会环境、人民生活和公众利益的影响。下面将介绍几个常用的航空工程经济评价中的社会指标。

1. 就业创造

就业创造是衡量一个行业或项目对于就业市场产生积极影响的重要指标。在航空工程领域,项目的实施和发展不仅能够直接提供许多就业机会,还能间接促进相关产业的发展,进而带动更多就业。例如,航空制造厂商需要大量工人和工程师参与飞机的设计、制造和维护工作,这些岗位为当地居民提供了丰富的就业机会。

此外,航空工程项目的实施还会推动相关产业的发展,如航空旅游、航空物流等。这些产业的发展同样可以创造大量的就业机会,例如,航空旅游业需要航空公司的运营人员、机场地面服务人员以及旅行社的导游,等等。因此,航空工程项目的实施可以为当地居民提供多样化的就业机会,帮助缓解就业压力,促进经济增长。

2. 区域经济发展

航空工程对区域经济发展起着重要的推动作用。首先,航空工程项目的实施可以带动相关产业的发展,如航空旅游、航空物流等。这些产业的兴起将吸引更多投资和人才流入该地区,促进地区经济的发展。例如,某地一个新建的机场将会带来旅游业的蓬勃发展,吸引更多游客前往该地区,进而促进当地酒店、餐饮等相关产业的发展。

其次,航空工程项目的实施还可以改善当地的基础设施建设。为了满足航空交通的需求,需要修建或扩建机场、航空管制塔台、跑道等设施,这将带动当地的工程建设和基础设施建设,为经济发展提供良好的支撑条件。

此外,航空工程项目还能够促进不同地区之间的交流与合作。随着航空交通的发展,人们的流动性增强,不同地区之间的交流和合作也得到加强。这将有利于资源的共享与互补,进一步促进区域经济的发展。

3. 交流与合作

航空工程的发展不仅可以促进地区间的交流与合作,也有利于国际交流与合作。首先,航空工程的实施将缩短地域之间的距离,提高人们的出行效率,使各地之间的交流变得更加频繁和便捷。无论是商务交流、学术交流还是文化交流,航空交通的发展都为其提供了便利条件,促进了各方面的合作与交流。

其次,航空工程的发展有助于国际间的交流与合作。航空产业是国际化的产业,航空工程项目的实施会吸引来自不同国家的投资和技术,并将带动相关产业的发展,增加国际合作机会。例如,中国的航空工程项目吸引了许多外国企业参与建设和合作,这促进了中国与其他国家在航空领域的交流与合作。

4. 社会福祉

航空工程对社会福祉的提升有着显著的影响。首先,航空交通的发展大大提高了人们的出行效率和便利性,使得人们能够更加快速、便捷地到达目的地。这对于商务旅行者、游客以及追求高效率的人来说是一种福祉,能够节省其时间和精力。

其次,航空交通的发展使得偏远地区的居民能够更好地接触外部世界、拓宽视野,从而获得更多的机会。例如,一些偏远山区的居民可以通过航空交通更方便地前往城市就医、上学或发展商业等。这种便利性能够改善他们的生活质量并增加其获得机遇的可能性。

此外,航空工程项目对社会经济发展起着重要的推动作用。航空产业的发展能够带动相关产业的增长,创造更多的就业机会,并为国家和地区的经济增长作出贡献。一个繁荣的航空产业将带动众多相关服务行业的兴起,如酒店、餐饮、物流等,从而提升社会的整体福祉水平。

5. 公共安全

航空工程项目的实施与公共安全密切相关。在航空领域,安全是首要问题,任何一个环节的事故或失误都可能造成重大损失。因此,航空工程项目必须高度重视公共安全,并采取一系列措施来确保安全性。

首先,航空工程项目的设计与建设必须符合国家和行业相关的标准及法规,确保飞机、机场等设施的安全性。其次,航空公司和机场管理部门需要建立完善的安全管理制度,加强对员工的培训和教育,提高其安全意识和应对能力。同时,航空业也需要与其他行业、政府监管部门进行紧密合作,共同推动航空安全事务的发展。

除了飞行安全外,航空工程还与环境安全密切相关。例如,航空工程项目需要合理规划和管理噪声、排放物等环境影响因素,确保对周边环境和居民的影响最小化。

总之,航空工程经济评价指标中的社会指标包括就业创造、区域经济发展、促进交流与合作、社会福祉以及公共安全等方面。通过航空工程项目的实施,可以为当地居民提供就业机会,促进经济的发展,扩大地区间与国际的交流与合作,提升社会福祉水平,并确保公共安全。这些指标的达成对于航空工程的可持续发展和社会繁荣具有重要意义。

4.3　航空工程经济评价指标体系的构建

4.3.1　航空工程经济评价指标体系的构建背景

随着航空运输业的发展和航空技术的不断进步,航空工程的规模越来越庞大,投入成本也越来越高。因此,为了合理评估航空工程项目的经济效益和风险,为决策者提供参考依据,建立起一套科学有效的航空工程经济评价指标体系变得尤为重要。

首先,航空工程是以保障航空运输安全和提升航空运输效率为目标的工程项目。在航空工程的规划和建设过程中,需要综合考虑多种因素,如项目投资、建设周期、运营成本、维护费用、盈利能力等。构建一套全面而系统的经济评价指标体系,可以帮助决策者更好地了解航空工程项目的经济效益以及可能存在的风险和挑战。

其次,航空工程项目的经济评价指标体系有助于提高工程项目的管理水平和决策质量。通过对航空工程项目的经济效益进行评估,可以为决策者提供科学的依据,以支持他们作出合理决策。这不仅有助于控制工程项目的成本和风险,还可以提高工程项目的投资回报率和综合竞争力。

另外,航空工程经济评价指标体系的构建有助于促进航空工程行业的可持续发展。在全球范围内,航空运输业都是一个重要的经济支柱行业,对国家和地区的发展起到重要作用。然而,随着资源稀缺性和环境压力的增加,航空工程项目的可持续性已经成为一个亟待解决的问题。因此,通过建立经济评价指标体系,可以更好地考虑环境保护和资源利用的因素,鼓励合理规划并开展绿色航空工程项目。

在构建航空工程经济评价指标体系时,需要综合考虑各种因素。其中一些可能包括:

(1) 项目投资成本,包括设计、施工、设备采购等方面的费用;

(2) 运营成本,包括燃料费、机组人员工资、维修费用等方面的开支;

(3) 维护费用,包括飞机维护、机场设施维护等方面的费用;

(4) 盈利能力,包括航空公司的利润、乘客和货物运输量等指标;

(5) 社会效益,包括对就业率、经济增长、旅游业发展等方面的影响。

通过综合考虑以上指标,可以构建多维度、全面而科学的航空工程经济评价指标体系。这样的指标体系有助于决策者评估航空工程项目的经济效益和可行性,并为相关部门提供参考依据,以确保航空工程项目的成功实施。

需要注意的是,航空工程经济评价指标体系的构建是一个复杂而系统的过程,需要充分考虑行业特点和可行性,同时也需要根据实际情况进行调整和优化。在指标选择和权重分配的过程中,需要借鉴国内外经验并加以改进,以确保评价指标的科学性和有效性。

4.3.2 构建航空工程经济评价指标体的一般原则

构建航空工程经济评价指标体系要确保评价的科学性、全面性和可操作性,具体原则主要有五点。

(1) 科学性。构建航空工程经济评价指标体系应基于科学的理论和方法,确保评价结果具有可靠性和可信度。评价指标应具备明确的定义和测量方法,并且要能够反映航空工程项目的实际情况。在构建指标体系时,可以借鉴国内外相关研究成果和经验,结合实际情况进行合理的调整和改进。

(2) 全面性。航空工程经济评价指标体系应具备全面性,要综合考虑项目的各个方面。航空工程项目的经济效益涉及投资成本、运营成本、维护成本、项目周期等多个因素,在构建评价指标体系时,需要考虑这些因素的综合影响,以全面评估项目的经济性能。

（3）可操作性。评价指标体系应具备较高的可操作性，即能够提供具体的操作方法和计算公式，便于对航空工程项目进行评估和分析。指标的计算方法应简单明了，数据来源应容易获得，并且能够满足不同需求的评价对象。

（4）灵活性。航空工程经济评价指标体系应具备一定的灵活性，能够适应不同类型和规模的航空工程项目。不同类型的项目可能有不同的评价重点和特殊情况，因此指标体系应具备一定的灵活性，以便根据具体情况进行调整和改进。

（5）适应性。航空工程经济评价指标体系应具备较强的适应性，以应对变化的环境和需求。随着科技的进步和市场需求的变化，航空工程的形态和特征也在不断发展，评价指标体系需要能够及时跟进，并进行相应的更新和调整。

4.3.3　构建航空工程经济评价指标体系的基本步骤

构建航空工程经济评价指标体系是一个复杂而重要的任务，它能帮助决策者全面了解航空工程项目的经济效益和可行性。构建航空工程经济评价指标体系的基本步骤包括明确评价目标、确定评价指标体系的层次结构、选取评价指标、制定权重分配方法、建立评价模型，以及验证与修正。这些步骤相互关联，需要综合考虑航空工程项目的特点和需求，以确保评价结果的准确性和可行性。

1. 明确评价目标

构建航空工程经济评价指标体系的第一步是明确评价目标。评价目标是指对于航空工程经济评价所要达到的目的或期望的结果。在明确评价目标时，需要考虑三个方面。

（1）航空工程的经济性。评价航空工程的经济性是一个重要目标，主要包括成本效益、投资回报率以及财务表现等。这些指标可以用于判断航空工程项目是否具有可行性和经济收益。

（2）资源利用效率。评价航空工程的资源利用效率是另一个重要目标，主要包括人力资源、物力资源、能源资源等的合理利用程度。通过评价资源利用效率，可以优化航空工程项目的运营管理，提高资源利用效率。

（3）环境影响评估。评价航空工程的环境影响是越来越受关注的目标，主要包括对生态环境、大气环境、水资源等的影响。通过评价环境影响，可以减少航空工程对环境的负面影响，实现可持续发展。

2. 确定评价指标体系的层次结构

评价指标体系可以按照不同的层次进行划分，从整体到细节逐步深入。在航空工程经济评价中,常见的层次结构有总目标层、次目标层和具体指标层三个层次。总目标层是指评价的最终目标,反映项目的综合效益。次目标层是指实现总目标所需要达到的中间目标,表示各个评价目标的具体效益指标。具体指标层是指实现次目标所需要具体衡量的指标。在确定评价指标体系的层次结构时,需要考虑指标之间的相对重要性和相互关系。一般来说,总目标层的指标对次目标层的指标有重要影响,次目标层对具体指标层的指标有重要影响。通过确定指标之间的关系,可以建立评价指标体系的层次结构。

3. 选取评价指标

在确定评价指标体系的层次结构后,需要从每个层次中选取相应的评价指标。评价指标应该具备客观性、可量化性和可比性,以确保评价结果的准确性和可行性。同时,还应该关注指标之间的相关性,避免冗余和重复。评价指标是用来衡量评价目标实现程度的具体指标,它可以从多个方面对航空工程进行综合评价。

(1)成本指标。成本指标是评价航空工程经济性的重要指标之一,包括项目投资、运营成本、维护费用等。通过成本指标的评价,可以评估航空工程项目的经济效益和可行性。

(2)效益指标。效益指标是评价航空工程经济性的另一个重要指标,包括收入、利润、回报率等。通过效益指标的评价,可以判断航空工程项目是否能够创造经济价值。

(3)资源利用指标。资源利用指标是评价航空工程资源利用效率的关键指标之一,包括人力资源利用率、物力资源利用率、能源资源利用率等。通过资源利用指标的评价,可以优化航空工程项目的资源配置和利用效率。

(4)环境指标。环境指标是评价航空工程环境影响的重要指标之一,包括环境适应性、环境保护措施等。通过环境指标的评价,可以减少航空工程对环境的负面影响,实现可持续发展。

4. 制定权重分配方法

权重分配是指确定各个评价指标在整个评价体系中的重要程度和相对权重,用于综合评价航空工程的经济性。常见赋权方法有以下三种。

(1)主观赋权法。主观赋权法是根据专家经验和判断进行权重分配的方法,适用于评价指标之间缺乏相关数据或难以量化的情况。通过专家意见和投票,确定各个指标的权重。

(2)客观赋权法。客观赋权法是根据数据分析和统计方法进行权重分配的方法,适用于评价指标之间有相关数据或易于量化的情况。通过统计分析和模型计算,确定各个指标的权重。

(3)综合赋权法。综合赋权法是将主观赋权法和客观赋权法相结合的方法,既考虑到专家意见和经验,又基于数据分析和统计方法进行权重分配。通过综合考虑不同权重分配方法的结果来确定最终的权重。

5. 建立评价模型

在完成评价指标的选取和权重分配后,需要建立航空工程经济评价模型。评价模型可以采用数学模型、统计模型等方法,通过将评价指标及其权重进行量化和计算,得出最终评价结果。常用评价模型有以下两种。

(1) 综合评价模型。综合评价模型是将各个评价指标按照一定的权重进行综合计算,得到航空工程项目的综合评价结果。可以采用加权求和、层次分析等方法建立综合评价模型。

(2) 灰色关联度模型。灰色关联度模型是一种基于灰色系统理论的评价模型,适用于评价指标之间存在不完全信息或不确定性的情况。通过计算各个指标与总目标之间的关联度,得到航空工程项目的评价结果。

6. 验证与修正

最后,需要对构建的航空工程经济评价指标体系进行验证与修正。通过实际应用和反馈,可以检验评价指标体系的有效性和可行性,并对其中存在的不足进行修正和优化。这有助于提高评价结果的准确性和可靠性,为决策者提供更全面、准确的参考依据。常用验证策略有三种。

(1) 数据验证。通过收集实际的航空工程项目数据,对评价指标体系和评价模型进行验证。比较实际数据与评价结果之间的差异,检验评价指标体系和评价模型的有效性。

(2) 专家意见。邀请相关领域的专家对评价指标体系和评价模型进行评估,并提出修改和改进意见。根据专家意见,对评价指标体系和评价模型进行修正,使其更加科学合理。

(3) 实践应用。将构建的评价指标体系和评价模型应用于实际的航空工程项目中,观察并记录实际应用的效果。根据实践中的反馈和经验,对评价指标体系和评价模型进行不断调整和改进。

4.4 航空工程经济评价指标体系的应用场景

航空工程的建设和发展是一个复杂而庞大的系统工程,不仅需要精确的技术设计和施工,也需要对其经济性进行充分评估。航空工程经济评价指标体系是评估航空工程投资效益的重要工具,可以帮助相关部门和企业进行决策和规划,保证资源的有效利用和项目的可持续发展。航空工程经济评价指标体系在民航运输项目投资决策、机场规划与设计、航空器选型与购置、航空运输市场分析与预测以及航空工程运维管理等方面具有广泛的应用场景。通过合理应用指标体系,可以实现航空工程的经济效益最大化和可持续发展,提高资源利用效率和社会效益,为航空工程的建设和运营管理提供科学依据和决策支持。

4.4.1 民航运输项目投资决策

民航运输项目是航空工程的重要组成部分,涵盖机场建设、航线开发和机队扩充等多个方面。这些项目的投资决策往往需要综合考虑多个因素,包括市场需求、技术可行性、经济效益等。在这个过程中,航空工程经济评价指标体系的应用就显得尤为重要。

首先,航空工程经济评价指标体系可以为决策者提供全面、客观的评估依据。通过对项目投资估算、成本分析、市场预测等方面的评估,决策者可以更加准确地了解项目的经济效益和风险水平。这有助于避免盲目投资和资源浪费,确保项目的可持续发展。

其次,航空工程经济评价指标体系可以指导项目设计方案的选择。不同设计方案的技术经济指标可能会有很大差异,通过对这些指标的分析比较,决策者可以选择最具经济效益的设计方案。这不仅可以降低项目的成本,提高投资回报率,还有助于提高项目的竞争力和市场占有率。

最后,航空工程经济评价指标体系还可以为项目融资提供支持。在民航运输项目投资中,资金来源往往是一个重要的问题。通过经济评价指标体系的评估,决策者可以了解项目的盈利能力、偿债能力和风险水平等信息,从而为融资方案的选择提供参考依据。这有助于降低项目的融资成本,提高项目的经济效益。

4.4.2 机场规划与设计

机场规划与设计是航空工程建设的重要环节,它直接关系机场的运营效率、安全性、便捷性以及经济效益。在这个过程中,航空工程经济评价指标体系的应用至关重要。通过对机场建设方案的各项指标进行详细的经济性评估,我们可以为规划者和设计师提供科学的决策依据,确保机场建设的合理性和经济性。

1. 机场布局与配置方案评估

在机场规划与设计阶段,不同的布局和配置方案会带来不同的经济影响。航空工程经济评价指标体系可以综合考虑各种因素,对不同方案的总体经济性进行评估。例如,通过比较不同方案的总投资、运营成本、通过能力和收益等关键指标,我们可以判断哪种方案更具有经济性。这有助于规划者和设计师在多个方案中作出明智的选择,确保机场的建设和运营符合经济效益原则。

2. 可持续性评估

可持续性是现代机场规划与设计的重要考虑因素。通过应用航空工程经济评价指标体系,我们可以对机场的可持续性进行评估。例如,我们可以考虑机场对环境的影响、能源消耗、碳排放等方面,以及机场运营过程中对周边社区和基础设施的影响。通过对这些指标的综合评估,我们可以判断机场的可持续性水平,为规划者和设计师提供改进和优化的方向。

3. 经济效益与社会效益评估

除了经济性评估外,航空工程经济评价指标体系还可以用于评估机场建设的社会效益。例如,我们可以考虑机场建设对当地就业、旅游业、区域经济发展的影响等方面。通过对这些指标的评估,我们可以全面了解机场建设的经济效益和社会效益,为决策者提供全面的参考信息。

4. 风险评估与管理

在机场规划与设计过程中,风险评估与管理也是至关重要的环节。通过应用航空工程经济评价指标体系,我们可以对机场建设过程中可能出现的风险进行识别和评估。例如,我们可以考虑市场需求变化、技术更新、政策调整等因素对机场建设和运营的影响。通过对风险的识别和评估,我们可以制定相应的风险管理策略和措施,确保机场建设的顺利进行和可持续发展。

5. 决策支持与优化建议

最后,航空工程经济评价指标体系还可以为决策者提供决策支持和优化建议。通过对不同方案的经济性评估和比较,我们可以为决策者提供科学的决策依据,帮助他们作出明智的决策。同时,我们还可以根据评估结果提出相应的优化建议,帮助规划者和设计师进一步完善机场建设方案,提高经济效益和社会效益。

总之,航空工程经济评价指标体系在机场规划与设计中的应用具有重要意义。它可以帮助我们全面了解不同方案的经济性、可持续性、社会效益以及风险情况,为决策者提供科学的决策依据和支持。在未来的发展中,我们应继续完善和推广航空工程经济评价指标体系,为航空工程建设和运营提供更加科学、合理、有效的指导和支持。

4.4.3 航空器选型与购置

航空器和运输企业的核心利益密切相关,而航空器的选型与购置则是其核心业务的重要组成部分。对于航空公司而言,选择适合的机型和配置可以优化航班运营,提高载客量,降低运营成本,从而增加盈利能力。对于运输企业而言,航空器选型与购置直接影响其服务质量和市场份额,是决定其长期竞争力和市场地位的关键因素。

航空工程经济评价指标体系是航空器和运输企业进行投资决策的重要工具。在航空器选型与购置过程中,企业需要综合考虑多个因素,包括购买成本、燃油消耗、维护费用、客运量等,以确保投资的经济效益和长期竞争力。

1. 购买成本

购买航空器的成本是航空工程投资的重要组成部分。评估不同机型的购买成本,包括购买价格、运输费用、安装费用等,可以帮助企业制定合理的采购预算,确保航空器的购置经济效益。

2. 燃油消耗

燃油消耗是航空器运营的主要成本之一,也是影响航空器经济效益的重要因素。通过评估不同机型的燃油消耗情况,企业可以选择燃油效率较高的机型,降低运营成本,提高航空工程的经济效益。

3. 维护费用

航空器的维护费用是运营过程中不可忽视的支出,对于企业的经济效益有重要影响。通过评估不同机型的维护费用,包括零部件更换、设备维修等方面,企业可以选择维护成本较低的机型,降低运营风险,提升航空工程的经济效益。

4. 客运量

评估航空器的客运量可以帮助企业预测航空需求,合理配置机型,提高航空工程的运输能力和利润空间。不同机型的客运量差异会影响航线布局、运力规划以及客户满意度,因此在选型与购置时需要考虑这一指标。

除了上述关键指标外,还有一些其他影响航空工程经济效益和竞争力的指标,如使用寿命、可靠性、适应性等,也需要在评估中考虑。此外,航空器的技术可行性和安全性也是选型与购置过程中需要重点关注的因素。

在航空工程经济评价指标体系的应用过程中,企业需要综合考虑以上指标,权衡利弊,选择最适合自身需求和预算的航空器方案。同时,还需要进行长期规划和资金预算,确保航空工程的经济效益和竞争力。这样,企业能够在航空市场上取得更好的竞争优势,为客户提供高品质的服务,实现可持续发展。

4.4.4 航空运输市场分析与预测

在航空运输市场中,需求分析是预测市场趋势和制定营销策略的关键环节。通过对市场需求的分析,航空公司可以了解乘客对航空运输的需求和偏好,从而优化航班计划,提高航班准点率,改善乘客体验。航空工程经济评价指标体系可以提供市场分析和预测的依据,帮助航空公司和相关机构制定战略决策。通过对市场需求、竞争格局和票价弹性等因素的综合评估,可以预测市场的发展趋势和潜在利润点,为航空工程的投资方向和项目管控提供科学参考。

1. 市场需求分析

市场需求分析主要包括乘客数量、乘客构成、乘客出行频率和乘客出行目的等方面的分析。通过对这些数据的收集和分析,航空公司可以了解不同市场区域和不同乘客群体的需求特点,从而制定更加精准的营销策略。

例如,通过对乘客出行目的的分析,航空公司可以了解商务出行和旅游出行等不同类型乘客的需求特点,从而制定更加符合乘客需求的航班计划。同时,通过对乘客构成的分析,航空公司可以了解不同年龄段、不同职业、不同性别等乘客的需求特点,从而提供更加个性化的服务。

2. 竞争格局评估

在航空运输市场中,竞争格局评估是了解竞争对手情况、制定竞争策略的重要环节。通过对竞争对手的分析,航空公司可以了解竞争对手的航班计划、票价策略、服务质量等方面的情况,从而制定更加有效的竞争策略。

例如,通过对竞争对手的航班计划的分析,航空公司可以了解竞争对手在不同市场区域的航班密度和航班频率等情况,从而制定更加合理的航班计划。同时,通过对竞争对手的票价策略的分析,航空公司可以了解竞争对手在不同市场区域的票价水平和票价结构等情况,从而制定更加灵活的票价策略。

3. 票价弹性分析

在航空运输市场中,票价是影响市场需求的重要因素之一。通过对票价的弹性分析,航空公司可以了解票价变化对市场需求的影响程度和影响时间效应。

例如,通过对不同市场区域和不同航班类型的票价弹性分析,航空公司可以了解不同市场区域和不同航班类型的票价敏感度情况。如果某个市场区域的票价敏感度较高,那么在该市场区域中适当降低票价可以吸引更多的乘客;反之,如果某个市场区域的票价敏感度较低,那么在该市场区域中适当提高票价也不会导致大量乘客流失。同时,通过对票价变化的长期趋势和短期波动情况的分析,航空公司可以了解不同时间段内票价变化对市场需求的影响程度和影响时间效应。如果某段时间内票价下降会导致大量乘客提前出行或者增加出行频率等变化趋势较慢的现象发生,那么可以适当提前发布降价消息以扩大降价效应;反之,如果某段时间内票价上涨会导致大量乘客推迟出行或者减少出行频率等变化趋势较快的现象发生,那么可以适当延迟发布涨价消息以减少涨价效应。

4.4.5 航空工程运维管理与优化

航空工程运维管理与优化是指在航空工程项目的运营阶段,通过有效管理和优化措施,提高项目的运行效率和经济效益。在航空工程运维管理中,评价指标体系的应用起着重要作用,其应用场景包括以下几个方面。

1. 运营成本控制

在航空工程运维过程中,需要投入大量人力、物力和财力。而如何有效地控制运营成本、提高经济效益,是航空工程运维管理的关键。通过运用航空工程应用经济评价指标体系,可以对航空工程的运营成本进行全面的分析和评估,找出成本控制的关键环节和薄弱环节,进而可以通过优化维护流程、提高维护效率、降低维护成本等方式,实现运营成本的有效控制。

(1)航空工程经济评价指标体系可以帮助航空公司评估和比较不同的运营成本项目。通过分析各项成本指标的数据,航空公司能够了解每个项目的具体数值,并将其与其他航空公司进行比较。由此,航空公司可以找到成本控制的潜在问题,并采取相应措施进行改进。

(2)航空工程经济评价指标体系可以帮助航空公司确定成本控制的重点领域。通过对各项成本指标的分析,航空公司能够确定哪些领域可能存在成本过高或效益低下的情况。然后,航空公司可以针对这些领域采取相应的措施,例如改进工艺流程、提高设备效率或寻找更为经济的替代方案,以降低成本并提升盈利能力。

(3)航空工程经济评价指标体系可以帮助航空公司进行成本预测和预算规划。通过对历史数据的回顾和分析,航空公司可以预测未来的运营成本,并制定相应的预算计划。这样一来,航空公司就能够更好地掌握成本控制的关键节点,避免出现成本超支或资金短缺的情况。

2. 故障维修与故障排除

在航空工程中,故障维修与故障排除是保障飞行安全和保持航空设备正常运行的关键环节。航空工程经济评价指标体系在故障维修与故障排除中具有广泛的应用场景。它可以帮助航空公司进行故障维修成本的评估、选择最经济的故障排除方法,并制定故障维修预算和规划,从而保证航空设备的正常运行和飞行安全。

(1)航空工程经济评价指标体系可以帮助航空公司进行故障维修成本的评估。通过分析故障维修所需的人力、材料和时间等资源投入,航空公司可以对故障维修成本进行全面的评估。这有助于航空公司判断故障维修是否值得投入,并可以根据经济评价结果作出相应的决策,例如,选择维修或替换设备以最大限度地降低故障维修成本。

（2）航空工程经济评价指标体系可以用于评估不同故障排除方法的经济性。航空工程中常常存在多种故障排除方法，例如修复、更换或升级设备等。航空公司可以通过应用经济评价指标体系，综合考虑故障排除方法的维修成本、效率和影响范围等因素，从而选择最经济的故障排除方法。

（3）航空工程经济评价指标体系可以帮助航空公司制定故障维修预算和规划。通过对历史数据的分析，航空公司可以预测未来的故障维修需求，并制定相应的预算计划。这样一来，航空公司可以合理安排维修资源和预留资金，以应对可能出现的故障维修需求。

3. 航空设备更新与改进

航空设备更新与改进是航空工程中的重要环节。航空工程经济评价指标体系的应用可以帮助航空公司制定科学合理的设备更新计划，并对设备更新进行经济评估。具体列举三种应用场景。

（1）航空工程经济评价指标体系可以帮助航空公司评估航空设备更新的经济效益。航空公司通常会面临航空设备更新的决策，例如是否对旧设备进行升级，是否购买新设备，等等。通过应用经济评价指标体系，航空公司可以综合考虑设备更新的成本、性能提升、使用寿命延长等因素，从而评估出设备更新的经济效益。这有助于航空公司作出明智的设备更新决策，提升航空设备的性能和可靠性。

（2）航空工程经济评价指标体系可以用于确定航空设备改进的重点和方向。通过对现有设备性能和市场需求的分析，航空公司可以确定设备改进的关键领域，并制定相应的改进计划。经济评价指标体系可以帮助航空公司评估改进方案的经济性，并根据评价结果进行优化和调整，以确保改进方案的经济效益和可行性。

（3）航空工程经济评价指标体系可以协助航空公司进行设备更新和改进的预算规划。通过对设备更新和改进历史数据的回顾和分析，航空公司可以预测未来的更新需求和改进投入，从而制定相应的预算计划。这样一来，航空公司可以合理安排资源和资金，以支持设备更新和改进顺利进行。

4. 安全管理与风险评估

安全管理与风险评估是航空工程中至关重要的一环，对于保障飞行安全具有不可替代的作用。航空工程经济评价指标体系在安全管理与风险评估中具有广泛的应用场景。它可以帮助航空公司评估安全管理措施的经济性、进行风险评估和管理，并进行预算规划，从而确保飞行安全和保障运营效益。

（1）航空工程经济评价指标体系可以帮助航空公司评估安全管理措施的经济性。航空公司需要投入大量资源来实施安全管理措施，例如培训员工、维护设备和监控系统等。通过对这些措施的经济评价，航空公司可以了解各项措施的成本和收益，并根据评价结果作出相应的决策,以保持安全管理措施的经济合理性。

(2)航空工程经济评价指标体系可以用于风险评估和管理。航空公司需要对各种风险进行评估,并制定相应的管理策略和应对措施。通过应用经济评价指标体系,航空公司可以综合考虑风险的概率、影响程度和应对措施的成本等因素,从而确定最优的风险管理方案。

(3)航空工程经济评价指标体系可以帮助航空公司进行安全管理和风险评估的预算规划。通过对历史数据的回顾和分析,航空公司可以预测未来安全管理和风险评估的需求,并制定相应的预算计划。这样一来,航空公司就能够合理安排资源和资金,保证安全管理和风险评估的有效进行。

本章小结

在航空工程的经济评价中,评价指标的选择需遵循可量性原则、可比性原则和综合性原则。可量性原则是指所选择的评价指标应该能够以数量化的方式进行衡量和比较,可比性原则是指所选择的评价指标应当能够在不同的时间、空间和对象之间进行比较,综合性原则是指选择的评价指标应能够全面反映航空工程的经济效益、社会效益和环境效益。

航空工程经济评价指标根据不同的分类标准可分为不同的类型,根据评价的角度和范围,可以将这些指标分为技术指标、财务指标、环境指标、社会指标等类型。

航空工程经济评价中的技术指标主要反映航空器的设计参数和性能指标,航空器设计参数主要包括气动布局、结构强度、材料选择、发动机性能等指标;航空器性能指标主要包括升力、阻力、推力、功率、燃油消耗量等指标。财务指标用于衡量航空工程项目的经济效益和投资回报,常见的财务指标有投资回收期、净现值、内部收益率、投资回报率、效益费用比等。环境指标用于评价航空工程项目对环境的影响以及可持续发展性能,主要涵盖大气环境指标、噪声指标、土壤环境指标、生态系统影响指标等方面。社会指标用于评估航空工程项目对社会的影响,常见的社会指标主要包含就业创造、区域经济发展、交流与合作、社会福祉、公共安全等方面。

构建航空工程经济评价指标体系的基本步骤主要有明确评价目标、确定评价指标体系的层次结构、选取评价指标、制定权重分配方法、建立评价模型、验证与修正等。

航空工程经济评价指标体系的应用场景主要有民航运输项目投资决策、机场规划与设计、航空器选型与购置、航空运输市场分析与预测以及航空工程运维管理等方面。

思考题

1. 航空工程经济评价指标的选择需要遵循哪些原则?

2. 航空工程经济评价技术指标和环境指标主要包含哪些方面?

3. 航空工程经济评价财务指标主要有哪些?

4. 试述构建航空工程评价指标体系的必要性。

5. 构建航空工程经济评价指标体系的一般原则有哪些?

6. 试述构建航空工程经济评价指标体系的基本步骤。

7. 结合所学知识,描述航空工程经济评价财务指标体系的应用场景主要有哪些方面?

8. 假设一个航空工程项目的初始投资为 2 亿元,未来每年的现金流量分别为 4 000 万元、5 000 万元、6 000 万元、7 000 万元和 8 000 万元,折现率为 5%。那么,该项目的净现值为多少?

9. 假设一个航空工程项目的初始投资为 2 亿元,未来每年的现金流量分别为 4 000 万元、5 000 万元、6 000 万元、7 000 万元和 8 000 万元,折现率为 5%。那么,该项目的内部收益率是多少?

10. 请结合所学知识,思考当前航空经济评价指标的局限性和未来优化方向。

第5章　飞机制造成本及交易价值估算

目前波音每架民用飞机的制造成本约为销售报价的 12.5%,飞机制造商的报价是以飞机制造成本为基础,加上制造过程中产生的其他费用而形成的,飞机制造价格估算是航空制造企业控制成本并提高市场竞争力的重要首要任务,也是进行航空交易价格估算的基础。

5.1　飞机制造成本的估算

5.1.1　研制成本

飞机制造流程从研发、零部件加工、组装到完成飞行,一般需要 10—20 年,甚至更长,而且在这个过程中需要不断进行技术改进、参数优化才能形成最终产品。这个长周期中大部分时间是研发时间,因为飞机制造的研发成功需要综合力学、材料学、动力学、飞行力学等多学科多领域的研究成果。这种多学科、多领域、长周期的研究开发导致飞机制造业的研发成本远远高于一般企业,研制成本包括研制阶段的非重复性成本(工装费、工艺文件编制费)和重复性成本(试飞机、试验件、工艺验证件费用),其中非重复成本占据研制成本的 80% 左右。

1. 设计费

飞机的初期设计研发非常重要,与汽车行业类似,飞机的成本也遵循二八定律,即在产品的设计阶段实际发生的成本,仅占产品研发成本的 20%,却可以决定产品整个生命周期 80% 左右的成本。一项飞机研制项目展开的第一个阶段就是开展"需求与概念论证",这是一个产品最后是否能成功走向市场的前提条件之一,论证过程需要经历市场调研、需求分析、技术方案遴选等过程,论证的每个步骤都对日后的产品研发至关重要,然后通过对设计方案及图纸成本的评估、管控及改善，最终实现飞机制造项目的经济效益。

2. 材料费

材料费是指在项目研制过程中必须耗用的各种原材料、辅材、外购成品的采购、运输、装卸、整理、筛选等费用（工装原材料除外）。材料费估算方法：材料费＝［原材料单机定额×材料单价（含运输、装卸、整理、筛选等费用）×试飞机架份数（包含试验件、工艺验证件折算成试飞机架份数的当量）×投保量］＋外购成品、飞走化工、辅料、紧固件费用＋最小起定量影响。具体指标分为五个。

（1）单机材料定额。根据分解机体结构工程信息中各类材料的重量采用材料利用率的方法估算单机材料定额（复合材料辅材按照主材价格乘辅助材料系数计算）。材料利用率根据材料的化学成分、加工工艺、状态等有所不同，需要分类计算：按照材料化学成分分为金属材料（钢、铝、钛、铜、铝锂合金等）和非金属材料及复合材料；按照加工工艺分为钣金件、机加件等；按照状态分为板材、型材、锻件等。

（2）材料单价。按照市场相同或类似材料的平均采购成本进行计算。

（3）投保量。考虑到研制阶段制造的难度引起的材料报废情况，金属材料、非金属材料的投保量一般按照 1.2—1.4 保 1；复合材料一般按照 2 保 1；标准件一般按照 1.1—1.2 保 1；外购成品件一般按照 1 保 1 计算。

（4）外购成品、飞走化工、辅料和紧固件。这一项主要包括定制的橡胶密封件、拉杆、轴承、气弹簧等外购成品；漆、胶、隔音棉在内的飞走化工材料；产品制造过程中消耗的通用工刀量具等生产性辅助用料以及在零组件中起到连接作用的紧固件。对于上述材料的费用可采用类比法，即根据已有型号的该类费用并考虑目标型号的尺寸和制造难度后进行修正计算。

（5）最小起定量。由于研制批试飞机架份数较少且生产不连续，需考虑部分材料由于最小起定量而增加的材料成本，尤其是紧固件和有寿命期的复合材料。

3. 工时费

工时费是指在产品制造过程中发生的直接人工、制造费用、期间费用等。工时费是工时费估算方法主要采用类比法：工时费＝某型号（以铝材为主）飞机机体结构单机平均制造工时×学习曲线修正系数×工时难度修正系数×工时尺寸修正系数×小时费率。具体指标分为四个。

（1）学习曲线修正系数。以某型号（以铝材为主）飞机机体结构单机平均制造工时为基准，考虑该型号飞机与目标估算的某型号研制批架份数的差异调整该系数。例如：某型号飞机研制批 6 架份单机平均工时 200 万小时，按照学习曲线系数 0.88，计算出目标估算的型号研制批 8 架份单机平均工时为 191.96 万小时，此时，学习曲线修正系数为 0.959 8。

（2）工时难度修正系数。根据行业经验，一般以铝材为主的机体制造难度为 1，复合材料制造难度系数为1.4—2,钛合金制造难度系数为1.5—2.2,铝锂合金制造难度系数为1—1.5。制造难度系数根据机型涉及的工艺难度确定,比如复材制造采用自动铺丝工艺制造,可采用修正系数1.9。

(3) 工时尺寸修正系数。根据目标估算型号飞机长度与某型号(以铝材为主)飞机长度的比例确定。例如:目标估算型号飞机的长度为60米,某型号(以铝材为主)飞机长度为40米,则尺寸修正系数为60/40=1.5。

(4) 小时费率。小时费率的主要组成为直接人工费率+燃料动力费率+设备折旧费率+其他费率,取值以承制单位所在地区的实际小时费率为准。由于金属材料和复合材料制造过程中工艺相差较大,一般在计算中将金属材料和复合材料的燃料动力费率和设备折旧费率单独取值计算。

4. 工装费

工装费指在项目研制过程中购买、自制或租赁专用工艺装备、运输模具、专用工刀量具、专用软件等发生的费用。工装费的估算方法主要采用类比法,工装费=∑已有型号飞机机体结构的各类工装费×各类修正系数,费用类别包括:零件工装费、装配工装费、工艺验证工装费、运输工装费、专用工刀量具费、专用软件费等。

(1) 零件工装费。零件工装包括金属材料零件工装和复材材料零件工装。金属材料零件工装费=已有型号飞机机体结构的金属零件工装费用/金属零件重量×目标估算型号飞机金属零件重量×工艺难度修正系数。工艺难度修正系数取决于已有型号飞机和目标估算型号飞机的金属材料组成比例。复合材料零件工装费用=已有型号飞机机体结构的复合材料零件工装费用/复合材料零件重量/长度/直径×目标估算型号飞机的复合材料零件重量×长度×直径。

(2) 装配工装费。考虑目标估算型号飞机与已有型号飞机的尺寸差异(长度×直径)及工装的先进性,装配工装费=已有型号飞机机体结构的装配工装费用/长度/直径×目标估算型号飞机的长度×直径×工装先进性系数。工装先进性系数取决于已有型号飞机和目标估算型号飞机使用先进装配工装的对比情况。

(3) 工艺验证工装费。在型号研制过程中,除在关键技术攻关中已考虑的机体结构制造技术攻关及验证工作外,其余典型材料零件制造(尤其是复合材料的零件制造)工艺验证、金属零件试片级和典型件级工艺验证过程中所涉及的小尺寸工装需要单独制造,一般按照金属零件和复合材料零件工装费用的一定比例进行估算。

(4) 运输工装费。基于国内外民机研制的实际情况机体部段由各承制单位分别制造并运输至主机厂进行总装。该费用包括部段运输过程中需要的专用工装(托架、包装箱、专用车辆)、运输费和保险费。运输专用工装费可用类比法参考已有机型运输工装根据目标机型部段的尺寸分类进行估算,如:机头、前机身、中机身(含中央翼)、后机身、尾段、翼盒等部段,按照每部段 X 万元估计;平尾、垂尾、机翼前后缘等部段,按照每部段 Y 万元估计;其余部段按照每部段 Z 万元估计;再乘以长度和难度系数进行估算。此外,对于运输过程中超宽超限的部段,根据实际情况需额外增加运输工装费用。

(5)专用工刀量具费。这一项是指在零件加工过程中损耗的工刀量具费用。尤其是复合材料零件在加工过程中对工刀量具的损耗较大且该部分工刀量具单价相对较高,故工刀量具费用暂按零件工装及装配工装费的一定比例估算。

(6)专用软件费。这一项是指在型号研制过程中对于试飞机研制及工艺试验所需开发和购置的专用软件费用,研制过程中的专用软件费根据承制企业的信息化建设内容以及目标型号对于信息化需求的实际情况估算,也可以根据已有型号的专用软件费乘以难度修正系数进行计算。

(7)工装定检返修费。根据质量控制及工装管理要求,在型号研制期间需要按架次进行多次定检、返修,一般费用按照上述工装费的 5% 计算。

(8)加长缩短专用工装费。如果型号研制需要涉及系列化加长型、缩短型等试飞机,则需要增加额外工装费,可按照基本型工装的一定比例进行估算。

5. 工艺文件编制费

工艺文件编制费是指在项目研制工艺准备过程中工艺人员编发的各类工艺类文件所需的费用,包括工艺人员费、工艺人员设计用品费和燃料动力费。工艺文件仅指:AO、FO、TO、MPR、材料需求定额、工艺规程、工艺方案、协调方案等。

工艺文件编制费=各工艺文件编制工作量×人年费用标准。工艺文件工作量可以按照飞机机体结构设计工作量的一定比例进行估算,也可根据需编制的各类工艺文件份数以及编制每份工艺文件所需工作量计算,各类工艺文件的编制份数根据已有机型工程数据物料清单(EBOM)中的零组件数量进行类比推算。人年费用标准=工艺人员人年费用标准+工艺人员设计用品人年费用标准+燃料动力人年费用标准,各类人年费用标准根据承制单位实际情况进行计算。

5.1.2 飞机制造成本

民用飞机可以说是制造行业中最复杂的领域之一,其产品构成通常可以分为三大类:飞机发动机、结构及系统,这三者在软硬件层面相互协调、相互影响。一般来说,飞机的发动机占总成本约 38%,机体结构同样需要占总成本的 27% 左右,机电装备约占 14%,其他成本约占 11%(见图5.1)。

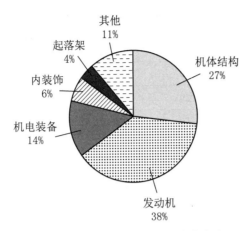

图 5.1　民用航空客机各构件成本占比

1. 发动机成本

航空发动机是飞机的"心脏",是飞机性能的主要决定者,也是各大航空制造公司核心研发创新的对象。机型越小,发动机价值占比就越高;机型越大,发动机价值占比就越低。通常民用航空发动机成本约为 3 200 万欧元,零件多达 250 万个,从材料到研发到生产制造,涉及物理、设计、结构、工艺、化学等方面。

(1)发动机成本构成。航空发动机需要在高温、高压、高速旋转的条件下工作,且在保证安全可靠的前提下,需要达到体积小、重量轻、寿命长、可重复使用的要求,因此对设计研发要求较高。发动机工作时内部最高温度在 1 700 摄氏度以上,压力可达 50 个大气压,这种恶劣的环境对发动机叶片、轴承的材料提出了严峻挑战。以涡轮叶片为例,研发工艺要求精铸误差控制在 0.1 毫米以内才能保障叶片在高温高速环境下安全工作时,不至于过度磨损,甚至引发故障。再者,结构件中数千个叶片一旦损坏一个,就需要全部整修替换。飞机发动机作为飞机的核心,是飞机安全至关重要的组成部分,需要在前后期用大量试验进行验证,从而找出问题。整个实验过程覆盖零件试验、部件试验、系统试验、核心机试验、整机试验、燃油测试、稳定性测试、疲劳性测试、破坏性测试等,每个试验都意味着巨大的人力、物力投入,并且面临试验失败的风险。

(2)航空发动机部件价值拆分。航空发动机制造商根据部件分配任务对部件价值进行拆分。一般而言,战斗机、运输机中的"高、低压涡轮"部件的价值较高,而其他部件价值则有明显差异。

对于战斗机发动机,其外涵道很小,有加力燃烧室,因此,风扇、外机匣的价值占比较低,但加力燃烧室、控制系统占比高;对于运输机发动机(客运、货运、军用),外涵道大,无加力燃烧室,因此,风扇、外机匣的价值占比高,控制系统占比较低;而直升机发动机中,控制系统、减速机构的占比较高。航空发动部件价值拆分见表5.1。

表 5.1 航空发动部件价值拆分

零部件类别	大型涡扇(运输机)(%)	小型涡扇(直升机)(%)	加力式涡扇(战斗机)(%)
盘轴件(压气机、涡轮)	16	18	16
叶片(压气机、涡轮)	29	17	14
框架、邮箱、油池	19	16	16
机匣及其外部配件	14	7	10
燃烧室	2	3	1
加力喷管	0	1	19
控制系统、附件传送装置	7	24	10
零星配件	3	4	4
其他组件、隔板、罩类零件	10	10	10
合计	100	100	100

（3）航空发动机制造成本拆分。航空发动机制造成本(不含控制系统)主要由原材料成本和劳动力成本两部分组成,分别占比达 40%—60% 和 25%—35%。

航空发动机使用的原材料主要是高温合金、钛合金,两者价值分别占比 35%、30% 左右。高温合金涉及的主要材料是镍、钴金属,钛合金主要成分是钛。发动机应用的其他材料还包括铝合金、钢等。

2. 机体结构件成本

机体结构件成本取决于民机制造的商业模式。国际上以波音、空客为代表的民机制造商采取的是"主制造商—供应商"的商业模式,中国也采用这一生产模式,主制造商是各大航空制造企业,对供应商的选择有绝对自主权。比如,作为主制造商的波音公司 39% 的整机零部件曾授权富士重工、川崎重工和丰田汽车生产,2005 年 9 月之后,波音出于自身利益考虑,将在日本的生产任务拆分,其中的 60% 交给中国的 6 家企业,20% 交给韩国的 2 家企业,剩余 20% 交给日本企业。各大供应商分别承担机翼、前中后机身、机头、后机身、主舱门等的制造。在中国航空制造领域,主制造商是中国商飞,供应商是航空工业旗下的各大飞机制造公司,分别承担机翼、前中后机身、机头、后机身、主舱门的制造。机体结构之所以以中国制造商为主体,主要是中国基于航空工业通过多年转包生产,积累了丰富的民机机体结构件生产经验,以及中国军用飞机制造技术的飞速发展为制造民用飞机机体结构打下了坚实基础。与民机的其他子系统相比,中国已经能够独立自主地生产民机的机体结构件。机体结构制造的主要工作是:(1)根据技术资料,生产各种零部件;(2)对零部件进行加工组装,形成完整机翼、机身、尾部结构件,再由主制造商进行总装。

在国际市场,"主制造商—供应商"管理模式下的机体供应商是唯一供应商,机体部分价格只能采取主制造商与供应商协商的方式确定,报价也只能以个别成本为基础,而不能以社会平均成本或行业平均成本为基础。由于是独家生产,价值规律得不到遵循,企业成本控制缺乏动力。现行民机是按照主制造商规定的价格构成报价,其构成包括材料费、工时费、工艺装备费、运输费等,未包括利润,实行的是以成本代替价格的方式定价。

5.2 飞机交易价值影响因素分析

飞机交易价值的测度不能脱离飞机自身,飞机基础价值是飞机交易价值的根本。飞机是一种复杂的、具有很强专业性的资产,飞机交易价值的测度易受多种因素的影响,除了飞机基础价值影响之外,还受飞机市场交易状态、外部环境等因素的影响,有些因素难以用准确的定量数据衡量,这增加了飞机交易价值测度的难度。飞机交易价值的上述特点决定了飞机交易价值因素的复杂性以及飞机交易价值准确测度的复杂性,鉴于飞机交易价值对于飞机交易双方的重要性,飞机交易价值的准确测度是一个迫切需要解决的难题。本章对影响飞机交易价值的各种影响因素进行全面分析。

5.2.1 飞机基础价值影响因素

飞机交易价值的根本与核心表现在飞机基础价值上,而飞机基础价值是通过飞机自身的技术性能特征及使用者对飞机的维护和管理水平反映的,具体包括如下方面。

1. 机型

不同机型在飞机造价方面存在差异,就飞机技术性能而言,如飞行航程、座位数、航速、自重及耗油等差异会在很大程度上直接影响飞机造价。很多个性化的飞机配置要求会使飞机造价产生很大差别,如个性化要求的豪华飞机、专用飞机、适航高原飞机等都会有特殊配置要求,飞机造价的差异也使得飞机基础价值存在差异。例如:B737—800 为 160 座级左右,适合中程支线运输;B747—400 为 416 座级左右,适合超远程跨洋运输。这两种机型的飞机基础价值差距较大,一般 B747 的基础价值为 B737—800 的 4 倍左右。

2. 机龄

飞机机龄决定了飞机的运营时间和剩余使用年限,机龄对飞机基础价值的影响是反向的,飞机剩余使用年限越长,飞机的技术性能损耗折旧越小,飞机基础价值则越大;若剩余使用时间越短,那么飞机在后期投入运营的保险费、维修保养费、燃料消耗等运营成本也将增加,飞机安全性相对降低,飞机基础价值则越小。另外,随着飞机机龄的增长,飞机容易出现下列问题:(1)可供运营时间减少。飞机上的机器设备会随着飞机逐渐老化折旧,飞机结构强度下降、设备技术状况下降、安全性降低,飞行燃油效率降低,故障发生的频率增加,维修时间增加,导致飞机实际运营时间减少。(2)运营费用增加。相比于新飞机,老龄飞机的发动机、机体及其他航电设备发生损耗老化,维修保养次数会相应增加,维修大检的项目内容和费用增多。运营中消耗航油量会更多,导致整体运营费用增加。

3. 飞机机器设备物理状态

飞机机器设备包括发动机、起落架、机身、机翼、尾翼及机载设备等,其物理状态会不同程度地影响飞机基础价值。维修保养状况越好,物理状态越好,飞机基础价值越高,尤其是在飞机大检后,机体、发动机的物理状态接近全新状态。另外,飞机上其他配置(例如,飞机机舱空间大小及条件,飞机航材及服务用品等备件数量,飞机通信导航设备,等等)也影响飞机基础价值。

(1)发动机型号及物理状态。发动机是飞机动力设备中最重要的部分。不论相同机型还是不同机型的飞机可能在使用的发动机型号上有差异。例如,在选择发动机型号时,B737NG 机型只适用型号为 CFM56 的发动机,而 A330—300 机型却适用电气、罗罗和普惠三种型号的发动机。此外,同一型号的发动机在推力上也有差异,比如:B737NG上的 CFM56—7B 发动机推力范围为 20 000—27 000 磅。发动机的价格也根据推力级别的不同而有差异。比如,B737NG 型号的发动机推力为 26 300 磅的价格比推力为 24 200磅的价格贵 200 万美元。发动机的引进价格直接影响飞机购置原价,进而影响处置交易时的飞机基础价值,随着飞机的不断营运,发动机的飞行小时和循环数损耗比率越来越高,成新率降低,飞机的基础价值也随之降低。

(2)机体、机载设备等物理状态。机体包括机翼、尾翼、起落架、机身、机载设备等各种装置,机载设备包括机舱内服务设施以及航电、生命保障等设备。机体、机载设备的可改变性影响飞机的基础价值,例如,机舱构型往往需要大量人力、物力、财力,机舱构型越易改变,飞机基础价值越高,维护的物理状态越好,飞机基础价值也越高。对飞机卖方或出租人来说,具有灵活设计方案的飞机更易出售、出租,保值效果更突出。此外,机体、机载设备的已运行时间也影响飞机的基础价值,不管是机体还是发动机,飞机的运营时间可以通过飞行小时数和循环数体现,飞行小时越长、循环数越大,则飞机的基础价值越小,使用时间越长,物理状态越差,飞机基础价值越低,整体呈现反向关系。

(3)飞机性能参数:运载能力、自重、航速与油耗。飞机运载能力是指飞机能够最大运输载送的能力,通常来说,运载能力越强的飞机,造价相应越高,飞机基础价值越高。运载能力越强,飞机运输客货越多,可赚取更多的运费收入。但飞机基础价值并不完全与飞机运载能力成比例,最优飞行运载能力是由特定的飞行航线和市场决定的。一般自重越大,航速越快的飞机耗油越大,自19世纪50年代商用喷气飞机问世至今,飞机制造商在降低单位油耗上的研发技术已经得到大幅提高,飞机单位公里油耗下降了50%,美国"N+2计划"表明2020年飞机的单位公里油耗会再下降40%左右。油价高时航油在飞机运营时所占的成本高达40%,因此单位公里油耗更低的飞机更受购买者的青睐,飞机的基础价值也更高。

(4)维修保养状况、适航性。飞机维修档案是飞机全寿命期中的重要参考文件,通过分析飞机维护、检修历史数据,以及ABCD检维修保养状况次数、时间与成本测算飞机损耗。维修保养状况的越好、飞机自身技术性能越好,则飞机基础价值越高。飞机适航性好,航线匹配度高,可以投入多条航线使用,经济利用价值越高。

(5)飞机制造商。飞机制造业近似垄断行业,波音、空客、洛克希德、联合航空几家飞机制造商基本垄断了全球的飞机制造业务。中小型飞机制造商与上述飞机制造巨头相比在飞机制造技术及工艺上还有不小的差距,不同制造商在飞机制造所用材料、工艺、制造厂设施、管理水平、技术难易程度、航电设备配置等方面有所不同,因此不同的飞机制造商制造的飞机质量之间有不小差异,飞机制造商水平是影响飞机制造质量的一个重要因素,一般波音、空客制造的飞机质量更好。飞机制造质量高低直接影响飞机基础价值大小,高质量飞机在技术研发以及制造上投入的成本更多,在飞行运营过程中发生故障的概率更小,其安全性更高,相应的维修成本就更小,飞机正常运营时间增多,飞机的经济性更强,飞机基础价值也就更高。

(6)管理飞机水平。飞机拥有者管理飞机的制度是否科学、配备的机组人员素质是否合格等,直接影响飞机自身技术性能状态,拥有较好管理水平的航空公司或者租赁公司可以降低飞机的损耗,此外机组人员的专业水平较高也可降低飞机损耗,比如,飞机降落时优秀的飞行员平稳降落会大大降低飞机与地面的撞击磨损,对飞机的实体性损耗较小,能够使飞机长期保持良好、高效的运营状态,减少飞机维护维修的时间,减少不必要的维修保养费用,增加飞机运营时间。因此,具备良好管理水平的飞机的基础价值往往要高于管理水平较差的飞机的基础价值。

飞机自身技术性能状况以及使用者对飞机的维修保养和管理水平决定了飞机的基础价值,是飞机交易价值的基础部分,而影响飞机交易价值的因素(包括市场交易状态和外部环境因素)使得飞机交易价值在飞机基础价值周围波动。本章将飞机市场交易状态因素和外部环境因素综合影响飞机交易价值的程度定义为飞机交易价值综合影响系数,对于这些因素的评估,还需结合市场交易状态与外部环境(行业环境与经济政策环境)进行分析,使飞机交易价值测度的结果更准确合理。

5.2.2　市场交易状态对飞机交易价值的影响

1. 飞机市场供求情况

（1）市场需求量。如果航空运输市场行情好，航空运输总周转量越大，市场对飞机的需求量大，供不应求，那么飞机交易价值会随之上升；如果航空公司本身发展状况较好，盈利性较高，对飞机的需求量会有所提高，那么飞机交易价值也就随之上升。

（2）市场供给量。市场中飞机供给量增长带动航空运输供给能力增长，带动经济水平，正向影响飞机交易价值。

2. 文档齐备程度

指飞机适航性证书是否具备，或者是被哪家组织认证，比如，飞机缺少 FAA 与 CAC 组织认证的证书会大大降低其交易价值。此外，还需考虑飞机注册登记、维修等相关文件是否齐全，若飞机拥有者管理不善，文档不齐全，也会导致飞机在交易时候价值降低。

3. 竞争机型情况

指同级别竞争机型的在当前航空运输市场上的种类、数量以及占有率。在竞争市场条件下，飞机交易价值会受到各种可供选择的其他机型供给的影响，若市场上竞争机型市场供给少，会增加该机型的飞机交易价值。例如，由于 B787 项目的延误，航空公司采用 A330 应对运力需求，在 B787 项目延误期间 A330 价格快速上涨。随着航空制造技术的快速发展，同级别飞机在航空运输市场的竞争也越来越激烈，该机型的飞机交易价值会在一定程度上受到竞争机型多种类、高市场占有率的冲击。

4. 新飞机交易价格

指交易当前同型号新飞机的交易价格。交易某一机型飞机时会参考当前市场上新飞机的交易价格，新飞机价格越高，该交易飞机的价格也越高，新飞机交易价格对处置飞机交易价值的影响是正向的。

5. 旧飞机交易市场状况

指同机型旧飞机每年交易量以及市场自由完善程度。如果新飞机价格很高，当航空公司或者投资者在决定增加运输供给时会考虑旧飞机，飞机市场上旧飞机的需求随之增加，旧飞机需求增加会相应提升旧飞机交易价值。目前国内旧飞机的交易市场还不完善，旧飞机交易没有公开的交易平台，买卖双方对飞机交易价值测度还不够客观准确。

6. 飞机买卖双方的议价能力

飞机买卖双方的议价能力在一定程度上影响了最后交易结果，需要分为买方和卖方两个角度考虑。飞机购买方或者承租方的还价能力越强，飞机交易价值越低，飞机卖方或者出租方的讨价能力越强，飞机交易价值就越高。

7. 顾客特殊要求

有时顾客的一些特殊要求,例如,该飞机没有买方想要的设备配置或者机舱内部结构不是顾客想要的设计,等等,会在某种程度上降低飞机交易价值。

8. 交易形式

不同交易形式下的飞机交易价值也会不同。(1)航空公司将飞机出售后再租回来继续使用,通过这种方式进行飞机融资,此交易形式相当于附带租约的飞机交易,称为飞机的售后回租。当航空市场不景气时,售后回租飞机交易时签约的租金要比当前市场行情高,那么以售后回租形式交易的飞机交易价值会比当前市场行情高;当航空市场行情景气时,在签约租金时低于当前市场行情,以售后回租形式交易的飞机交易价值会比当前低。(2)一般航空公司向飞机制造商提交的订单都包含多架飞机,属于整体交易。根据规模经济原理,整体交易下,单一的飞机交易价一般是打了折扣的,不能反映单独一架飞机的交易价值。(3)航空公司在处置老龄飞机时往往会采用捆绑销售,这同样也不能反映单独一架飞机的交易价值。

5.2.3　外部环境对飞机交易价值的影响

除了市场交易状态影响外,外部中观、宏观环境也会对飞机交易价值产生影响,这些影响因素会在一定时间段内波动,中观宏观因素没有市场交易状态因素的影响那么迅速敏感。中观层面的外部环境即航空运输业环境,宏观层面对应的则为经济政策环境。

1. 航空运输行业环境的影响

行业环境包括全球航空运输业发展、运输机队规模及分布、飞机制造技术进步、航空运输总周转量、民航相关规章制度的变化等。

(1)全球航空运输业发展。全球航空运输业发展与全球经济形势相关度很高,航空运输业的利润率较低,航空公司需要精打细算,尽量将飞机运营成本降到最低。全球航空运输市场发展迅猛,航空运输总周转量增长较快,相应的对飞机需求较大,航空运输总周转量的增长会直接带动飞机需求量的增加,飞机交易价值会相应增加。

(2)机型盈利能力。某机型的座公里收入或年利润率相比其他机型越高,即当前带来的收益越高,该机型飞机交易价值则越高。

(3)运输机队规模与分布。航空公司机队规模与分布在一定程度上反映了不同机型的受欢迎程度以及市场占有率,机型数量越多、市场占有率越高,表示该机型越热门,经济性越高,飞机交易价值也随之增加。

(4)飞机制造技术进步。近年来,随着飞机制造技术的进步,在飞机的生产工艺、技术以及材料使用上都有较大提高,人力成本也有所降低。现阶段飞机制造总成本低于原有飞机制造总成本,导致应用新技术之前生产的飞机相对于应用新技术制造的飞机在功能性上有所贬值,进而降低其飞机交易价值。

(5)民航相关规章制度。世界及中国民航相关规章制度的变化亦会对飞机交易价值产生影响,飞机运行许可、飞机检修要求相关规定、飞机租赁、飞机购买进口税收等因素都会影响飞机交易价值。比如,美国的减税杠杆租赁政策规定,飞机处置时的剩余价值不得低于飞机购置原值的20%。

(6)航空运输总周转量。航空运输总周转量指全球航空客货运输总周转量及增长率。航空运输市场发展越好,航空运输需求量越大,航空运力需求越大,对于航空运输工具——飞机的需求量增大,飞机交易价值就会升高。

2. 宏观经济环境

(1)全球经济发展总体水平。市场经济政策环境的变化或多或少会影响资产的价格,因此飞机交易价值测度时也需要考虑经济政策的影响。①经济增长率指 GDP 增长率。航空运输业作为世界经济的一部分,会受到世界经济变化的影响。世界经济发展越好,全球范围的航空客货运输需求越大,航空运输需求的变化将直接影响飞机的市场供给需求量,从而影响飞机交易价值。2002 年至 2008 年上半年,全球经济发展迅猛,飞机交易价值快速上涨;2008 年下半年金融危机爆发,全球经济发展出现停滞,飞机交易价值在短期内急剧下挫。②汇率因素。飞机购买方在全球不同的国家或地区,每种币种与美元之间的汇率不同,在支付购置金时面临不同的货币计价、结算和转换等问题,若美元贬值,则飞机交易价值会降低,反之飞机交易价值会升高。③通货膨胀率的水平。通货膨胀率越高,飞机交易价值越偏离飞机的真实价值。因此,商用飞机合同通常包含与通货膨胀相关的条款,如原材料和劳动力成本的年度价格涨幅通常被限制在3%左右,许多合同也有限制恶性通货膨胀的条款,即如果通货膨胀超过一定水平,那么价格涨幅上限可能会失效。

(2)旅游、贸易等相关产业发展。旅游、贸易等相关产业的发展,一般先作用于航空运输产业的发展。出入境旅游人数越多或者贸易进出口货物越多,对航空运输需求越大,对航空运力需求也越大,进而有利于提高飞机交易价值;反之,则不利于提高飞机交易价值。

(3)航空金融的发展。航空金融的发展会直接影响飞机租赁市场的发展,航空公司飞机引进方式比例的转变,会影响自有飞机与租赁飞机需求结构,进而影响飞机交易价值。全球范围飞机租赁占全部在役飞机数量的比例从 19 世纪 90 年代的 15% 升至 21 世纪的 45%,据全球最大飞机租赁商 GECAS 预测,在轻资产时代租赁飞机占比会越来越高。租赁飞机市场需要航空金融方面的融资支持,比如融资租赁,航空金融金融市场越发达,越有利于飞机交易价值的提高。

（4）原油市场价格。在油价较高时期，油耗较高机型的运营成本会增加，航空公司经济效益下降，对飞机的需求减少，飞机交易价值会降低。反之，当油价较低时，航空公司会做航油期货保值，这会大大降低飞机的运营成本，航空企业经济效益提升，2015 年的原油价格暴跌事件对航空制造业提供了一个利好的机会，低油价引致的飞机需求量增加使得飞机交易价值偏高，并提高了航空运输业和制造业的利润。

5.3　飞机交易价值评估方法

飞机基础价值评估是飞机交易价值测度的基础，飞机市场交易状态以及外部环境中各指标的变化使得飞机交易价值在飞机基础价值周围波动。飞机结构复杂，为了客观、准确地测度引进计划或处置计划中的飞机的交易价值，本章的研究思路是先对飞机基础价值进行评估，测度飞机交易价值综合影响系数，再测度飞机交易价值。主要目的是测度当前飞机在寿命期内某时间节点的飞机交易价值，给交易双方一个合理预估价，根据测度结果对飞机的引进或处置作出科学合理的计划与决策。

5.3.1　飞机基础价值评估——重置成本法

重置成本法是根据被评对象的重置成本扣除各项陈旧贬值以确定被评对象的基础价值。其中，各项陈旧贬值包括实体性贬值、功能性贬值以及经济性贬值。

飞机的重置成本是指在当前市场中重新购置与被评估飞机技术性能相同且处于全新状态下的同机型飞机所需要的全部费用。飞机的实体性贬值是指飞机的有形损耗，自然作用以及飞机的运营使用过程会造成飞机物理技术性能下降或损耗，从而导致飞机基础价值降低。飞机的功能性贬值是由于飞机制造业新技术的推广和应用，被评估飞机与技术先进的机型飞机相比，技术相对落后、技术性能较差，从而降低飞机基础价值。飞机的经济性贬值是由于飞机外部经济政策环境发生变化、该机型飞机收益下降等造成飞机资产价值损失，例如，飞机飞行作业时间的减少导致飞机的经济性下降、交易价值降低。

重置成本法的基本思路是：先计算出被评估飞机的当前重置成本，再减去各项陈旧贬值。飞机基础价值的计算公式可以表示为：

$$BV = NV - PD - FD - ED \tag{5.1}$$

其中，NV 指飞机重置成本，PD 表示实体性贬值，FD 表示功能性贬值，ED 表示经

济性贬值。在飞机的实体性、功能性、经济性贬值出现量化估算困难时,统一用成新率(即考虑三大贬值后的综合成新率)测算:

$$BV = NV \times R \qquad (5.2)$$

其中,R 表示飞机综合成新率。重置成本法应用的前提条件是具备重置所需的历史数据,如飞机购置原值、飞行小时数、循环数、机龄等;重置成本法要求被估飞机处于在役运营状态或者假设处于在役营运状态。应用重置成本法评估飞机基础价值时,主要工作是确定飞机的重置成本和飞机的综合成新率。

1. 飞机重置成本的计算

飞机的重置成本包括税金、利润、设备费、生产费、人工费以及材料费六部分,其中构成飞机重置成本的主要部分是直接成本:材料费、设备费、人工费。飞机重置成本的计算如式(5.3)所示:

$$NV = V_0 \times i_0 \times (1 + k_1 + k_2 + k_3 + k_4) \qquad (5.3)$$

其中,V_0 为飞机购置原值,i_0 为现行外汇汇率,k_1、k_2、k_3、k_4 分别为进口关税、增值税、交易费用和银行及其他手续费占飞机购置原值的比例。由于每年各项税费有变化,综合费税系数在不同的时间节点也不同。由于每年飞机引进费税变化幅度较小,为简化计算,计算过程可以采用同一数值 k_t,公式如下:

$$NV = V_0 \times i_0 \times (1 + k_t) \qquad (5.4)$$

2. 飞机成新率的计算

根据飞机在评估基础日的已使用时间与其报废机龄(即飞机的经济使用寿命年限)的比率来确定飞机的成新率。计算公式如下:

$$R = 1 - UY/TY \qquad (5.5)$$

其中,UY 表示飞机已使用时间,TY 表示飞机经济使用寿命年限。

由于飞机分为机体和发动机两大部分,机体和发动机运营检修数据记录不是一致的,综合在一起计算成新率不太方便,所以这里将基础价值评估分为机体和发动机两部分,飞机基础价值的计算用式(5.6)表示:

$$BV = FV + EV \qquad (5.6)$$

其中,FV 为飞机机体评估值,EV 为发动机评估值。

3. 发动机总评估值

发动机评估值采用类似式(5.2)的模型计算,如式(5.7)所示:

$$EV = NV_E \times R_E \tag{5.7}$$

其中，EV 为发动机评估值，NV_E 为飞机发动机重置成本，R_E 为飞机发动机综合成新率。飞机发动机重置成本 NV_E 由式(5.8)决定：

$$NV_E = NV \times \eta \times N_E \tag{5.8}$$

其中，NV_E 为飞机重置成本；η 为单个发动机占重置成本比重，一般为 15%—18%；N_E 为发动机个数，一般根据实际情况取 2 或 4。

(1) 发动机综合成新率 R_E 计算。对于发动机的损耗状况是通过发动机飞行小时以及循环数来量化的，其计算公式如下：

$$R_E = (R_1{}^{K_1} \times R_2{}^{K_2})^{1/(K_1+K_2)} \tag{5.9}$$

其中，R_1 为发动机飞行小时成新率，为剩余飞行小时与总飞行小时比值；R_2 为发动机飞行循环成新率，为发动机剩余循环数与发动机总循环数比值；K_1 为飞行小时系数；K_2 为循环系数。

通过调研国内几家大型航空公司飞机集中采购部、工程部专业人员获得 K_1，K_2 取值为：

$$K_1 = 70\%, \ K_2 = 30\%$$

(2) 飞机机体评估值。飞机机体的损耗状况是通过机龄以及起落架使用次数来量化的，由于飞机飞行航程与飞行时间不同，起落架使用次数并不能完全体现机体使用情况。比如，国内航班普遍是一次起落的，飞行小时少于国际航班，所以将机体的成新率细化为机龄、飞行小时与循环数来进行量化计算，而不是单纯使用机龄与起落次数，其计算公式如式(5.10)、式(5.11)所示。

$$FV = K_0 \times NV_F \times R_F = K_0 \times (NV - NV_E) \times R_F \tag{5.10}$$

其中，FV 为飞机机体评估值；NVF 为飞机机体重置成本；RF 为飞机机体综合成新率，由式(5.11)确定；K_0 为机体其他设备物理状态系数。

$$R_F = (R_3{}^{K_3} \times R_4{}^{K_4} \times R_5{}^{K_5})^{1/(K_3+K_4+K_5)} \tag{5.11}$$

其中，R_3 表示机体使用年限成新率，为飞机剩余使用年限与飞机计划使用年限比值；R_4 表示机体飞行小时成新率，为机体剩余飞行小时与机体总飞行小时比值；R_5 表示机体飞行循环成新率，为机体剩余循环数与机体总循环数比值；K_3 表示年限系数；K_4 表示小时系数；K_5 表示循环系数。

通过调研国内几家大型航空公司飞机集中采购部、工程部专业人员获得：

$$K_3 = 20\%, \quad K_4 = 40\%, \quad K_5 = 40\%$$

5.3.2 民航飞机交易价值评估

民航飞机交易价值评估公式为：

$$TV_i = BV_i \times \alpha_i \tag{5.12}$$

其中，TV_i 为机型 i 的飞机交易价值；BV_i 为机型 i 的飞机基础价值；α_i 为所有指标对机型 i 的飞机交易价值的综合影响系数，其中：

$$\alpha_i = \beta_{i,0} \prod_{j \in J} K_{i,j}^{\beta_{i,j}} > 0 \tag{5.13}$$

其中，J 为飞机交易市场状态及外部环境所有指标集合；$K_{i,j}$ 为机型 i 的各个指标量化数据；i,j 为指标 j 对机型 i 飞机交易价值的影响程度。

其中，①当 $0 < \alpha_i < 1$ 时，相对评估的飞机基础价值来说飞机贬值；②当 $\alpha_i = 1$ 时，相对评估的飞机基础价值来说飞机保值；③当 $\alpha_i > 1$ 时，相对评估的飞机基础价值来说飞机升值。

根据以上公式建立飞机交易价值评估模型，首先根据以往的飞机交易数据可以得到飞机销售合同值，即飞机交易价值 TV；然后代入式(5.12)中，即可求得某机型往年飞机交易价值的综合影响系数 α_i；在已知往年飞机交易价值的综合影响系数 α_i 以及各指标 $K_{i,j}$ 数据的情况下，可用 Stata 软件拟合出 α_i 与各指标 $K_{i,j}$ 之间的关系，求出 $\beta_{i,j}$ 值；最后运用系统动力学方法验证并预测时段各指标的数据，进而预测飞机交易价值综合影响系数 α_i，最后即可测度出未来某时间节点的飞机交易价值。

本章小结

飞机制造价格估算是飞机制造企业控制成本并提高市场竞争力的首要任务，也是进行飞机交易价格估算的基础。

飞机制造成本主要包括研制阶段的成本和制造阶段的成本，研制成本包括研制阶段的非重复性成本(工装费、工艺文件编制费)和重复性成本(试飞机、试验件、工艺验证件费用)，其中非重复成本占据研制成本的 80% 左右。

制造民用飞机的构件主要包括三大类：飞机发动机、机体结构及机电系统，这三者在软硬件层面相互协调、影响，通常飞机的发动机占总成本约 38%，机体结构同样占比 27% 左右，机电装备约占 14%，其他成本约占 11%。

飞机交易价值的测度不能脱离飞机基础价值，飞机基础价值是飞机交易价值的根本,飞机基础价值是通过飞机自身的技术性能特征及使用者对飞机的维护和管理水平反映的,主要包括机型、机龄、飞机机器设备物理状态。

重置成本法是根据被评对象的重置成本扣除各项陈旧贬值以确定被评对象的基础价值,其中各项陈旧贬值包括实体性贬值、功能性贬值以及经济性贬值。飞机的重置成本是指在当前市场中重新购置与被评估飞机技术性能相同且处于全新状态下的同机型飞机所需要的全部费用。

除了市场交易状态影响外,行业环境、宏观经济环境也会对飞机交易价值产生影响,这些影响因素在一定时间段内波动,行业环境因素及市场交易状态因素对飞机交易价值的影响迅速敏感。

思考题

1. 飞机制造成本主要包括哪些?
2. 飞机基础价值和交易价值之间的关系是什么?
3. 影响飞机基础价值的因素有哪些?
4. 影响飞机交易价值的因素有哪些?
5. 你能介绍一种飞机交易价值的评估方法吗?

第6章　航线的经济性分析及航线网络的优化

航线的经济分析是航空工程经济分析中必不可少的内容之一。为了评价飞行方案在投产营运时所能达到的各项经济指标,除了要预估这些方案的飞机价格,即投资金额外,还要评估航线的营运成本和收益。

6.1　航线的相关概念

航线是航空公司赖以生存的必要条件,是机场打造航空枢纽的重要资源,是地方政府对外连通的空中走廊。

6.1.1　航线的概念

航线是指航空器飞行所沿的路线,包括起讫点、经停点以及航路等要素,是航空公司赖以生存的客货运输市场。根据规模大小可将航线划分为干线和支线,干线航线是指连接北京和各省会、直辖市或自治区首府或各省、自治区所属城市之间的航线,如北京—上海航线、上海—南京航线、青岛—深圳航线等。支线航线则是指一个省或自治区之内各城市之间的航线。

根据起讫点的不同可以将航线分为国内航线、国际航线和地区航线。国内航线指起讫点和经停点都在一国境内的航线。国内航线按照连接的城市不同,可以分为干线和支线。干线指大型城市之间的航线,譬如北京首都—广州(PEK-CAN)航线、北京首都—深圳(PEK-SZX)航线等,一般使用 A320 系列和 B737 系列飞机执飞。支线指国内大城市向周边小城市辐射的航线,譬如西安—榆林(XIY-UYN)航线、乌鲁木齐—阿克苏

(URC-AKU)航线等,一般使用 ARJ21、新舟 60 等系列支线飞机执飞。在 HS 航线网络中,干线一般指枢纽之间连接的航线,支线指枢纽与非枢纽之间连接的航线。国际航线指航线的起讫点和经停点在两个或两个以上国家境内的航线,譬如北京首都—旧金山(PEK-SFO)航线。地区航线指航线的起讫点和经停点中有在中国香港、澳门、台湾地区的航线,譬如北京大兴—香港(PKX-HKG)航线、澳门—上海虹桥(MFM-SHA)航线。

6.1.2　影响航线开辟的影响因素

合理地开辟航线能为航空公司进行航线网络规划做铺垫,满足旅客的出行需求并实现航空企业经济效益的提升。影响航线开辟的因素有许多,本节主要归纳以下几点重要影响因素。

1. 航线旅客需求量

旅客的市场需求是开辟新航线的驱动力,且充足的市场需求量也是航线持续发展的保障。在机场进行航线开辟选择时,一般优先考虑选择旅客运输吞吐量大的机场作为备选航点,主要是为了充分利用这些大机场所在城市开发出来的民航运输市场,旅客吞吐量大的机场所在城市的民航运输市场比较成熟,发展潜力也相对较高,这些城市的旅客来源比较充足和稳定,能减少开通航线后旅客上座率不高的风险。新开辟的航线,因为没有运营经历,航线的旅客需求量没有办法作出直观的判断,因此需要根据一些指标来评估当前航线的客源潜力。航线旅客需求量可以通过当地 GDP 的影响、第三产业产值的影响以及人口的影响反映,一个城市的经济发展情况尤其是城市居民的人均 GDP 发展情况越好,旅客出行的需求量就会越大;人口越多,对于交通的需求也越高,出行量也会越大。

2. 高铁竞争强度

在进行航线开辟选择之前,必须综合评估当前航线的市场竞争情况,以确定当前航线是否具有开通意义。一般而言,航空市场竞争主要取决于具有替代性质的出行运输方式的竞争。高速公路的修建、铁路运输的轨道铺设和高铁网络的扩展,会给部分中短途民航运输航线带来致命冲击,相较于其他运输方式,民航运输在中短途距离运输上没有竞争优势,尤其相较于高速铁路来说还是劣势方,所以在进行航线开辟选择调查时,还需考虑具有竞争性质的高速铁路影响。需要对计划开通航线的航点城市进行高铁竞争强度的调查,通过研究民航运输在该航点城市的市场占有率来确定航点的高铁竞争强度。通过对各航点的调查,可以确定开通航线后民航运输的市场占有率水平,保证航班的旅客上座率。

民航运输虽然相较于高铁具有很多优势,诸如可以在很短的时间内运输旅客到达航空客机所能到达的机场,不受各种复杂地形地貌的影响等,但是高铁在运输旅客这一方面竞争优势更加明显,高铁的旅客运输效率要高于民航运输,选择民航运输出行的旅客需要经历复杂的安检程序,提前候机时间较长,并且民航运输受恶劣天气的影响程度较大,而高铁在出行时间等待上花费的时间较少,在票价方面也具有明显优势。这些影响因素,使得在不同运输距离上高铁与民航运输具有不同的市场分担率。考虑高铁对民航运输的影响,高铁跟民航运输互为替代品,有高铁的线路,民航运输竞争压力就会加大,盈利性降低。所以在考虑航线开辟选择时,需要考虑高铁竞争强度的影响来衡量航线是否有开通价值。

3. 机场连通质量

国内运输机场的直观评价指标除吞吐量外,另一重要体现就是机场的连通质量,也就是通达性,中小机场在新航线的开辟选择上跟地方政府密切一致,都是以提升机场的吞吐量水平和连通质量水平为目的,所以机场在航线开辟选择时备选航点的连通质量水平影响占比很大,连通质量在航线网络上反映的是网络的畅通程度,以及容纳航点的水平、覆盖和辐射范围的广泛性。连通质量是对一个机场的旅客中转能力和所能辐射到的旅客运输服务范围能力的体现,机场联通质量主要取决于三个方面。

(1)通航城市数量。通航城市数量,就是机场开通的能进行旅客运输到达的通航点的数量。通航城市数量在航线网络中也被称为节点度值,节点度值是用来描述航线网络中节点重要性的一个简明而又重要的指标,节点度值用来描述机场,表示机场直接相连的航线条数。对一个机场的连通质量评估的准则,最直观的就是看一个机场的通航城市数量。机场的通航城市数量是衡量机场航线开拓程度的一个重要指标,也是反应机场吞吐量水平的指标。一个机场通航城市数量越多,代表该机场能满足的旅客出行的需求越多,机场的旅客吞吐量也会越大;通航的城市数量越多,说明航线布局越完善,机场的连通质量也越高,与该机场开通航线对机场网络的连通质量的提升会更加显著。

(2)通航中心城市数量。通航中心城市数量是指机场开通航线的城市属于中心城市的数量。通航中心城市数量在航线网络中的体现是中心性节点的特征向量,中心性是指节点在航线网络中的重要性不仅取决于节点度值,还取决于连通的节点的辐射影响大小,即节点所连接的通航城市的中心性也考虑在内。坐落在中心城市的机场往往也是这个地区的航空枢纽,起到推动地区经济发展和文化交流的重要门户作用。中心城市的机场因其枢纽地位,辐射范围非常广泛,进而可围绕机场形成具有高连通质量的航线网络。因此在进行机场连通质量水平的评估时,针对机场通航的航点城市中,中心城市的数量占比是非常关键的评估指标,与中心城市通航的机场可以借助中心城市的辐射作用提高自身的连通质量。

（3）通航互补航点数量。通航互补航点指的是用数学表达形式来表述一个机场是另一个机场的互补形式。如果把全国所有机场作为一个航点的数学集合，有两个机场的通航点完全不同，则这两个机场完全互补；如果两个机场有部分通航点重合，则称为不完全互补，那些不重合的部分航点数量就是互补的航点数量。互补航点数量在网络中的表征是节点的介数中心性，节点的介数中心性是衡量节点作为其他节点间连接桥梁的指标，能够体现经由该节点到达其他节点的必要程度。国内有的机场因为地理、经济等原因没有办法得到航班时刻和航权，或者因为旅客需求量过低而达不到开通航线的最低要求，但是部分旅客的出行需求依然存在，这种情况下，更适合发展通程航班来合理利用这些潜在市场，通过在另一座机场进行类似于经停和中转的运输服务，到达旅客出行目的地。互补航点数量指标可以作为其他机场通程航班中转点的重要参考，互补城市数量越多，代表该机场对于其他机场航点的补充数量越多，对机场布局全国航线以及机场网络联通质量提升显著。

4. 航权和空域的限制程度

在航空运输领域，航空客机进行民航运输的飞行空域一直受到诸多因素限制，所以可以进行运输飞行作业的空域非常稀缺。经典例子是跨太平洋航线飞行高度层垂直间隔将要求缩短到 1 000 英尺，这是为了尽可能地在有限的飞行空间增加航路运输容量。还有许多航线因处在战乱国家和地区，航线的安全性和稳定性不能得到保证。在国际和国内，许多航线无法开辟，在很大程度上被空域限制，不同国家和地区的法规、政策以及军事因素等限制了空域的开放程度，阻挠了航线的开通。如果航路空域容量不足，地区管理局的航权获取程度将会愈发艰难，很多航线不得不进行绕飞，甚至停飞，这些严重限制了航空业的发展。

5. 国家和地方政府的政策

航空运输作为城市间物资和人员运输的空中通道，把人类进行的各项生产活动，包括资源生产、物资分配、资源交换与消费有机结合在一起，在全球区域内进行社会生产力各种生产要素的吸纳和集聚。因为航空运输资源交换和集聚的特性，各地方政府对于其发展非常重视，在进行航线开辟选择时会受到政府和政策的影响，例如省级对口帮扶等政策方针等。现如今，中国很多中小城市为了摆脱经济发展困境的现状，修建中小机场与大城市开通航线，以带动发展当地的经济和文化。在旅游资源丰富的地区，因为没有支柱产业，地方发展面临困境，航空旅游对地方经济的活跃有很大促进作用。因此，国家及地方政府在开通航线方面具有重要影响作用。

6. 航线的补贴预算

航线开辟出来后需要航空公司来进行航线的运营，航空公司运营一条航线看中的是航线的盈利能力,对于新开通的航线,由于没有过往的运营数据,无法估计旅客上座率,航空公司可能会面临亏损风险,因此机场及地方政府为吸引航空公司承接航线运营普遍采取的措施是对航线进行补贴,以弥补航空公司运营亏损,进而吸引航空公司参与航线运营。航线补贴是国内民航运输生产活动的重要组成部分,一些中小机场的航线因旅客上座率不高,航空公司独立运营航线可能无法维持基本开支,甚至产生巨大亏损,因此,国家和地方政府会对航线进行补贴,以保证航线的顺利开通。

6.2 航线运营的成本分析

民航业通常把运营总成本(TOC)分为直接运营成本(DOC)和间接运营成本(IOC),直接运营成本指的是直接和飞机运行有关的成本,主要包括飞行成本(如航油、飞行员的工资、机场起降服务费、航路保障费用等)和飞机维护成本(含航材费用等),一些航空公司把飞机折旧也计算在运行成本中,直接运营成本占总运营成本的 70%—80%。间接运行成本即与客运服务有关的成本,包括机票销售整个过程的费用、旅客服务费、航线开发费、员工培训费、管理费用等。

分析飞机运营成本,对于航空公司运营管理、政府监控航空运输系统以及飞机制造商研制新飞机都至关重要。不同航空市场的经济发展环境、航空运输环境和航空公司经营模式各不相同,因此,它们的飞机运营成本也不同。即使是同一个国家或地区的不同航空公司,由于其经营的市场不同(干线或支线市场)、经营的模式不同(网络航空或低成本航空),飞机运营成本也各不相同。美国航空运输协会(ATA)于 1944 年发表了首个获得广泛认可的飞机直接运营成本估算方法。该方法历经多年发展更新,1967 年,ATA公布了估算涡轮动力飞机直接运营成本的标准方法,被称为"ATA—1967 年"方法,该方法是后来直接运营成本估算的重要基础。航空公司和飞机制造商对于飞机运营成本分析的要求不同,因此,所采用的飞机运营成本分析模型也有所不同。航空公司偏重于整个机队的运营成本,关注机队的市场适应性、资源配置、资金运作和对各个成本项目的有效管理,以达到运营效益最大化的目的;飞机制造商则偏重于其研制机型本身的经济性和竞争性。

航线运营经济性是推动民机产业发展的主导因素,本节从年度收入—成本分析构建支线飞机航线运营的经济性分析指标,从而构建相应的航线运营经济性分析框架。波音1993 年方法的运行成本分析见表 6.1。

表 6.1 波音 1993 年方法的运行成本分析

与飞机相关	与旅客相关	与货物相关
所有权成本	餐食费	货物操作成本
燃油(含 APU 耗油)成本	订票和销售	预定和销售
空勤成本	其他空中服务	佣金
直接维修成本和维修管理费	佣金	广告宣传
地面操作成本	旅客操作成本	与货物有关的综合管理
地面设备折旧、维护和管理成本	行李操作成本	/
空管和通信成本	广告费用	/
着陆费	与旅客有关的综合管理	/
空乘成本	/	/
与飞机有关的综合管理	/	/

直接运营成本为空勤、燃油、维修、保险、折旧和利息之和,并且采用 100% 载运率时的耗油,在这五项成本中,维修成本是最为突出的一个部分,也是航空公司最为关注的一个部分。间接运营成本采用给定装载条件下的耗油(例如国内航线上座率为 60%,国际航线上座率为 65%)。运营总成本是耗油经载运率调整的直接运营成本和间接运营成本之和。运营成本通常是基于平均航段距离计算得出的,单位为美元/航段、美元/可用座英里或美元/可用吨英里。航空运营成本具体构成如式(6.1)所示:

$$TOC(t) = DOC(t) + IOC \tag{6.1}$$

其中,$TOC(t)$ 为 t 年飞机的航线运营总成本;$DOC(t)$ 为 t 年飞机的直接运营成本;IOC 为飞机每年的间接运营成本。

6.2.1 直接运营成本

直接运营成本公式为:

$$DOC(t) = CO + CC(t) \tag{6.2}$$

其中,CO 为飞机每年的所有权成本;$CC(t)$ 为 t 年飞机的现金成本。

1. 所有权成本

所有权成本公式为:

$$C_O = C_D + C_I + C_{HI} \tag{6.3}$$

其中，C_D 为飞机每年的折旧成本；C_I 为飞机每年的利息费用；C_{HI} 为飞机每年的保险金，单位为美元。

所有权成本分为折旧成本、利息费用和保险费。

（1）折旧成本。

折旧成本公式为：

$$C_D = I_T \times (1 - V_R) / P_D \tag{6.4}$$

其中，I_T 为投资总额，单位为美元；V_R 为残值率；P_D 为折旧年限。

（2）利息费用。

利息费用公式为：

$$CI = IA \tag{6.5}$$

其中，CI 为利息费用，单位为美元/航段；IA 为年贷款利息，单位为美元，具体计算如式（6.6）所示：

$$IA = IT \times F \times (PN)(IR/PN)/(1 - 1/(1 + IR/PN)^{(PN \times LP)} - 1/(PN \times LP)) \tag{6.6}$$

其中，F 为贷款比例；IR 为贷款年利率；LR 为还贷年限；PN 为每年还款次数。

（3）保险费。

保险费公式为：

$$C_{HI} = IR \times P_A \tag{6.7}$$

其中，C_{HI} 为年保险费，单位为美元/航段；IR 为年保险费率；P_A 为飞机价格，单位为美元。

2. 现金成本

现金成本由维修成本、航油成本、空勤成本、空乘成本和起降费及导航费组成，其计算如式（6.8）所示：

$$C_C(t) = C_M + C_F(t) + C_{FC}(t) + C_{CC}(t) + C_N + (C_{AP} + C_{GRO} + C_{PS} + C_{CAC}) \times DEP \tag{6.8}$$

其中，C_M 为每年的维修成本；$C_F(t)$ 为 t 年飞机的航油成本；$C_{FC}(t)$ 为 t 年飞机的空勤成本；$C_{CC}(t)$ 为 t 年飞机的空乘成本；C_N 为飞机每年的导航费；C_{AP} 为机场收费；C_{GRO} 为地面服务费；C_{PS} 为旅客服务费；C_{CAC} 为民航发展基金。

（1）维修成本。维修成本对航空公司来说是非常重要的一项成本，维修成本所占比例比较大,根据航程的不同,飞机维修成本能够达到直接运营成本的 10%—20%,在飞机平均 20 年的寿命期内,所花费维修成本的总量能够达到飞机购买价格的 50%—120%。民用飞机 70%的维修成本是在研制阶段决定的,研制过程中不同的飞机制造者具有不同的技术背景,优秀的飞机制造者往往根据先前的经验和教训在新型飞机中采用新材料、新工艺和新技术,这必然带来不同飞机的维修成本的差异。

对于航空公司来说维修成本也有较大的节省空间,在所有运行成本中,燃油和滑油成本受价格的影响是不易控制的,机组成本受培训成本和人才市场的制约也较难控制,只有维修成本可以通过合理的设计优化和使用优化,以获得较大的节省空间。当然,维修成本是直接运营成本中较为复杂的一项,因为影响维修成本的因素非常多,其中有与设计有关的,有与维修有关的,还有与使用有关的,它的高低能够综合体现飞机的设计水平和制造厂家的客户服务水平。因此,航空公司在选择飞机时,不仅对直接运营成本有所顾虑,对维修成本还有更高要求。国外成功的飞机制造商和发动机制造商也都将降低维修成本作为提高产品使用经济性的一个必要环节,并将相对较低的维修成本作为产品市场宣传的一个重要卖点。飞机维修成本由机体维修成本和发动机维修成本组成,公式如下:

$$C_M = C_{AM} + C_{EM} \tag{6.9}$$

其中,C_{AM} 为每年的机体维修成本;C_{EM} 为每年的发动机维修成本。

机体维修成本公式为:

$$C_{AM} = C_{AML} + C_{AMM} \tag{6.10}$$

其中,C_{AML} 为机体维修劳务成本;C_{AMM} 为机体维修材料成本。

发动机维修成本公式为:

$$C_{EM} = C_{EML} + C_{EMM} \tag{6.11}$$

其中,C_{EM} 为每年的发动机维修成本;C_{EML} 为每年的发动机维修劳务成本;C_{EMM} 为每年的发动机维修材料成本。

(2)燃油成本。

燃油成本公式如下:

$$C_F(t) = F_F(t) + TFCD \tag{6.12}$$

$$F_F(t) = PF \times WF \times DEP \times (1 + IO)t \tag{6.13}$$

$$TFCD = WF \times DEP \times 1/\rho f \times RCD \tag{6.14}$$

$$WF = RL \times LS + 686 \tag{6.15}$$

其中，$C_F(t)$ 为 t 年的燃油成本，单位为美元/航段；$F_F(t)$ 为 t 年的燃油费用，单位为美元/航段；$TFCD$ 为每年的燃油消费税；PF 为燃油价格，单位为美元/千克；WF 为每航段消耗的燃油重量，单位为千克/航段；ρf 为燃油密度，一般取值为 0.78 克/毫升；RCD 为航空燃油消费税税率，取值为 1.2 美元/升，折算成 0.17 美元/升；RL 为飞机的燃油消耗率，单位为千克/公里，国产支线飞机取值 $RL=4.345$ 千克/公里；LS 为平均航段距离；IO 为航空燃油价格的年增长率。

（3）空勤成本。

空勤成本公式如下：

$$C_{FC}(t)=[220+0.266\times(MTOW\times2.2/1\,000)]\times TBH_Y\times(1+IF)^t \qquad (6.16)$$

其中，$C_{FC}(t)$ 为 t 年的空勤成本，单位为美元/小时；$MTOW$ 为最大起飞重量，单位为千克；TBH_Y 为年轮挡时间，单位为小时；IF 为飞行员工资的年均增长率。

（4）空乘成本。

空乘成本公式如下：

$$C_{CC}(t)=(S_A/35)\times30\times TBH_Y\times(1+IC)^t \qquad (6.17)$$

其中，$C_{CC}(t)$ 为 t 年的空乘成本，单位为美元/小时；S_A 为可用座位数，单位为座；IC 为空乘工资的年均增长率。

（5）导航费。

导航收费包括导航费和进近指挥费，具体如式（6.18）所示：

$$C_N=P_N\times H_F\times V_N+P_{APP}\times MTOW\times DEP \qquad (6.18)$$

其中，C_N 为年导航费；P_N 为导航费率；H_F 为年飞行小时（年总利用率）；V_N 为巡航速度；P_{APP} 为进近指挥费率。

3. 机场收费

机场收费包括起降费、停场费、客桥费和安检费等，具体如式（6.19）所示。不同类别的机场，其起降和地面服务收费标准不同，根据相应的费率和机型一年内在机场起降次数可以得出机场收费。

$$C_{AP}=C_L+C_P+C_{PB}+C_{SI} \qquad (6.19)$$

其中，C_{AP} 为机场收费；C_L 为起降费；C_P 为停场费；C_{PB} 为客桥费；C_{SI} 为安检费。

4. 地面服务费

地面服务费包括代理费、过站服务费和飞机勤务费等费用，具体如式（6.20）所示：

$$C_{GRO}=C_{AF}+C_{PAS}+C_{AS} \qquad (6.20)$$

其中，C_{GRO} 为地面服务费；C_{AF} 为代理费；C_{PAS} 为过站服务费；C_{AS} 为飞机勤务费。

5. 旅客服务费

旅客服务费一般包括提供旅客休息室相关费用和机上提供的旅客餐饮费用，具体如式（6.21）所示：

$$C_{PS} = F_{RS} + F_{PS} \tag{6.21}$$

其中，C_{PS} 为旅客服务费；F_{RS} 为旅客休息室相关费用；F_{PS} 为旅客餐饮费用。

6. 民航发展基金

航空公司按照飞行航线分类、飞机最大起飞重量（MTOW）、飞行里程以及适用的征收标准缴纳民航发展基金，具体征收标准见表6.2。

表 6.2　民航发展基金征收标准

航线类别	MTOW≤50 吨	50 吨<MTOW≤100 吨	100 吨<MTOW≤200 吨	MTOW>200 吨
第一航线	1.15	2.30	3.45	4.60
第二航线	0.90	1.85	2.75	3.65
第三航线	0.75	1.45	2.20	2.90

$$C_{CAC} = c_{CAC} \times V \times FH \times EX \tag{6.22}$$

其中，c_{CAC} 为民航发展基金的收费标准，单位为美元/公里；V 为航段飞行速度；FH 为航段飞行小时；EX 为人民币与外币兑换率。

6.2.2　间接运营成本

间接运营成本主要是除机组外的人工成本、飞行员引进成本、资产折旧、差旅、培训、制服费、场所租金、财务费用等，通常按一定比例计算。

6.2.3　航线运营成本分析案例

以德国汉堡到日本东京的航班飞行为例，一次航班有固定成本和可变成本，固定成本可以分为人力成本、燃油费、机上人员餐饮费用、机票销售代理费用、机场建设费用、起降服务费，以及广告费。

航班的人力成本，对于大型客运航班来说，像空客 A380 的载客量约 400 人，这就需要配备 20 名空姐和 2 名乘务长，对于小型客运航班而言，载客量约 100—200 人，就需要配备 10 名左右的空姐和 1 名乘务长。

受俄乌冲突影响,全球燃油价格上涨,上涨比例超过以往水平的30%。俄罗斯领空关闭后,需经过该领空的航班路程增加,因此,航班很有可能需要到第三机场进行转运再到达目的地。

关于广告费,可以将其认定为用于宣传航线的支出,或者是以这条航线为宣传点而产生的收入。着眼于当下情况,航班承接广告的概率在下降,广告收入也在减少,这将导致航班失去最大的收入进项。

此外,航空公司还开展了各种各样的培训,比如私人飞机驾驶员培训。随着低空飞行的放开,越来越多的年轻人参与飞行员培训,这将是航空公司收入增加的新变量。

6.3 航线运营的收益分析

6.3.1 航线运营的收入和收益指标

航线运输总收入如式(6.23)所示:

$$DOR(t)=R_P(t)+R_{FM}(t)+R_B(t) \tag{6.23}$$

其中,$RP(t)$为第 t 年运输旅客收入;$RFM(t)$为第 t 年运输货邮收入;$RB(t)$为第 t 年运输逾重行李收入。

1. 运输旅客收入

运输旅客收入公式为:

$$R_P(t)=SM\times PLF\times(1+R_{PM})\times[P_{FF}\times R_{FF}+F_D\times(1-R_{FF})]\times NFY\times(1+IP)^t \tag{6.24}$$

其中,SM 为机型最大可用座位数;PLF 为航线客座率;R_{PM} 为潜在边际收益;P_{FF} 为全价票价;R_{FF} 为售出全价票占全部售出票的比例;FD 为折扣票价;NFY 为航线年均航班次数;IP 为票价年均增长率。

2. 潜在边际收益

潜在边际收益公式为:

$$R_{PM}(t)=CCI\times E_M\times E_O \tag{6.25}$$

其中,CCI 为单位成本对当地客流的影响;E_M 为航班频率对当地客流的影响;E_O 为当地客流水平。

3. 运输货邮收入

运输货邮收入公式为：

$$R_{FM}(t) = PFM \times FW \times NFY \times (1+IB)^t \tag{6.26}$$

其中，PFM 为货邮运价；FW 为年均航班货邮重量；IB 为货邮、行李运价年均增长率。

4. 运输逾重行李收入

运输逾重行李收入公式为：

$$R_B(t) = P_L \times W_L \times R_{EL} \times NFY \times (1+IB)^t \tag{6.27}$$

其中，P_L 为行李运价；W_L 为年均航班行李重量；R_{EL} 为逾重行李占行李重量的比例。

6.3.2 航线运营经济性指标的建立

参考航空公司年报的要求，从年度收入—成本分析构建航线运营经济性指标。以航线运输总收入 $DOR(t)$ 和运营总成本 $TOC(t)$ 模型为基础，可进一步计算年度客公里、吨公里收入及成本。

1. 客公里收入指标(RASK)

客公里收入指标计算公式为：

$$RASK(t) = DOR(t)/RPK_Y \tag{6.28}$$

其中，$RASK(t)$ 为第 t 年的客公里收入；RPK_Y 为每年完成的客公里。

2. 吨公里收入指标(RTKM)

吨公里收入指标计算公式为：

$$RTKM(t) = DOR(t)/RTK_Y \tag{6.29}$$

其中，$RTKM(t)$ 为第 t 年的吨公里收入；RTK_Y 为每年完成的吨公里。

3. 客公里成本指标(CASK)

客公里成本指标计算公式为：

$$CASK(t) = TOC(t)/RPK_Y \tag{6.30}$$

其中，$CASK(t)$ 为第 t 年的客公里成本。

4. 吨公里成本指标(CTKM)

吨公里成本指标计算公式为：

$$CTKM(t) = TOC(t)/RTK_Y \qquad (6.31)$$

其中,$CTKM(t)$为第 t 年的吨公里成本。

根据以上四个指标可以有效地评估国产某飞机的航线运营经济性,能够指导航空公司飞机的引进决策,为航空制造企业提高飞机航线运营经济性提供设计优化、管理提升建议。

6.4　航线网络优化

航线网络是航空公司航班计划和机组安排等运行计划的先决条件,对航空公司的运行效率和客户服务质量有直接且重要的影响,是航空公司生存和发展的基础。航空运输市场受区域经济、区域金融和区域贸易的影响很大,机场需要根据国内形势的发展及时对航线网络作出相应的调整。航线网络优化是指在有限资源的约束下为达到某一设定目标而进行的内部优化调整,使得整体经营效果最优。航线网络优化具有重要的战略意义和经济意义,对航空公司、机场、地方政府等各方主体来说都至关重要。

6.4.1　航线网络的概念

航线网络的含义有别于航线,它是由航线和机场组合的网络系统,是由机场和航线等要素按特定的网络模式连接而成的构造系统。其中,机场构成网络的节点,航线构成网络的边。根据机场与机场之间的不同连接方式,可以将航线网络分为 PP 航线网络、甩鞭子式航线网络、HS 航线网络。

PP 航线网络,也叫城市对航线网络,即起讫点城市之间通过直飞方式完成旅客运输,不存在中转情况。航空公司在成立初期通航点较少,一般会采用 PP 网络运输模式。PP 航线网络的旅客在途时间最少,可以实现旅客的快速运输,但可能会由于起讫点两地的旅客需求不足从而导致航空公司降低航班频率,减少旅客出选择。目前,采用 PP 航线网络的典型航空公司有西部航空公司、春秋航空公司、美国西南航空公司等。其中,春秋航空公司主要以上海为基地实现通航城市之间的 PP 运输。

甩鞭子式航线网络,这种网络结构是由 PP 航线网络逐渐发展而来的。航空公司为了提高航班客座率,弥补起讫点城市旅客的不足,在起讫点城市中间设立一个或多个经停点。甩鞭子式航线网络增加了起讫点城市旅客的在途时间,但是在航空公司运力一定的情况下,通过经停过站的方式方便了中间小城市的旅客出行。

HS 航线网络，是指航空公司在自己的通航点中，选几个机场作为枢纽机场，其他机场作为非枢纽机场的一种网络连接模式。一般情况下，严格的 HS 航线网络要求枢纽机场之间直接连接，非枢纽机场之间的旅客运输通过枢纽机场中转完成。枢纽机场一般处于经济比较发达的省会城市或者门户城市，是航线网络的核心所在。实际中，当两个城市之间的旅客需求达到一定程度时，直飞比中转具有更好的经济性，直飞能够弥补需求溢出所带来的损失。因此，一般情况下，HS 网络中一部分航线选择直飞，一部分航线选择中转运输，这也是航空运输市场发展的必然产物。美国达美航空公司采用典型的 HS 航线网络，以亚特兰大、纽约肯尼迪、底特律、圣保罗、盐湖城等机场为枢纽。

6.4.2　航线网络结构模式

航线网络主要分为城市对和枢纽辐射式航线网络两种形式，分别如图 6.1(a)和图 6.1(b)所示。

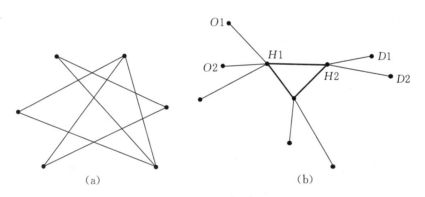

图 6.1　航线网络示意图

1. 城市对航线网络

城市对航线网络是指在城市之间建立直达航线以满足两点间的运输需求，航班运行不经过第三个城市中转，航空运输业发展早期多采用这种形式。这种方式可有效降低旅客的运输时间，满足旅客的快捷性需求，而且在这种形式下，前后航班之间没有关联，有利于航空公司排班。但从长期来看，这种方式不利于航空运输的发展。首先，城市间需求有限，直达航线会造成部分航班载运率无法得到保证，飞机出现大量空座现象，导致资源浪费。其次，旅客需求有限会造成两城市间的航班频率较低，旅客的即时性需求无法得到很好的满足，从而转向其他交通方式，这降低了航空运输业的竞争能力。城市对航线网络只是简单地根据需求设置航线，不能起到吸引旅客的作用，且并未对网络中的资源进行合理配置，反而会造成资源的浪费。

2. 枢纽辐射式航线网络

随着民航业的飞速发展,传统的城市对航线网络形式已无法满足快速增长的出行需求,除了增加投入的资源,资源的合理配置同样重要。自20世纪后期美国实行航空运输自由化政策后,枢纽辐射式航线网络应运而生。枢纽辐射式航线网络是一种以枢纽城市为中心的航线网络结构,枢纽间的干线运输满足转运需求,枢纽城市与非枢纽城市间的支线运输起到汇流和分流作用。在图 6.1(b) 中,起点 $O1$、$O2$ 的运输需求皆经由枢纽机场 $H1$ 和 $H2$ 中转,最终到达目的地 $D1$、$D2$,$O1—H1$、$O2—H1$ 起到汇运的作用,由于小机场的运输需求可能不大,通过连接到枢纽机场,$O1$、$O2$ 等地的运输需求被汇聚到枢纽机场 $H1$,再集中从 $H1$ 中转运输到另一个枢纽机场 $H2$,枢纽间的运输称为中转运输,最后需求经由 $H2$ 分散到各个目的地 $D1$、$D2$,在这里 $H2—D1$、$H2—D2$ 起到分运的作用。枢纽辐射式航线网络可将不同起讫城市对的客货流汇聚到枢纽城市进行中转,增加了特定航节的运输需求,从而提高了相应航节上航班的载运率及频率,减少了资源浪费现象。此外,由于枢纽辐射式航线网络集中了客货流,在干线上就可采用大飞机来执飞,从而降低公司的运营成本。枢纽辐射式航线网络形式极大地体现了网络运输的规模经济性和范围经济性,更加广阔的覆盖范围、更低的运营成本可进一步刺激市场需求,有利于航空市场的健康发展。

3. 航线决策综合评价体系

航线网络构建是一个复杂过程,需要考虑多种因素。航空公司总是想用较少的飞机或航班来满足市场需求,并希望获得低运行成本、高载客率,从而获得最大利润。然而航空公司在面临航线决策时,还要受到空管、机场的限制,例如,这条航线的城市对是否还有时刻和机场剩余容量、航路是否拥挤、运力是否充足等,这些都限制了航空公司航线的开通。旅客则对高航班频率、多直达航班和少转机时间等高质量服务充满期待。所以,在综合考虑航空公司、机场、空管和旅客因素的基础上,对航空公司的航线选择进行评价体系的构建是优化航空公司航线结构的前提,这样做可以减少航空公司不必要的成本支出。本节建立了航线选择评价体系,综合考虑航空公司、机场、空管、综合交通和旅客因素,使用主成分分析法利用 SPSS 软件,对候选航线进行综合评分。

航线选择综合评价体系划分为总体层、因素层和指标层三个层次。因素层分别从民航局与地方政府、航空公司、机场和空管四个方面来阐述。结合前文分析航线网络在一个地区的竞争环境指标,以及航线选择的评价指标。除了用来评价普通航线的基本标准以外,还要考虑其是在竞争环境中的一条航线的额外评价标准,据此筛选得到指标层的六个关键指标要素:基本标准、服务品质、航班竞争力、航班效益、航空公司运营以及机场功能定位。在此基础上归纳得到总体层,即航线选择综合评价指标体系,见图 6.2。

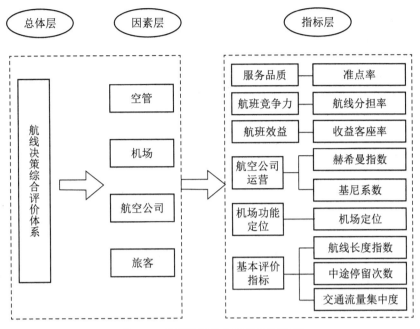

图 6.2　航线选择综合评价指标体系

（1）航线选取基本标准

① 航线长度指数 Γ_{rsc}，对于航线网络中每一个起讫城市对间的航线一般有多条，但是不论航空公司还是旅客总是喜欢尽可能短的航线，所以把路径长度指数作为选取航线的一个指标。航线长度指数表示如下：

$$\Gamma_{rsc} = d_{rs}/D_{rsc} \tag{6.32}$$

其中，d_{rs} 表示城市 r 和城市 s 间的直达航线距离；D_{rsc} 表示城市 r 和城市 s 间候选航线 c 的距离，$c=1,2,\cdots,K$，显然 $\Gamma_{rsc} \leqslant 1$。

② 中途停留次数 m_{rsc}，表示从城市 r 到城市 s 沿着候选航线 c 的中途停留次数。由于中途停留次数属于成本指数范畴，参照波音公司开发的 QSI 模型中的参考服务权重系数，将其转化为服务指数：

$$m_{rsc} = \begin{cases} 1.0, \text{直飞} \\ 0.4, \text{停留 1 次} \\ 0.2, \text{停留 2 次} \end{cases} \tag{6.33}$$

③ 交通流量集中度 θ_{rsc}，令 f_{ij} 表示城市 i 到城市 j 该航空公司承担的客运量，w_{ij} 表示从 i 到 j 该航空公司占总客流量的比例，其公式为：

$$w_{ij} = f_{ij} \sum_i \sum_j f_{ij} \tag{6.34}$$

对于从城市 r 到城市 s 的航线 c 的中间城市 l，定义 w_l 为直接和城市 l 相连接的旅客所占的比例，其公式为：

$$w_l = \sum_i w_{il} + \sum_j w_{lj} \tag{6.35}$$

w_r 为源于城市 r 的旅客比例，w_s 为到达城市 s 的旅客比例。由此可定义从城市 r 到城市 s 沿航线 c 的交通流量集中度指数为：

$$\theta_{rsc} = \begin{cases} w_r + w_s, & m_{rsc} = 1 \\ w_r + w_s + \sum_l w_l, & m_{rsc} = 0.4 \end{cases} \tag{6.36}$$

（2）服务品质指标

作为服务行业，民航最基本的要求是最大限度地满足民航运输需求，在此基础上提供优质的航空运输服务，而航班准点率是国际社会公认的评判航空运输服务品质的一项重要准则。

（3）航班竞争力指标

分担率是客流在两种或多种交通运输方式或路线之间的分布概率，它表明各种交通运输方式或路线所占有的市场份额。分担率分析是对各种交通运输方式布局规划的重要市场分析方法，通过分担率的分析可以得出民航与高铁以及同类运输产品的竞争关系。考虑到高铁是民航最主要的竞争者，这里运用 Logit 模型研究高铁和航空在不同运输距离上的市场分担情况。Logit 分担模型设定如下：

$$pi = e^{ui} / e^{ui} + e^{uj} \tag{6.37}$$

其中，pi 表示选择第 i 种交通方式的概率；ui 表示旅客采用第 i 种交通方式的综合效用函数。出行者效用可用安全性、经济性、舒适性、旅客时间价值等指标效益来衡量。其中，旅行的时间是由运输距离和运输速度决定的。所以，距离、速度、价格和旅客时间价值是高铁和民航的市场竞争中的主要影响因素。所以，旅客出行的效用函数可设为：

$$U_i = \left\{ \left[m \left[\frac{D}{v_i} \cdot (1+a) + t_i \right] \cdot \frac{GDP}{T} + n \cdot C_i \right]^{-1} + B_i \right\} \cdot S_i \tag{6.38}$$

其中，D 为运距（公里）；

v_i 为选择第 i 种交通方式的运输速度，高铁的运行速度在 300—350 公里/小时，航空运输的平均运行速度在 900—1 000 公里/小时；

t_i 为选择第 i 种交通方式的衔接和等待时间，由于机场通常建在距离市区较远的郊区，且检票等程序较为繁琐，所以民航的出发（到达）等待与衔接时间设为 1.5 小时，高铁

车站通常建在市区内,检票以及到达较为便捷,所以高铁的出发(到达)衔接和等待平均时间为 0.5 小时;

m 为运输时间所占的权重;

n 为运输费用所占的权重;

T 为全年工作小时;

C_i 为选择第 i 种交通方式的总费用;

B_i 为选择第 i 种交通方式的舒适性,从硬件上看,高铁的设施设备比普通列车有大幅改善,舒适程度大大提高,而飞机客舱狭小,经济舱的座椅宽度和坐席之间的宽度都小于高铁,座椅舒适度不及高铁;高铁作为陆地交通工具,更为平稳,适合更多的人群乘坐;而飞机的乘坐人群受到身体情况的限制,相对而言,高铁给旅客更多心理上的安全感和舒适感,所以,设民航运输的舒适度为 0.6,高铁的舒适度为 0.9;

S_i 为选择第 i 种交通方式的安全性,民航和高铁都取 1;

a 为延误率。

(4)航班效益

这里用客座率代表航班效益,客座率即航线上订座数与座位数之比。

(5)航空公司运营系数

① HHI 指数。

HHI 指数计算公式为:

$$HHI = \sum_{i=1}^{n} \left(\frac{X_i}{X} \right)^2 = \sum_{i=1}^{n} S_i^2 \tag{6.39}$$

其中,X 为一条航线的市场总规模;X_i 为第 i 个航空公司的规模;S_i 为第 i 个航空公司的市场占有率;N 为该航线上的航空公司数量。

② 基尼系数。

根据航线网络中每个航空公司客座量的绝对差异,狭义上的基尼系数取决于航线网络中的航空公司数量和每个航空公司的平均客座量。根据空间集中度,基尼系数的表达式如下:

$$G = \frac{1}{2n^2 \bar{y}} \sum_i \sum_j | y_i - y_j | \tag{6.40}$$

其中,y 为航空公司所运输的旅客运输量;N 为航线网络中航空公司的数量(个);$\bar{y}$ 为各个航空公司旅客运输量的平均值(人);i,j 表示第 i 个、第 j 个航空公司。

(6)评价方法

这里采用主成分分析法进行评价。主成分分析法(principal components analysis,

PCA)是一种降维方法,其主要目的是用较少的变量去解释原来资料中的大部分变化,将我们手中许多相关性很高的变量转化为彼此相互独立或不相关的变量。通常是选出比原始变量个数少,能解释大部分资料中变化的几个新变量,即所谓主成分。基于前文建立的航线综合评价指标体系,可以利用 SPSS 软件对数据进行无量纲化处理和主成分分析,对每个城市对间的候选航线综合评分并排序,最后选取综合排序值大于等于 0.5 分的航线构成航线网络,或者优化现有的航线网络。

6.4.4　航线网络调整方式

1. 新开或停止航线

新开航线是指增加没有在航季计划范围内的航线,停止航线是指终止航季计划范围内的航线。

2. 增加或减少航班密度

增加或减少航班密度是指增加或者减少各航线在航季航班计划制定时的周班次。例如,航季计划天津—哈尔滨航线,厦门航空每周执行 28 班,因市场需求旺盛(或不足),将增加至每周 35 班(或减少至每周 14 班)。

3. 调整航线结构

航线结构是指航线执行的路线,包含出发地、目的地、经停地等要素,改变其中一个要素,就改变了航线结构。例如,将杭州—天津—乌鲁木齐(MF8227/8)航班调整为杭州—武汉—乌鲁木齐(MF8229/30)航班,就属于航线结构调整。相当于取消 MF8227/8 航班并新加 MF8229/30 航班,但这两个航班之间又存在关联。

6.5　航线网络规划的原则及意义

6.5.1　航线网络规划的原则

1. 契合机场功能定位

针对不同功能定位的机场,航空公司所开通的航线也有所不同。现阶段区域内各机场通航航线重叠率高,同质化问题突出。不仅会造成宝贵的航班时刻和机场地面资源并未得到有效利用,而且会加剧机场和航空公司之间的无序竞争。因此,要保证中国机场和航空公司的持续健康发展,航空公司在开设航线时,需要契合机场的功能定位,这样既有利于航空公司的长远发展,也有利于航空公司与机场、空管的协调有序发展。

2. 考虑空域空中交通流量和机场容量限制

航空公司在确定航线网络和航班时刻时,总是希望飞效益高的航线和对自己最有利的时刻,这导致在效益高的航线上航路资源十分拥挤,空域资源紧张,在机场进离场延误成本增加,航班准点率下降,管制员工作负荷增加。这不仅增加了航空公司的成本,也增加了空管的压力。所以,航空公司在进行航线航班时刻决策时,需要考虑在这个时刻起飞的航线在进离场起飞机场容量和空中交通流量拥挤程度,加强与空管和机场的协调沟通。

3. 以航空公司自身条件为基础

开发和经营航线需要航空公司配备相应的人力、物力和财力,这其中包括飞行该条航线的机队、机上人员、机务人员以及地面服务人员等。此外,航线经营权的申请也需要相应的资源,成功取得航线经营权后还有后续航线网络的维护与改善等。因此,航空公司应根据自身因素合理规划,合理利用航线网络资源。

4. 满足旅客需求

客运航空公司通过销售机票获得收入,货运航空公司通过运输货物获得收入,需求大小与航空公司收入息息相关,因此,需求是决定航空公司是否开通航线的关键因素。对机场来说,需求是机场旅客吞吐量大小的决定因素,在时刻、停机位等有限资源的限制下,开通需求旺盛的城市对之间的航线对机场旅客吞吐量上量进位至关重要。对地方政府来说,旅客吞吐量是衡量地方民航发展程度的重要指标。因此,航线需求是航线网络规划的基础,不同需求组合下航线网络规划结果不同。值得注意的是,需求的种类、倾向、特征都会影响航线需求大小。比如对客运来说旅客画像、竞争对手分流、季节因素、旅客忠实程度等会影响需求大小;对货运来说,货物构成、季节特征、货源分布等均会影响需求大小。

5. 竞合关系

竞合关系表现为同行业竞争对手的竞合和其他交通方式竞合。从同行业竞合来看,一般情况下,除京津冀、粤港澳、长三角、成渝地区之间的航空大通道航线外,为避免恶性竞争,企业会实施差异化发展策略。大型干线航空公司和小型支线航空公司之间也会合作布局,形成"干支通、全网联"服务模式。从其他交通方式竞合来看,主要是与高铁和高速公路的竞合。近年来,中国的高铁网络建设不断完善,高铁对民航的替代和分流是航线布局考虑的重要因素,随着以机场为核心的综合交通枢纽的建设,民航除与高铁竞争外,机场还能通过空铁联运方式扩大航空腹地市场。对货运来说,高铁和公路运输都对航空货运产生影响。由于货物没有旅客那么灵活,只需要在满足时效要求的情况下按时送达即可,从成本角度来讲,公路最为便宜,在时效保证的前提下货运企业肯定首选公路运输,只有在两地之间距离较长,公路无法满足时效要求的情况下航空运输才会发挥优势。未来,随着高铁货运网络的不断布局,全货运列车或客运列车增挂货车车厢的方式将会对航空货运产生影响。在满足时效要求且成本最小化目标下,也存在航空与公路、高铁等其他交通方式合作的情形。

6. 注重整体与阶段的结合

规划是一项系统性工作,在进行航线选择时,需要从全局出发,兼顾各条航线的互补性和增益性,使得整个航线网络的效益最大化。当航空公司的航线网络形成一定规模时,各条航线的中转联程等服务的提供,可以有效发挥航线网络的规模经济和范围经济。因此,在进行航线网络设计时应充分发挥其两个经济特性,实现整个航线市场的效益最大化。

7. 兼顾航线网络规划主体诉求

对航空公司、机场来说,不同的规划主体,航线网络规划目标和侧重点有所不同。航空公司分为客运航空公司和货运航空公司,二者的规划诉求也有所区别。

客运航空公司主要承运商务旅客和休闲旅客,旅客行动相对较为灵活,在价格可接受的情况下优先选择点对点直飞航线。对客运航空公司来说,航班通过枢纽进行中转,网络辐射能力更强,网络成本更低,客座率更高。因此,客运航空公司规划航线网络时,需从经济效益角度出发,按照公司的发展战略,确定适当的航线网络结构,在已选取航线网络结构的基础上,综合考虑融合市场竞争、航线需求、航线票价收益、运行成本、航权、时刻、其他交通方式替代等各限制因素,按照既定目标进行运筹优化,保证将最佳运力准确地投放在收益最高的航线市场上,以实现网络整体收益最高。

货运航空公司主要指采用全货运方式运输的货运航空公司。货机运输成本相对较高,主要承运商务件、高端电商件、生鲜和医药等高附加值货物,以满足客户对货物次晨或次日送达的要求。由于中国地理地形的限制,中国的经济发达地区主要位于胡焕庸线以东,航空货源也主要集聚在此地。然而,客户需求产生于不同城市之间,城市之间互寄货量相对比较分散,大部分城市之间货量较小,不足以支撑一架货机往返运输,如果为了满足时效全部使用货机点对点运输,航班载运率过低会导致网络成本过高,航空公司将面临巨额亏损。因此,对于货运航空公司来说,想要在保证时效的前提下实现更广范围的网络覆盖,枢纽辐射式航线网络模式成为货运航空公司的最佳选择,因为其可以发挥货物相对不灵活的特征,通过建设转运枢纽,将不满足一架货机最低载运率限制的航线货物集散至枢纽机场,通过枢纽进行一次或多次中转运输,在满足履约时效要求的情况下保证运营成本最低。目前,高铁通过采用确认车、不售票客车、行李柜等方式快速发展高铁快运,基本形成了以"当日达、次晨达、次日达、隔日达、特定达"为主的高铁快运产品体系。因此,货运航空公司航线网络规划时应充分考虑高铁快运带来的潜在影响。

　　一般来说,大型枢纽机场需要时刻协调机场,其时刻资源相对紧张,新增时刻相对较少,难以支撑大范围航线开辟。航空公司可通过使用座位数较多的 E 类、F 类等大型飞机执飞航线,在时刻资源有限的情况下尽可能运输更多的旅客,提高航线收益,机场也因此提高了运营效益。在这一背景下,对于大型枢纽机场来说,航线网络规划的核心是发挥枢纽作用,依托基地航空公司航线网络,打造进离港航班波,通过航班波打造提高机场旅客吞吐量和机场竞争能力。比如,达美航空是美国亚特兰大机场的主要基地航空公司,其市场份额达到 70% 以上,亚特兰大机场与达美航空联合打造了机场枢纽航线网络,提高了机场中转能力。可见,大型枢纽机场在新开辟航线相对受限的情况下,主要是与基地航空公司合作,通过优化航班时刻排班、打造快进快出的进离港航班波,提升了机场运行效率,从而发挥出机场枢纽功能。

　　中小型机场时刻资源相对富裕,但往往需求不足,航线需求和网络连通度、航班密度之间存在正相关性,需求越小,机场越无法开通或加密航线航班,越容易造成旅客外流。中小型机场作为城市对外的重要窗口,肩负着服务地方经济发展的重要使命,现阶段基本都依靠政府补贴运营航线,给政府造成很大经济压力。因此,中小型机场在航线市场开拓时,除了选择服务重要的商贸城市外,还应在摸清现有竞争的情况下准确分析各条航线潜在需求,尽可能地基于城市人口流量流向开通航线,将运力投放在需求最大的航线上,在保证航空公司盈利的基础上减少政府补贴资金,提高机场连通度,提高旅客吞吐量,达到机场上量进位的目标。

6.5.2　航线网络规划的意义

　　航线网络布局是重要的战略规划决策结果,决定着航空公司的市场定位、机队、经营策略等,会长期影响航空公司的生存与发展。航班计划是一切生产活动的基础和核心,其他诸如飞机维护,客货销售等生产计划都是围绕已经建立的航班计划来制定和实施的,而航线网络规划是决定航班计划产生最佳效益的重要因素,是航空公司赖以生存的必要条件,科学、合理、实事求是地设计航线网络,对于有效组织生产、充分发挥民航运输企业潜力、提高生产效率和生产质量有着重要作用。航线网络的确定是航班时刻、机型安排、机组安排、维修计划等后续生产计划展开的基础,是保证航空运输正常运营的必要条件,展现了公司的综合竞争力。航线网络的确定受到政府管制、社会需求、空域状况、行业竞争等多方面外部环境因素的影响,也与航空公司本身的经济能力、战略目标有关,例如,部分航空公司定位为低成本航空运输企业,以低票价、直达等特点吸引旅客。合理布置航空公司的航线网络可有效改善公司的运行效率、降低成本以及环境污染等。若公司的航线网络规划布局不合理,在运输路线已经确定后,改动成本较高,将会长期影响航班运行成本。

　　航线网络的扩张是助推民航业飞速发展的重要力量。中国民用航空局统计数据显示,2010—2019 年,中国定期航班航线由 1 880 条增至 5 521 条,航线距离由 398.1 万公里增长至 1 362.96 万公里(按重复距离计算)。随着民航业的发展,中国运输范围不断扩张,运输网络结构得到不断调整与优化,运输效率也相应提高,但现阶段仍旧存在空域资源配置不合理、网络布局不合理等问题。为了合理优化网络布局,中国将科学规划安排国内航线网络作为民航业当前发展的主要任务之一,不仅要重视枢纽机场与干线机场的建设,还要加强干线与支线及支线间的衔接,以提高中小型机场的通达率与利用率。因此,面对民航市场的快速发展和激烈的竞争环境,科学的进行航线网络规划显得尤为重要和紧迫。

本章小结

　　航线是指航空器飞行所沿的路线,包括起讫点、经停点以及航路等要素,是航空公司赖以生存的客货运输市场。航线根据规模大小可划分为干线和支线,干线航线是指连接北京和各省会、直辖市或自治区首府或各省、自治区所属城市之间的航线,支线航线则是指一个省或自治区之内各城市之间的航线。

　　根据起讫点的不同也可以将航线分为国内航线、国际航线和地区航线。

　　影响航线开辟的因素有许多,主要有:航线旅客需求量、高铁竞争强度、机场连接质量、航权和空域的限制程度、国家和地方政府的政策、航线的补贴预算。

　　民航业通常把运营总成本分为直接运营成本和间接运营成本,直接运营成本指的是直接和飞机运行有关的成本,主要包括飞行成本(如航油、飞行员工资、机场起降服务费、航路保障费用等)和飞机维护成本(含航材费用等)、间接运营成本是除机组外的人工成本、飞行员引进成本、资产折旧、差旅费、培训费、制服费、场所租金、财务费用等,通常按一定比例计算。

　　通常从年度收入、年度成本角度构建指标,进而评估航线运营的经济性。

　　航线网络的含义有别于航线,它是由航线和机场组合的网络系统,是由机场和航线等要素按特定网络模式连接而成的构造系统,其中,机场构成网络的节点,航线构成网络的边,航线网络主要分为城市对和枢纽辐射式航线网络两种形式。

　　航线网络规划的原则主要有:契合机场功能定位、考虑空域空中交通流量和机场容量限制、以航空公司自身条件为基础、满足旅客需求、注意竞合关系、注重整体与阶段的结合、兼顾航线网络规划主体诉求等。

思考题

1. 航线的类型有哪些?

2. 影响航线开辟的因素有哪些?

3. 航线运营的成本主要有哪些? 收益有哪些?

4. 有哪些航线网络结构?

5. 优化航线网络时需要考虑哪些评价指标? 可以使用的评价方法有什么?

6. 航线网络调整的方式有哪些?

7. 航线网络调整的原则有哪些?

第7章 飞机研制项目的经济分析

本章主要介绍飞机研制项目的经济分析方法,主要包括以下内容:市场与竞争环境分析、项目规模分析、技术经济分析、投资与成本的估算、项目资金的筹措、资金规划、对项目的财务分析评价和对项目的不确定性评价。

7.1 市场与竞争环境分析

7.1.1 飞机研制项目概述

1. 飞机研制项目阶段划分

飞机是一种复杂的机器,其设计和制造过程涉及众多技术和知识领域,是一个涵盖从概念形成到最终测试的全面过程。

(1) 设计阶段。设计一架飞机是一个极具挑战性的任务。它需要结合空气动力学、结构力学、材料科学、电子工程和制造工艺等多学科的知识。

① 概念设计。首先设计师需要理解和预测市场需求,然后提出一种满足这些需求的飞机的概念。这通常包括对飞机的尺寸、形状、重量、性能和成本等方面的初步设想。

② 初步设计。在这个阶段,设计师将进一步详细设计飞机的各个部分,包括机身、机翼、尾翼、发动器和控制系统等。

③ 详细设计。在初步设计通过后,将进入详细设计阶段。这个阶段需要对飞机进行更详细的设计和分析,包括使用计算机辅助设计(CAD)软件进行建模,以及对飞机性能进行仿真和分析。

④ 安全审查。飞机设计必须通过严格的安全审查。这包括对飞机结构的强度测试,

对飞机系统的功能测试,以及对飞机在整个飞行过程中的性能评估。

(2)制造阶段。飞机制造是一个需要高度专业化和精细化的过程。它通常在专门的飞机制造厂中进行,飞机通常由数百个不同的部件组成。

① 原材料准备。制造一架飞机需要大量材料,包括铝合金、复合材料、电子设备等。制造厂需要采购这些原材料,并进行必要的处理,如切割、成型和焊接等。

② 部件制造。飞机由许多不同的部件组成,这些部件有的可以直接制造,有的需要先进行初步组装。例如,机翼可能需要先由几个较小的部件组装而成。

③ 整体组装。在所有部件制造完成后,将开始进行飞机的整体组装。这个过程通常需要大量工人和特殊设备。

④ 测试和调试。在飞机组装完成后,需要进行一系列测试和调试,以确保飞机的结构和性能符合设计要求。这包括地面测试和飞行测试等。

总的来说,设计和制造一架飞机是一个复杂且耗时的过程。它需要多学科的合作,以及严格的质量控制和安全审查。然而,正是因为这些严格的要求和挑战,才可以生产出安全、高效的飞机,为现代交通和经济发展作出贡献。

2. 中国飞机研制行业发展历程

从发展历程来看,中国早在1911年就开始涉猎飞机制造领域,仅比1903年的莱克兄弟晚8年,中国航空先驱冯如先生更是在1909年就在美国驾驶冯如1号成功试飞,所以在航空领域开始阶段,中国并没有比国际晚太多。但是受制于当时整体政治经济环境,新中国成立之前中国的航空装备制造发展存在"积贫积弱"的特点。新中国成立后,随着国内政局稳定和国家的大力支持,中国的航空事业才开始有起色。

进入21世纪后,随着中国"世界工厂"地位的逐步确立,中国在制造业领域积累了长期技术,中国航空产业逐步进入发展黄金时期。尤其是在国产C919成功试飞后,中国航空装备制造真正开始走向国际尖端领域。中国飞机研制行业发展历程见表7.1。

表7.1 中国飞机研制行业发展历程

阶段划分	发 展 状 况
1911—1920年: 小规模发展阶段	1911年,中国就拥有自制的飞机,比俄国、德国等国家都早,仅在美、英、法三国之后 1914年,北京南苑航空学校修理厂厂长潘世忠设计制造出一架双翼飞机推进式双座军用飞机,从动力到机体全部自主研发 1917—1920年,中国成立了5家飞机制造厂,即马尾海军飞机制造厂、广东飞机制造厂、杭州飞机制造厂、南昌飞机制造厂、成都飞机制造厂
1920—1936年: 混乱发展阶段	在军阀割据和混战的情况下,中国的航空力量混乱,国内缺少统一共识,中国军队装备了美国、苏联、法国、意大利等国的各类飞机,机型杂乱、性能落后、机种配备比例失调

阶段划分	发 展 状 况
1937—1948 年： 依赖美苏阶段	1937 年,全面抗战爆发,苏联为中国输送飞机,并派志愿航空队参加中国对日作战 1939 年,中国空军经过整训,飞机从 135 架补充至 215 架 1944 年,罗斯福在信中要求中国出兵缅甸北部,以换取增加空军援助和物资,中国空军在美国的输血下,重新成为一支有组织的武装力量
1949—1969 年： 起步阶段	新中国成立初期,中国提出要发展自己的航空产业
1970—2000 年： 曲折发展阶段	1970 年,研制中国首架大型民用飞机的项目正式启动,上海飞机制造厂负责飞机的制造,该机代号为运十 1980 年 9 月 26 日,中国人自主研制的第一架大型喷气式客机运十首飞成功 1985 年,运十项目被搁置。之后,中国又进行了几次国际合作来发展民用飞机,但都以失败告终
2000 年至今： 发展黄金时期	2002 年,中国的 ARJ21 新支线飞机项目立项 2007 年,大型客机 C919 研制项目启动 2016 年,ARJ21 正式投入航线运营 2017 年,大型喷气式客机 C919 在上海浦东国际机场实现完美首飞,这标志着中国真正具备了研制现代干线飞机的核心能力 2022 年 9 月 29 日,C919 获中国民用航空局颁发的型号合格证 2022 年 12 月 9 日,C919 首架飞机交付航司 2023 年 5 月 28 日,C919 完成首次商业飞行

资料来源:前瞻产业研究院。

7.1.2　飞机研制项目的市场与竞争环境分析

飞机制造行业在现代工业化进程中占据重要地位,属于国家战略性产业之一。随着国家经济的不断发展,该行业也在不断壮大。市场竞争环境是指企业在市场中与竞争对手进行竞争的外部环境。了解市场竞争环境对于企业作出战略决策和实施营销策略至关重要。对市场竞争环境进行全面且深入的分析,有助于为企业提供决策参考。关于飞机研制行业的市场与竞争环境分析,一般有三种分析方法。

1. PEST 分析法

PEST 是从政治(politics)、经济(economic)、社会(society)、技术(technology)四个方面,基于公司战略的眼光来分析企业外部宏观环境的一种方法。公司战略的制定离不开宏观环境,而 PEST 分析法能从各个方面比较好地把握宏观环境的现状及变化趋势,有利于企业对生存发展的机会加以利用,对环境可能带来的威胁及早发现避开。

(1) 政治环境(P),指一个国家或地区的政治制度、体制、方针政策、法律法规等方面,这些因素常常影响飞机研制企业的经营行为,尤其对企业的长期投资行为有着较大影响。近年来,航空器行业受到国家政策的重视和扶持。随着中国航空业的发展,政府逐渐加大支持力度,加强产业规划和政策引导。2019 年,国家发改委、工信部等部门发布相关产业规划,强调要加强航空工业技术创新和产业协同发展,以推进中国航空业的国际竞争力提升。此外,政府在航空器行业的税收、补贴等方面也有相应的政策。这些政策对航空器行业的发展和竞争力具有重要推动作用。

(2) 经济环境(E),指飞机研制企业在制定战略过程中必须考虑的国内外经济条件、宏观经济政策、经济发展水平等多种因素。航空器行业是高技术含量和高附加值的产业,具有强烈的经济性。随着经济全球化和市场竞争加剧,航空器行业的国际市场和国内市场都在不断扩大。同时,随着中国经济的持续快速增长,人民生活水平的提高,以及人们旅游、商务和物流需求的增长,航空器需求量也在不断增加。此外,海外也有相应的需求增长,特别是一些新兴国家和地区,如东南亚、中东、非洲等,市场潜力巨大。这些因素推动了飞机制造行业的快速发展和繁荣。

(3) 社会环境(S),指组织所在社会中成员的民族特征、文化传统、价值观念、宗教信仰、教育水平以及风俗习惯等因素。航空器行业是二氧化碳排放较大的行业之一,如何减少污染已成为国际社会关注的问题。随着社会环保意识的增强,航空器制造企业也在不断开发环保型、节能型航空器,并进行节能减排等方面的研究,以满足环保需求并减少对环境的影响。

(4) 技术环境(T),指飞机制造业务涉及的国家和地区的技术水平、技术政策、新产品开发能力以及技术发展的动态等。航空器行业的技术含量较高,要求制造商具备强大的技术研发实力和创新能力。近年来,随着数字化、智能化等先进技术的不断应用,航空器行业在制造工艺、设计和航空安全等方面也不断提升。未来,随着科技的不断进步和应用,航空器行业的技术水平将不断提高,推动产业发展。

综上所述,飞机研制行业的市场环境是一个受到政治、经济、社会、技术等因素综合作用的复杂环境。飞机制造企业需要具备强大的技术实力和创新能力,将创新灵活运用到产品的设计、生产和服务之中,注重产品的质量和性能,为更好地适应市场和满足客户需求做好充分准备。

2. SWOT 分析法

来自麦肯锡咨询公司的 SWOT 分析,包括分析企业的优势(strengths)、劣势(weaknesses)、机会(opportunities)和威胁(threats)。因此,SWOT 分析实际上是将对企业内外部条件各方面内容进行综合和概括,进而分析组织的优劣势、面临的机会和威胁的一种方法。通过 SWOT 分析,可以帮助企业把资源和行动聚集在自己的优势上,并让企业的战略变得明朗。

(1) 优势分析(S),主要分析飞机研制企业所拥有的行业优势,如工艺技术优势、节能环保和清洁生产优势、智能生产优势、区位优势、经营管理优势等。

（2）劣势分析（W），主要分析飞机研制企业所面临的劣势，如资本约束、产能制约、技术限制、区位劣势等。

（3）机会分析（O），主要分析飞机研制企业所面临的机会，如符合国家相关产业政策和发展规划、项目产品市场前景广阔、公司具备成熟的生产技术和管理经验、发展基础与建设条件良好等。

（4）威胁分析（T），主要分析飞机研制企业所面临的威胁与风险，如市场风险（市场竞争风险、原材料及能源价格波动风险、宏观经济波动风险、汇率波动及国际贸易摩擦风险）、环保风险、技术风险（技术开发风险、技术流失风险）、财务风险（主要客户发生不利变动及流失风险、短期偿债能力不足的风险、存货跌价风险、现金收款的风险、净资产收益率下降的风险）、项目建设风险（投资项目建设风险、固定资产折旧增加的风险、新增产能无法及时消化的风险）、管理风险（规模扩张带来的管理风险、内部控制的风险）、人力资源风险、自然灾害和重大疫情等不可抗力因素导致的经营风险。

综上所述，飞机研制行业的优劣势分析主要着眼于企业自身实力及其与竞争对手的比较，而机会和威胁分析将注意力放在外部环境的变化及对企业的可能影响上。在分析时，应把所有的内部因素集中在一起，然后用外部力量来对这些因素进行评估。

3. 波特五力分析模型

五力分析模型由迈克尔·波特（Michael Porter）于 20 世纪 80 年代初提出，该模型对企业战略制定产生了全球性的深远影响。该模型用于企业竞争战略的分析，可以有效地分析客户的竞争环境。五力分别是：供应商的议价能力、购买者的议价能力、潜在竞争者进入的能力、替代品的替代能力、行业内竞争者现在的竞争能力。五种力量的不同组合变化最终影响行业利润潜力变化。

（1）供应商的议价能力。供应商主要通过其提高投入要素价格与降低单位价值质量的能力，来影响行业中现有企业的盈利能力与产品竞争力。例如，民用飞机制造行业的供应商主要可分为发动机供应商和零部件供应商。为了节约成本与分散风险，大多数情况下，飞机制造商并不独自完成所有飞机制造业务，而是将某些业务转移给其他生产商。例如，波音将部分生产任务交给日本三大重工业公司：三菱、富士和川崎重工业株式会社。发动机作为飞机的重要组成部分，技术含量很高，多数飞机制造商大多向专门的发动机生产商购买。目前，中国的大飞机发动机主要向国外购买，因此在谈价上处于严重劣势状态。

（2）购买者的议价能力。购买者主要通过其压价与要求提供较高的产品或服务质量的能力，来影响行业中现有企业的盈利能力。航空公司中分为老牌运营商和低成本运营商。国际主要飞机租赁公司为国际金融租赁公司和通用商业航空服务公司。中国航空公司购买飞机的基本程序是：首先根据自身需要向民航总局提出申请及具体要求，然后民航总局汇总各公司需求统一集中购买。中国大飞机项目的首要客户将是国内航空公司,鉴于此,买方谈价能力较差,政府主导性较强。目前,虽然国产飞机采购成本较低,但由于运营成本较高,所以航空公司并不完全看好。在国际市场上,飞机租赁公司因大批购买飞机,故谈价能力较强;而对于国外航空公司,由于中国生产的大飞机刚刚进入市场,与波音空客相比过于年轻,谈价时买方占优。

(3)潜在竞争者进入的能力。新进入者在给行业带来新生产能力、新资源的同时,也希望在已被现有企业瓜分完毕的市场中赢得一席之地,这就有可能会与现有企业发生原材料与市场份额的竞争,最终导致行业中现有企业盈利水平降低,严重的话还有可能危及这些企业的生存。竞争性进入威胁的严重程度取决于两方面的因素,分别是进入新领域的障碍大小和预期现有企业对于进入者的反应情况。飞机研发行业具有较高的进入壁垒:一是开发新飞机的巨额成本。飞机作为高技术含量产品需要投入大量研发费用,一般研发周期在十年左右。二是较高的世界需求份额。巨额开发成本使得一家公司要想保持盈亏平衡就必须获得较多的世界需求份额。三是明显的经验曲线。飞机制造存在学习效应,平均来说累计产量每增加一倍,单位成本将下降20%。一家公司如果不能沿着经验曲线运动,其单位成本将处于相当不利的地位。四是飞机需求的变化无常。这增加了制定长期计划的难度,提高了制造飞机的风险,商业性航空业务易受繁荣和萧条的经济周期影响。

(4)替代品的替代能力。两个处于相同行业或不同行业的企业,可能会由于所生产的产品互为替代品,而在它们之间产生竞争行为,这种源自替代品的竞争会以各种形式影响行业中现有企业的竞争战略。从交通运输方式的角度来看,飞机的替代品有火车、汽车、轮船等交通工具。汽车虽然较为灵活且易于实现,但由于运载量有限及安全性不高等原因,在远程、高速运输中不能成为飞机的重要替代品。轮船由于速度较低,且局限于水运,更无法成为飞机的重要替代品。目前,只有高铁能与飞机在性能、性价比上相抗衡。就国产大飞机而言,其替代品可能有波音、空中客车等生产的大型飞机,以及巴西航空工业公司、加拿大庞巴迪公司等生产的支线飞机。

(5)行业内竞争者现在的竞争能力。大部分行业中的企业,相互之间的利益都是紧密联系在一起的,作为企业整体战略一部分的各企业竞争战略,其目标都是使企业获得相对于竞争对手的优势,所以,在竞争战略实施中就必然会产生冲突与对抗,这些冲突与对抗就构成现有企业之间的竞争。现有企业之间的竞争常常表现在价格、广告、产品介绍、售后服务等方面,其竞争强度与许多因素有关。航空器行业的技术发展对创新能力具有较高的需求。行业企业要在技术研发、设计、生产、服务等方面不断创新和改进,以提高产品的性能和质量。航空器行业的技术水平和创新环境将直接影响行业的发展和竞争力。依托航空装备制造行业的自然垄断行业特质,中国飞机制造行业主要由航空领域的国有大型企业集团主导,历经数次战略性转型和专业化重组,形成了中国航空工业集团、中国航发、中国商飞以及中外合资企业为主,众多原材料和零部件配套供应商为辅的企业格局。目前,欧洲空客公司和美国波音公司是中国大飞机制造行业最主要的竞争对手。由于欧洲空客公司旗下的 A380 并不受欢迎,美国波音公司在大飞机市场上一直占据着主导地位。不过,中国商飞逐渐崭露头角,其研发的 C919 中短程民用客机已通过适航审定,力求在大飞机市场上占据一席之地。

目前对于中国的飞机制造行业而言,由于存在极高的技术、资金、资质等壁垒,行业的现有竞争程度、新进入者的威胁以及上游的议价能力都相对较低。在替代品威胁方面,高铁的快速发展,表现出对民航运输的极大替代性。

7.2 项目规模分析

7.2.1 项目规模分析概述

项目经济规模分析是为实现建设项目最佳经济效益而确定拟建项目合理规模的方法。在一般情况下,拟建项目各项投入产出条件及其相关要素比较充分,能使项目获得最佳经济效益的生产能力总量,这是项目生产规模及其经济性的主要特征。项目经济规模的制约条件是:(1)项目的产品为社会所需要,即项目建设符合国家经济发展战略,并且有市场可容的需求量;(2)项目建设、生产和销售等条件具有可供性和经济性,其综合反映就是项目单位生产能力或生产单位产品所带来的经济效益达到最佳。

项目经济规模有两种形式。第一,一般的项目经济规模。这是在某一经济系统中,在普遍技术经济条件下生产某种产品的项目最佳规模。由有关部门根据经验或进行统计资料分析,制定出各个行业的项目经济规模参数,作为确定具体项目经济规模的参考。第二,具体项目的经济规模。确定具体项目的经济规模是可行性研究工作的重要内容。它是在项目一般经济规模的基础上,考虑具体的建设条件、生产条件和销售等条件所确定的项目最佳规模。衡量项目规模经济性的主要尺度是项目综合性的经济评价指标,具体方法为通过分析随着项目边际生产能力的增加,项目综合性经济效果指标所发生的变化,从而确定项目经济效果指标在较高水平上的项目生产能力总量或这个生产能力总量的区间。确定项目经济规模的主要数学方法为非线性盈亏平衡分析法(亦称盈利区间法)。

7.2.2　非线性盈亏平衡分析法介绍与应用

1. 盈亏平衡分析概述

盈亏平衡分析是通过盈亏平衡点(break-even point，BEP)研究项目成本与收益平衡关系的重要方法。构成项目的各种不确定因素(如固定资产投资、生产成本、产销量、产品售价、项目寿命期等)的变化会影响投资方案的经济效果，当这些因素的变化达到盈利亏损的临界值时，就会影响方案的取舍。盈亏平衡分析的任务就是要找出项目方案的临界值，即盈亏平衡点，来判断投资方案对不确定因素变化的承受能力，为决策提供依据。通常情况下，盈亏平衡点越低，投资项目盈利的可能性就越大，亏损的可能就越小，承受风险的能力就越强。

盈亏平衡分析的基本方法是建立成本与产量、销售收入(扣除税金)与产量之间的函数关系，通过对这两个函数的分析，找出用产量和生产能力利用率等不确定因素表达的盈亏平衡点。进一步确定项目对减产、降低售价、单位产品可变成本上升等因素变化所引起的风险的承受能力。

线性盈亏平衡分析是在假设产品的产量等于销售量、单位产品的可变成本不变、单位产品的销售单价不变、生产的产品可以换算为单一产品计算的前提下开展的分析，该方法简单易行、容易操作。但在实际工作中，常常会遇到产品的年总成本与产量并不是线性关系，产品的销售也会受到市场和用户的影响，销售收入与产量也不成线性变化等情况。这时就要使用非线性盈亏平衡分析。非线性盈亏平衡分析最重要的是根据实际情况建立起成本与产量、销售净收入与产量之间的非线性函数关系。弥补了线性盈亏平衡分析过于理想化的不足，从而能够更实质地反映事物的规律性。因此，为准确把握投资决策的科学性，除进行线性盈亏平衡分析之外，更应该开展非线性盈亏平衡分析。

2. 非线性盈亏平衡分析决策模型

在非线性盈亏平衡分析中，销售收入曲线 $S=S(Q)$ 与生产总成本曲线 $C=C(Q)$ 可能在两个或两个以上点处相交，这些点都是盈亏平衡点，所对应的产销量即盈亏平衡产销量，所对应的盈亏平衡销售收入即盈亏平衡销售收入。本节仅讨论两个盈亏平衡点情况，并假定销售收入或生产总成本与产销量的非线性关系为二次曲线函数，因为这种情况比较普遍且在现实生活中最为常见。非线性盈亏平衡图见图 7.1。

设利润函数为 M，则：

$$M=S-C=S(Q)-C(Q) \tag{7.1}$$

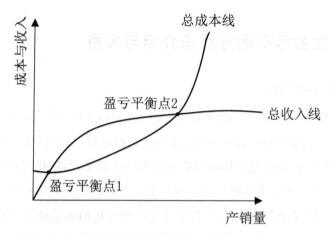

图 7.1 非线性盈亏平衡图

$M=0$ 时的产销量即为盈亏平衡产销量,解方程 $S(Q)-C(Q)=0$,可得盈亏平衡产销量 Q_1,$Q_2(Q_1 < Q_2)$,当产销量在 (Q_1, Q_2) 范围内时,该区间称为盈利规模区。

根据微分求极值原理,对利润函数求关于 Q 的一阶偏导数,并令其等于零,即可得到利润最大时的 Q。其公式为:

$$dM/dQ = d[S(Q)-C(Q)/dQ] = S(Q)-C(Q) = 0 \qquad (7.2)$$

【例 7.1】根据市场预测,某项目生产产品的产销量为 Q,产品销售价格 $P=(800-0.03Q)$ 元/台,年总固定成本 C_F 为 60 万元,单位可变成本 C_V 为 $(300+0.03Q^2)$,试对该项目进行盈亏平衡分析。

【解】

(1) 利用销售收入函数减去生产总成本函数,得到利润函数。

$$\begin{aligned} 总成本函数:C &= C_F + C_V \\ &= 600\,000 + 300Q + 0.03Q^2; \end{aligned} \qquad (7.3)$$

$$\begin{aligned} 销售收入函数:S &= PQ = (800-0.03Q)Q \\ &= 800Q - 0.03Q^2; \end{aligned} \qquad (7.4)$$

$$\begin{aligned} 利润函数:M &= S-C \\ &= -0.06Q^2 + 500Q - 600\,000。 \end{aligned} \qquad (7.5)$$

(2) 求盈亏平衡产销量。

令 $M=0$,即 $M=-0.06Q^2 + 500Q - 600\,000 = 0$;

得 $Q_1 = 1\,454$ 台,$Q_2 = 6\,880$ 台。

(3) 求利润最大时的产销量。

令 $dM/dQ = -0.12Q + 500 = 0$,得 $Q=4\,167$ 台,

由于 $d^2M/dQ^2 = -0.12 < 0$，所以 $Q = 4\ 167$ 对应最大利润值。

最大利润 $M = -0.06Q^2 + 500Q - 600\ 000 = 441\ 666.66$（元）。

根据上述计算出的盈亏平衡点的产量和最大利润值，与额定产量和目标利润相对比，就可分析出项目面临风险的大小，并为项目在评价指标通过后，是否进行项目的投建或投产，进行辅助决策提供科学依据。

3. 非线性盈亏平衡分析法的优缺点

由于盈亏平衡分析计算简单，可直接对项目的关键因素（盈利性）进行分析，因此，盈亏平衡分析至今仍作为项目不确定性分析的重要方法之一而被广泛地采用。尤其在项目经济评价完成后，在风险分析阶段，盈亏平衡分析，特别是非线性盈亏平衡分析，对项目的科学决策起到至关重要的作用。当然，盈亏平衡分析通常是建立在产品产量等于销售量的基础上的，应用数据通常局限为某一正常年份，可能对项目风险分析不够全面。

4. 非线性盈亏平衡分析法在飞机研制项目中的应用

飞机研制项目的总收入为飞机整机销售收入$[S(Q)]$，由飞机销售量和销售价格决定；飞机研制项目的总成本$[C(Q)]$包括：(1)飞机研发成本：开发费用、测试费用和人工费用等；(2)飞机制造成本：发动机成本、航电＋机电系统成本、机体成本、劳动力成本等。

将上述收入、成本值分别代入式(7.1)、式(7.2)即可求得飞机研制项目在盈亏平衡点的产量和最大利润值，再与企业额定产量和目标利润相对比，就可分析出项目面临风险的大小，并为在项目评价指标通过之后，是否进行项目的投建或投产，进行辅助决策提供科学依据。

7.3　技术经济分析

民航运输业已经进入大众化时代，飞机经济性逐渐成为赢得市场和竞争的核心指标。飞机的发展也已从以技术为主要导向，转向以市场经济性为主要导向。飞机的自主研发将对项目参与方的企业技术创新能力、企业项目管理水平、项目风险分析和风险控制提出更高的要求。飞机方案设计以及项目管理需要考虑市场竞争技术性能、经济环境等多方面的因素，还需要解决使用经济性和研制成本、技术先进性与市场适应性等多重矛盾。因此迫切需要科学系统的技术经济分析方法。指导和规范飞机研制过程中的部件选型、方案优化等技术决策问题，为飞机研制项目的目标实现提供有力的支持和保障。

7.3.1　飞机研制项目主要技术决策问题

飞机项目研发一般需要整合全球飞机技术资源,在"主制造—供应商"模式下,成本分摊与收益分配已经成为飞机项目管理的焦点议题。由于不同的利益主体对飞机有不同的利益诉求,利益主体之间的矛盾进一步增加了整个项目的复杂性。对于国家而言,飞机项目起着推动经济发展、提升技术实力的作用。对于制造商而言,飞机销售是制造商主要的利润来源,研制经济效益高的飞机是制造商的主要经营目标。飞机的运营商安全性以及经济性则是选择飞机的重要依据。针对不同的利益诉求,采用层次分析法,可以将飞机中的技术问题分为三个层次。

1. 产业经济效用评估

中国民用机产业还未建立成熟的产业链以及适合中国制造业的产业发展模式,因此还需完备的产业经济研究为民用机产业发展规划提供支撑。通过研究飞机产业对国民生产总值、就业率的影响,可以评估飞机项目的经济带动效益。基于民用机产业的经济性设计,在综合国外产业发展案例的基础上,研究分析民用机产业发展政策环境、范围经济效用以及集群效用,寻求能充分发挥公司以及供应商竞争优势的产业政策及发展模式,为实现产业跨越式发展保驾护航。

2. 项目经济可行性论证

飞机项目具有研制成本高、生产风险大、投资回报时间长等特点。由于前期投入巨大,一种新型客机进入市场需要销售数百架才能达到盈亏平衡。波音 787 的研发费用约为 100 亿美元,从项目启动到试飞花费了 5 年时间。飞机型号研制前需要对型号项目进行经济可行性论证,从而得出飞机产品全寿命周期成本以及目标市场分享量对新型号目标市场分享量、目标价格以及盈亏平衡点的评估,这是新型号初步设计结束进行可通行("go-ahead")决策的重要依据。

3. 产品使用经济性设计

商用运输飞机与军用飞机最大的不同在于,军用飞机的研制费用完全由国家国防资金支持,而商用飞机则需要通过市场来产生利润。飞机激烈的市场竞争,决定了经济性对飞机产品的市场成败起着关键作用。因此,在飞机的设计过程中需要深化以经济性为优化目标的核心理念。

作为飞机技术经济的主体,飞机制造商需要综合考虑市场、政策、机型和技术等各方面因素,影响飞机技术经济的因素如表 7.2 所示。为了评估各个因素对飞机制造商以及飞机产品的影响,需要建立一套完善的技术经济评估方法和数学模型。

表 7.2　影响飞机技术经济的四类因素

市场因素	政策因素	机型因素	技术因素
国民经济发展	适航条例	商载(座级)—航程	气动技术
航空市场需求量	环境保护条例	高度和速度	发动机技术
宏观市场环境特点	安全监管	机场性能	结构和材料
航空机场设施	产业政策	舒适性	航电/电气
行业竞争(低成本航空)	税收政策	维修性	机械系统/电传
替代交通的发展	票价政策	飞机利用率	制造技术
排放和噪声限制	航线经营权	购机或租赁	系列化发展
客流量、航班频率	机场和导航收费	—	—
上座率、机票折扣率	租赁和贷款政策	—	—
油价、劳务费率	—	—	—

7.3.2　技术经济在飞机研制项目中的应用

1. 飞机研制技术经济方法

针对飞机项目中遇到的上述问题,可以采用技术经济方法建立一套科学的评估工具,用以指导项目的技术决策。技术经济是对技术措施、技术方法和技术政策的经济效果进行评估、分析和优化的学科。通过研究技术方案与经济效果之间的矛盾关系以及发展变化规律,对技术方案进行经济上的分析、计算和评估。从而指导技术发展,使之达到最大的经济效应。

近几年,随着科学技术的高速发展,技术经济方法已经渗透到国民经济的各个行业中。技术经济评价从宏观上对生产力布局、国民经济发展、经济结构特别是经济政策和产业结构以及资源优化配置起着重要的应用价值。在微观方面对具体的工业项目建设、企业产品开发方案科研项目管理、生产工艺装备选择以及参数确定等都发挥着重要作用。

技术经济的研究步骤主要如图 7.2 所示。

技术经济的研究工作主要可以分为六个步骤:(1)需要通过调研以及全面的桌面研究罗列出可行并尽量完备的技术方案;(2)需要分析各种可能的技术方案在技术经济方面内部和外部的利弊关系和影响因素;(3)将各种影响因素抽象为经济指标,并建立各个参数指标之间的函数关系和技术经济数学模型;(4)计算求解技术经济数学模型;(5)在求解结果的基础上,对技术方案的经济效果进行评估;(6)通过评估对技术方案进行优化

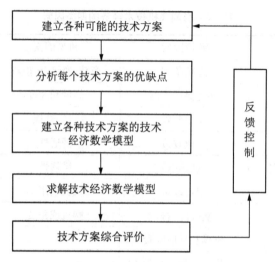

图 7.2　技术经济研究步骤

(反馈控制)。

　　为解决飞机技术决策问题并提升客户价值，飞机制造商需要从飞机预研、可行性论证、初步设计、详细设计、制造、试飞取证、交付运营和处置的全过程中全方位开展技术经济工作。飞机技术经济工作的内容如图 7.3 所示。

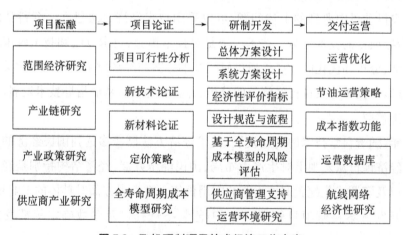

图 7.3　飞机研制项目技术经济工作内容

7.3.3　主要技术经济模型

1. 全寿命周期成本模型

　　全寿命周期成本(life cycle cost，LCC)的概念来源于美国军用装备成本控制研究项目，该项目由美国军方后勤管理研究所承担，主要用于解决装备"从诞生到退役"(cradle-

航空工程经济学

144

to-grave)整个过程中的成本分析、控制和优化等问题。飞机全寿命周期成本分析将飞机设计过程分解为工程设计、制造工程、工装设计、工装制造、试飞和支持,并通过基于部件的成本分解方法将各部件(机身、机翼、尾翼等)的非重复成本分配到飞机设计的各个过程中。再通过基于重量的成本预估方法评估飞机制造阶段产生的材料、人工、支持等重复成本。飞机全寿命周期成本分解如图 7.4 所示。

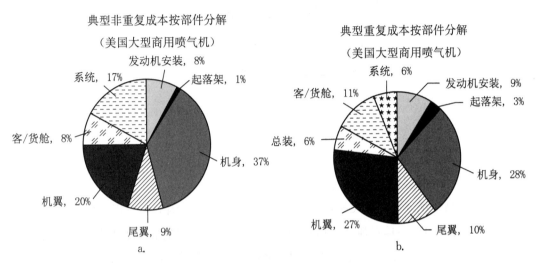

图 7.4 飞机全寿命周期成本分解

从市场角度来看,飞机产品的竞争性体现在飞机的直接运营成本上。而制造商降低运营成本的同时会造成研发和制造成本的增加以及研制周期的延长。因此在直接运营成本的约束下,优化全寿命周期成本、降低制造成本、提升制造商产品竞争力以及盈利能力,成为飞机制造商技术经济工作的主要目标。

2. 基于直接运营成本的竞争定价模型

飞机定价策略一般采用竞争驱动定价方法,这是一种基于市场竞争状况而定价的策略。这种定价方法适用于新产品的初始快速定价。有利于市场份额的快速提升。竞争驱动定价的不足在于产品销量的增加与利润最大化相冲突,尤其对于高价值产品而言,这种定价方式会损失合理的产品溢价利润。

在竞争定价的条件下,定价目标至少要考虑六大要素。(1)市场占有率。价格与市场占有率通常呈反比关系。(2)企业收支平衡和盈利。高定价未必高盈利,高市占率未必高收益,必须最优化定价以寻求长期最大盈利。(3)政策法规。各国民机产业均或多或少地借助了国家政策法规的扶持。(4)市场因素。产品符合市场需求,并与同类竞争产品差异化是定价目标的重要因素。航空公司调研结果表明,在一般情况下,引进一架新型号飞机的座公里竞争定价要求降低 15%。根据竞争驱动定价方法,可以通过对飞机的合理定价使飞机的竞争定价达到航空公司的预期目标。竞争定价的流程如图 7.5 所示。

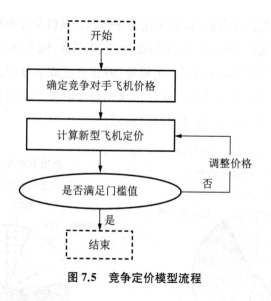

图 7.5　竞争定价模型流程

3. 面向使用经济性的优化模型

飞机产品使用经济性是飞机设计技术中最重要的目标函数。使用经济性不仅是产品的固有属性,同时还具有强烈的市场属性,即满足欧美市场需求的机型不一定满足中国市场的需求,反之亦然。正是由于使用经济性直接反映了飞机的市场竞争状况,波音、空客等成熟制造商纷纷将经济性作为优化设计的重点。运营经济性是制造商与运营商共同关心的焦点指标。因此将使用经济性模型与传统的飞机设计流程相结合,可在飞机方案迭代过程中实现面向使用经济性的设计。

需要说明的是,面向使用经济性的设计与定费用设计在设计目标的选择上有本质区别。定费用设计是较为常用的研制成本评估和控制方法,其本质是一种管理手段。而面向使用经济性的设计方法将飞机的使用经济性与产品方案进行紧密结合,是一种技术决策以及设计方法。经济性设计通过对产业、项目以及产品三个层面的分析,得出最具有市场适应性的产品方案。

7.4　投资与成本的估算

7.4.1　飞机研制项目投资估算

飞机研制项目的总投资包括建设投资、建设期利息和流动资金。本部分将依次介绍三种投资的估算方法。

1. 建设投资估算

（1）建设投资估算内容。

① 工程费用。工程费用是指建设期直接用于工程建造、设备购置及安装的费用，包括设备及工器具购置费和建筑安装工程费用。

② 工程建设其他费用。工程建设其他费用是指建设期发生的与土地使用权取得、整个工程建设以及未来生产经营有关，除工程费用预备费、增值税、资金筹措费、流动资金以外的费用。

③ 预备费。预备费是指在建设期内因各种不可预见因素变化而预留的可能增加的费用，包括基本预备费和涨价预备费。

（2）建设投资估算方法。

建设投资估算方法常用比例估算法，具体可分为以下两种。

① 以拟建项目的设备购置费为基数进行估算。该方法以拟建项目的设备购置费为基数，根据已建成的同类项目的建筑工程费和安装工程费占设备购置费的百分比，求出相应的建筑工程费和安装工程费，再加上拟建项目的其他费用（包括工程建设其他费用和预备费等），其总和即拟建项目的建设投资。

② 以拟建项目的工艺设备投资为基数进行估算。该方法以拟建项目的工艺设备投资为基数，根据同类型的已建项目的有关统计资料，各专业工程（总图、土建、暖通、给排水、管道电气、电信及自控等）占工艺设备投资（包括运杂费和安装费）的百分比，求出拟建项目各专业工程的投资，然后把各部分投资（包括工艺设备投资）相加求和，再加上拟建项目的其他有关费用，即拟建项目的建设投资。

（3）建设投资估算步骤。

① 分别估算建筑工程费、设备购置费和安装工程费。

② 汇总建筑工程费、设备购置费和安装工程费，得出分项工程费用，然后进行加总，得出项目建设所需的工程费用。

③ 在工程费用的基础上估算工程建设其他费用。

④ 以工程费用和工程建设其他费用为基础，估算基本预备费。

⑤ 在确定工程费用分年投资计划的基础上，估算涨价预备费。

⑥ 加总求得建设投资。

2. 建设期利息估算

建设期利息，主要是指飞机研制工程项目在建设期间内发生并计入固定资产的利息，主要是建设期发生的支付银行贷款、出口信贷债券等的借款利息和融资费用。

建设期利息应按借款要求和条件计算。国内银行借款按现行贷款计算，国外贷款利息按协议书或贷款意向书确定的利率按复利计算。为了简化计算，在编制投资估算时，

通常假定借款均在每年的年中支用,借款第一年按半年计息,其余各年份按全年计息。计算公式为:

$$各年应计利息＝(年初借款本息累计＋当年借款额/2)×年利率$$

当总贷款分年均衡发放时,建设期利息的计算可按当年借款在年中支用考虑,即当年贷款按半年计息,上年贷款按全年计息。其公式为:

$$q_j = \left(P_{j-1} + \frac{1}{2}A_j\right) \times i \tag{7.6}$$

式(7.6)中,q_j 指建设期第 j 年应计利息,P_{j-1} 指建设期第 $(j-1)$ 年年末贷款累计金额与利息累计金额之和,A_j 指建设期第 j 年贷款金额;i 指年利率。

3. 流动资金估算

(1) 流动资金估算方法。

流动资金估算常用的方法为扩大指标估算法,即参照同类企业流动资金占营业收入的比例(营业收入资金率)、流动资金占经营成本的比例(经营成本资金率),或单位产量占用流动资金的数额来估算流动资金。

扩大指标估算法简便易行,但准确度不如分项详细估算法,在项目初步可行性研究阶段可采用扩大指标估算法。某些流动资金需要量较小的行业项目或非制造业项目,在可行性研究阶段也可采用扩大指标估算法。

(2) 流动资金估算应注意的问题。

① 投入物和产出物采用不含增值税销项税额和进项税额的价格时,在流动资金估算中应注意将销项税额和进项税额分别包含在相应的收入和成本支出中。

② 技术改造项目采用有无对比法进行财务分析或经济分析时,其增量流动资金可能出现负值的情况。当增量流动资金出现负值时,对不同方案之间的效益比对选择应体现出流动资金的变化,以客观公正反映各方案的相对效益,而就选定的上报方案而言,其增量流动资金只能取零。

③ 在实际工作中,项目投产初期所需流动资金应在项目投产前筹措。为简化计算,项目评价中的流动资金可从投产第一年开始安排,运营负荷增长,流动资金也随之增加,但采用分项详细估算法估算流动资金时,运营期各年的流动资金数额应按照上述计算公式分别进行估算,不能简单地按100%运营负荷下的流动资金乘以投产期运营负荷估算。

7.4.2 飞机研制项目成本估算

为便于计算,在总成本费用中,将工资及福利费、折旧费、修理费、摊销费、利息支出进行归并后分别列出,其他费用是指在制造费用、管理费用、财务费用和销售费用中扣除工资及福利费、折旧费、修理费、摊销费、维简费、利息支出后的费用。

1. 外购原材料成本的估算

全年产量可根据测定的设计生产能力和生产负荷加以确定,单位产品原材料成本是依据原材料消耗定额及单价确定的。工业项目生产所需要的原材料种类繁多,在评估时可根据具体情况,选取耗用量较大的、主要原材料作为估算对象,依据国家有关规定和经验数据估算原材料成本。

2. 工资及福利费的估算

工资及福利费包括在制造成本、管理费用和销售费用之中。为便于计算和进行项目经济评估,需将工资及福利费单独估算。

(1)工资的估算。

工资的估算可采取以下两种方法。一是按全厂职工定员数和人均年工资额计算年工资总额。二是按照不同的工资级别对职工进行划分,分别估算同一级投资项目评估中职工的工资,然后再加以汇总。一般可分为五个级别:高级管理人员、中级管理人员、一般管理人员、技术工人和一般工人。若有国外的技术和管理人员,要单独列出。

(2)福利费的估算。

职工福利费主要用于职工的医药费、医务经费、职工生活困难补助及按国家规定开支的其他职工福利支出,不包括职工福利设施的支出,一般可按照职工工资总额的一定比例提取。

3. 折旧费的估算

折旧费的内容和估算方法详见本书第 2 章第 2 节相关内容,在此不再赘述。

4. 修理费的估算

修理费与折旧费相同,修理费包括在制造成本、管理费用和销售费用之中。在进行项目经济评估时,可以单独计算修理费。修理费包括大修理费用和中小修理费用。在现行财务制度中,修理费按实际发生额计入成本费用中。其当年发生额较大时,可计入递延资产在以后年度摊销,摊销年限不能超过 5 年。但在项目评估时无法确定修理费具体发生的时间和金额,一般按照折旧费的一定比例计算。该比率可参照同类行业的经验数据加以确定。

5. 维简费的估算

维简费是指采掘、采伐工业按生产产品数量(采矿按每吨原产量,伐木按每立方米原木产量)提取的固定资产更新和技术改造资金,即维持简单再生产的资金,简称维简费。企业发生的维简费直接计入成本,其计算方法和折旧费相同。

6. 摊销费的估算

摊销费是指无形资产和其他资产在一定期限内分期摊销的费用。通常采用直线法计算，不留残值。无形资产摊销的关键是确定摊销期限。无形资产应按规定期限分期摊销；没有规定期限的，按不少于 10 年的期限分期摊销。其他资产按照财务制度的规定在投产当年一次摊销。这里的其他资产摊销主要是指开办费摊销，若各项无形资产摊销年限相同，则根据无形资产的原值和摊销年限计算；若各项无形资产摊销年限不同，则要根据"无形资产与其他资产摊销估算表"计算各项无形资产的摊销费，然后将其相加，即可得到生产期各年的无形资产摊销费。

7. 利息支出的估算

利息支出是指在生产期所发生的建设投资借款利息和流动资金借款利息与短期借款利息之和。

建设投资借款在生产期发生的利息＝年初本金累计额×年利率流动资金借款利息＝流动资金借款累计金额×年利率。

8. 其他费用估算

其他费用是指在制造费用、管理费用、财务费用和营业费用中扣除工资及福利费折旧费、修理费、摊销费、利息支出后的费用。按照总成本费用中前六项之和的一定百分比计算。

9. 经营成本估算

经营成本是指项目总成本费用扣除折旧费、摊销费和利息支出以后的成本费用。经营成本有两种估算方法，分别为：(1)经营成本＝总成本费用－折旧费－摊销费－利息支出；(2)经营成本＝外购原材料费＋外购燃料动力费＋工资及福利费＋修理费＋其他费用。

经营成本是设计产品生产及销售、企业管理过程中物料人力和能源的投入费用。它反应企业的生产和管理水平。计算经营成本的两点理由。第一，在项目评估的财务分析中，现金流量分析中的现金流量表需要计算项目在计算期内逐年发生的现金流入和流出，为避免投资期与生产期费用的重复计算，需要单列经营成本，而不用总成本。第二，项目财务现金流量表中不考虑投资资金来源，故利息支出也不作为现金流出。

10. 可变成本和固定成本估算

可将总成本费用按照费用的性质划分为可变成本和固定成本。根据费用与产量的变化关系，可变成本随产量变化而变化（成比例）；混合成本随产量变化而变化（不成比例）；固定成本相对稳定，与产量多少无关。

可变成本＝外购原材料＋外购燃料动力；固定成本＝工资及福利＋折旧费＋修理费＋摊销费＋利息支出＋其他。

7.5 项目资金的筹措与规划

7.5.1 资金筹措

（1）政府财政资金。从飞机制造产业链参与企业来看，由于极高的技术与资金壁垒，中国的飞机制造行业主要参与企业多为国有大型集团，虽然民营企业也有参与，但多从事原材料和零部件生产。国内航空制造商主要有中国商飞、中国航空工业集团、中国航发等企业。政府可以通过直接出资（如通过设立航空发展专项资金直接进行财政补贴），或通过国有企业投资的方式为飞机制造商提供资金支持，以帮助其实现飞机研发和制造目标。政府投资可以提供稳定且长期的资金来源，但有可能增加政府的财政压力。

（2）银行贷款。飞机制造企业可以通过向银行申请贷款来获取资金支持。这种方式需要项目本身具备一定的还款能力，同时还需要考虑利率、还款期限等因素。银行贷款通常需要抵押物或者担保，因此，需要企业具备一定的资产和信用条件。

（3）证券市场融资。飞机制造企业可通过证券市场上市进行股票融资和债券融资。如中国商飞、中国航空工业集团、航发科技、航发动力等公司均通过上市进行融资，以获取长期稳定的资金流。

（4）社会资本。飞机制造也可以吸引社会资本的参与，包括通过政府和社会资本合作（PPP）模式、建设—经营—转让（BOT）模式等。这些方式可以引入市场竞争，提高项目的效率和效益，但同时也需要考虑到风险分担和利益分配等问题。社会资本通常要求获得合理的投资回报，因此可能会增加飞机制造成本。

（5）自筹资金。企业自筹资金用于飞机研制项目，包括两个方面：企业现有盈余和股东注资。其中，企业现有盈余包括企业所得税后提取的盈余公积金和未分配利润。股东注资主要指吸引相关企业和个人投资者投资入股，共同参与飞机开发研制项目。

7.5.2 资金规划

项目资金的分配和使用是项目资金规划的核心内容。在制定资金分配与使用计划时，需要充分考虑项目的实际需求和各环节的特点，同时遵循优先原则和效益原则，以确保项目资金的合理使用和高效配置。预算管理与控制是项目资金规划的重要环节，通过制定合理的预算方案，并在实施过程中进行严格的控制和监督，可以确保项目资金的合理使用和节约。同时,对于预算外支出和调整预算的情况,需要进行严格审批和评估,以确保项目资金的合理使用和管理。

1. 原料采购

飞机制造项目的原料采购是整个项目的重要组成部分,包括航空材料、零部件、标准件等,在采购过程中应优先考虑具有稳定质量、可靠性能和优惠价格的供应商。具体而言,原料采购的资金使用规划包括五大步骤。

(1) 确定供应商。通过市场调研和对比分析选择符合项目要求的优质供应商。

(2) 价格谈判。与供应商进行充分沟通,就原料价格、供货方式、付款方式等内容进行谈判。

(3) 签订合同。在价格谈判完成后,与供应商签订正式采购合同。

(4) 支付货款。按照合同约定,及时支付货款,确保供应商按时供货。

(5) 质量控制。在原料入库前,对原料进行质量检验,确保原料符合项目要求。

2. 人工成本

飞机制造项目需要大量的人工投入,包括技术人员、生产人员、管理人员等。在人工成本方面,应合理控制员工招募、培训、薪酬等方面的费用,提高员工的工作积极性和生产效率。具体而言,人工成本的资金使用规划包括四个方面。

(1) 员工招募。根据项目需求,通过招聘、内部推荐等方式招募合适的员工。

(2) 员工培训。对新员工进行系统培训,以提高员工的技能水平和生产效率。

(3) 薪酬福利。制定合理的薪酬福利制度,吸引和留住优秀人才。

(4) 绩效考核。建立完善的绩效考核制度,对员工的工作表现进行评估和激励。

3. 研发费用

飞机制造项目需要进行大量的研发工作,包括新技术、新工艺、新材料的研发等。在研发方面,应注重投入产出比和风险控制,提高研发效率并降低研发成本。具体而言,研发费用的资金使用规划包括五个方面。

(1) 制定研发计划。根据项目需求和市场趋势,制定合理的研发计划。

(2) 研发团队建设。组建专业的研发团队,负责研发工作的实施和管理。

(3) 研发投入。根据研发计划,合理分配研发经费,确保研发工作的顺利进行。

(4) 研发过程管理。对研发工作进行全程监控和管理,确保研发进度和质量。

(5) 成果转化。将研发成果转化为实际生产力,提高产品的竞争力和降低生产成本。

4. 制造设备

飞机制造项目需要大量的制造设备,包括数控机床、加工中心、检测设备等。在设备采购方面,应注重设备的性能、精度和可靠性,同时考虑设备的维护和升级成本。具体而言,制造设备的资金使用规划包括五个方面。

(1) 设备选型。根据项目需求和生产工艺,选择合适的制造设备型号和规格。

（2）设备采购。与设备供应商进行充分沟通，签订采购合同并支付货款。

（3）设备安装调试。在设备到达工厂后，进行安装调试，确保设备的正常运行。

（4）设备使用维护。制定设备使用和维护制度，确保设备的稳定运行并延长设备使用寿命。

（5）设备更新换代。根据生产需求和技术进步，适时更新换代设备，提高生产效率和产品质量。

5. 生产线建设

飞机制造项目的生产线建设是整个项目的核心环节，包括生产线规划、工艺流程设计、厂房建设等方面的内容。在生产线建设方面，应注重合理布局，提高生产效率和管理水平。具体而言，生产线建设的资金使用规划包括三个方面。

（1）生产线规划。根据项目需求和市场趋势，规划生产线的布局和规模。

（2）工艺流程设计。根据产品特点和生产要求，设计合理的工艺流程和操作规程。

（3）厂房建设。根据生产线规划和技术要求，进行厂房规划和建设。

飞机研制项目资金使用规划表见表 7.3。

表 7.3　飞机研制项目资金使用规划表

用　款　项　目		计划用款金额	实际用款金额	已支付金额	收款单位
1. 原料采购	1.1　航空材料				
	1.2　航空零部件				
	1.3　航空标准件				
2. 人工成本	2.1　员工招募费				
	2.2　培训费				
	2.3　薪酬福利				
	2.4　绩效考核				
3. 研发费用	3.1　研发团队建设费				
	3.2　研发经费				
	3.3　研发过程管理费				
	3.4　成果转化费				
4. 制造设备	4.1　设备采购费				
	4.2　设备安装调试费				
	4.3　设备使用维护费				
	4.4　设备更新费				
5. 生产线建设	5.1　生产线规划费				
	5.2　工艺流程设计费				
	5.3　厂房建设费				

7.6　对项目的财务分析评价

　　飞机研制项目的财务分析评价是项目成功的重要保障。通过对成本估算、收益预测、资金筹措、财务指标评估、敏感性分析、风险评估和财务计划等方面的全面分析和评估，可以了解项目的财务状况和发展趋势，为决策提供参考依据，同时降低项目的财务风险并提高项目的财务绩效和管理水平。

7.6.1　成本估算

　　在飞机研制项目中，成本估算包括研制、试验、生产等阶段的直接成本和间接成本。对这些成本进行全面估算，有助于了解项目的总成本和各环节的成本情况，为后续的财务分析提供基础数据。具体估算需要考虑六点因素。

　　（1）人工成本，包括研发人员、生产人员、试验人员等的人工费用。

　　（2）材料成本，包括飞机研制所需的原材料、零部件、电子元器件等。

　　（3）试验费用，包括飞机研制过程中的试验费用，如飞行试验费用、地面试验费用等。

　　（4）研发费用，包括飞机研制过程中的研发费用，如设计费用、软件开发费用等。

　　（5）生产费用，包括飞机生产过程中的生产费用，如设备折旧、生产工人工资等。

　　（6）其他费用，包括飞机研制项目中的其他费用，如专利费用、保险费用等。

7.6.2　收益预测

　　在飞机研制项目中，收益预测包括直接收益和间接收益。收益预测是对飞机研制项目的收益进行预测和分析，在预测收益时，需要考虑市场需求、产品质量、销售策略等因素。通过对收益的预测和分析，可以判断项目的盈利能力和收益可持续性，为后续的财务指标评估和风险评估提供依据。具体预测需要考虑六大因素。

　　（1）销售收入，包括飞机研制成功后销售给航空公司的销售收入。

　　（2）专利收入，包括飞机研制过程中申请的专利技术转让收入。

　　（3）政府补贴，包括飞机研制过程中获得的政府补贴和奖励。

　　（4）成本节约，包括飞机研制过程中通过降低成本带来的收益。

　　（5）市场份额，包括飞机研制成功后获得的新市场份额和客户群体。

（6）品牌价值，包括飞机研制成功后提升的品牌价值和市场形象。

7.6.3　投资回报率

在飞机研制项目中，投资回报率是衡量项目投资效益的重要指标。具体计算需要考虑六个方面的因素。

（1）项目总投资，包括飞机研制项目的研发费用、生产费用、市场推广费用等。

（2）项目净收益，包括飞机研制项目的销售收入、专利收入、政府补贴等减去总成本后的净收益。

（3）项目投资利润率，指飞机研制项目投资后每年产生的净收益与总投资的比率。

（4）项目投资回收期，指飞机研制项目投资后回收全部投资所需要的时间，用年收入扣除年总成本以后的利润（不计利息偿还投资的年限），用 T_K 表示。其中：

$$T_K = K/A_P \tag{7.7}$$

$$E = 1/T_K \tag{7.8}$$

其中，K 为飞机研制项目总投资金额；A_P 为年利润，等于年总收入扣除年总成本的余额；式(7.8)中：E 为 T_K 的倒数，表示投资利润率或投资效果系数。

当计算所得的回收期小于或等于项目要求的基准回收期 T_{K0} 时，说明方案的经济性较好，方案是可取的；当计算所得的回收期大于基准回收期 T_{K0} 时，说明方案的经济性较差，方案不可取。回收期指标表示方案早期的盈利性是合适的，计算比较简单，但它没有给决策者指出回收期以后的盈利性，尚未考虑投资在整个营运期中总盈利性水平。不过，投资回收期可以指出方案的投资得到补偿的速度，所以当未来情况很难预测而投资者又特别关心资金的补偿时，回收期是一个较好的衡量指标。

（5）净现值，是指把项目营运期间历年的收入与支出按投资收益率折现后相减的差值。若净现值为零时，方案的收支现值相抵，恰能达到预期的投资收益率。若所得值为正，表示方案可取，而且越大越好；反之，则方案不能被采纳。该指标适用于收入已知的情况。

实质上，净现值是考虑资金时间价值，每年还本付息后，得到盈利的总现值。它是衡量飞机研制项目投资能否回收的经济指标，尤其适用于资金有限，又期望得到最大收益的情况。在分期投资和各年收入与支出有变化的情况下，净现值的计算公式如下：

$$NPV = -\sum_{t=0}^{M} P_t(F/P, i, M-t) $$
$$+ \sum_{t=M+1}^{M+n} (B_t - Y_t)(P/F, i, t-M) + L(P/F, i, n) \tag{7.9}$$

其中,B_t 为第 t 年的总收入,Y_t 为第 t 年的总成本,P_t 为第 t 年的现金流,M 为开始销售飞机的年份,i 为折现率,n 为折现年数。

(6)内部收益率。飞机研制项目的内部收益率是衡量项目投资回报和风险的重要指标。内部收益率是指项目在整个投资期间内的平均年投资回报率。计算内部收益率需要考虑到项目投资、现金流以及项目的不确定性等因素。内部收益率的计算公式为:

$$IRR = (累计净现金流量现值/投资总额) \times 100\% \tag{7.10}$$

其中,累计净现金流量现值是指在整个项目投资期间,每期净现金流量的折现值之和;投资总额包括项目的研发费用、生产费用、市场推广费用等。在计算内部收益率时,需要将每期净现金流量乘以折现率,用以反映资金的时间价值和风险因素。通常,内部收益率与投资风险成正比,即内部收益率越高,风险越大。因此,在飞机研制项目中,需要对各种风险因素进行评估,以确定合适的折现率和内部收益率。

此外,还可以通过敏感性分析来评估不同因素对内部收益率的影响程度。例如,可以分析研发进度、市场需求、原材料成本等因素的变化对内部收益率的影响,以制定相应的风险管理措施。

总之,计算内部收益率是飞机研制项目财务分析评价中的重要环节之一,可以帮助决策者了解项目的投资回报和风险状况,为项目的投资决策提供参考依据。

7.6.4 现金流分析

在飞机研制项目中,现金流分析是衡量项目资金流动状况的重要指标。具体分析需要考虑五个方面的因素。

(1)现金流入,包括飞机研制项目的销售收入、政府补贴、其他收入等。

(2)现金流出,包括飞机研制项目的成本支出、税费支出、其他支出等。

(3)现金净流量,指飞机研制项目中现金流入与流出的差额,反映项目的净现金流状况。

(4)现金流量周期,指飞机研制项目从投入到产出的整个过程中的现金流动周期。

(5)现金流不确定性,指飞机研制项目中不确定性因素对现金流的影响。

7.7 对项目的不确定性评价

不确定性分析即分析各项不确定性因素的变化对项目经济效益的影响程度的分析

方法。某些因素的变化,将导致实际效益与预计评价的偏离。因此,在进行项目的财务分析与评价时要考虑到不确定因素对项目带来的影响。产生不确定性的原因主要有:(1)项目是一个获益于未来的投资计划,未来总有不确定性;(2)许多评价判断要靠人去完成,主观判断因人而异;(3)进行分析的信息是有限的,利用有限的信息进行预测、测算需要建立在一定的假设基础上。

7.7.1 飞机研制项目的不确定性分析

飞机研制项目的不确定性评价是一个复杂问题,需要考虑多种因素。以下是对飞机研制项目不确定性评价的几个方面。

(1) 技术风险。飞机研制涉及复杂的技术和工程问题,如新材料研发、新工艺应用系统集成等。这些技术领域存在很高的不确定性,可能出现技术难题和技术瓶颈,导致项目延期或失败。

(2) 市场风险。飞机市场的需求和竞争环境是不断变化的,具有很大的不确定性。例如,经济形势的变化、政策调整、竞争对手的策略等都可能对市场需求和竞争格局产生重大影响。

(3) 资金风险。飞机研制项目需要大量的资金投入,包括研发、制造、市场推广等费用。如果资金筹措不足或使用不当,可能导致项目资金短缺或财务危机。

(4) 法规风险。飞机研制涉及大量法规和标准,如航空器适航标准、环境保护法规等。如果项目不符合相关法规和标准要求,可能面临严重的法律后果和商业风险。

(5) 组织风险。飞机研制项目需要多个部门和团队的协同工作,如果组织管理不善或沟通不畅,可能导致项目协调不力、资源浪费和进度延误等问题。

7.7.2 飞机研制项目不确定性评价方法

评估飞机研制项目的不确定性可以采用多种方法和工具,以下是一些常用的评估方法。

(1) 风险矩阵。将影响项目的各种风险按照发生的可能性和影响程度进行分类和排序形成风险矩阵,以便对风险进行全面评估和优先级排序。

(2) 风险清单。列出项目中可能面临的各种风险,包括技术风险、市场风险、资金风险、法规风险和组织风险等,并对每个风险的发生概率和影响程度进行评估。

(3) 敏感性分析。分析影响项目的主要因素(如市场需求、竞争对手、政策变化等)发生变化时,项目的财务指标(如利润、现金流等)会受到何种影响,从而了解项目对各种因素的敏感程度。

（4）情景分析。设想项目在不同场景下可能面临的风险和挑战，并评估每种场景下项目可能遭受的损失和影响程度。

（5）专家调查。邀请行业专家对项目的不确定性进行评估和预测，以获取更加客观和专业的意见及建议。

（6）历史案例分析。查阅类似项目的历史资料和案例，了解类似项目在研制过程中遇到的不确定性问题和应对策略，为当前项目提供参考和借鉴。

此外，在评估飞机研制项目的不确定性时，需要注意四点。第一，充分了解和识别项目中的各种风险因素，尽可能做到全面评估。第二，对每个风险因素的发生概率和影响程度进行客观评估，以确定风险的优先级和应对策略。第三，采用多种评估方法进行对比和分析，以获得更加全面且准确的评估结果。第四，根据评估结果制定相应的风险应对策略和措施，以降低项目的不确定性和风险。

7.7.3 敏感性分析

1. 敏感性分析的基本概念

敏感性分析是评估飞机研制项目不确定性的重要方法，研究飞机研制项目主要因素发生变化时项目经济效益发生的相应变化，判断这些因素对项目经济指标的影响程度。这些可能发生变化的因素被称为敏感因素。敏感性分析就是要找出项目的敏感因素，并确定其敏感程度，以预测项目承担的风险。作为决策者来说，总是要求所采用的原始参数（飞机的销售、经济数据）准确且稳定。但是，由于这是对未来事件的预测，分析、决策人员难免会怀着疑虑的心情提出以下不确定性问题。

第一，如果参与计算的各个自变量（销售、经济参数）有一定范围的变动，它们会对函数值（项目的经济指标数值）分别产生多大程度的影响？对一个方案的某个函数来说，各自变量的影响程度是相同的，还是不同的？

第二，某一个自变量变更一定的相对幅度时，各不同方案所受的影响程度是相同的，还是不同的？

第三，某自变量变更到什么程度，就会影响方案的经济生命力而致亏损？

为了回答上述问题，有必要进行敏感性分析。通过敏感性分析，不仅可使决策者了解不确定因素对项目评价经济指标的影响，以提高决策的准确性，还可以启发决策人员对那些较为敏感的因素重新进行分析研究，以提高预测的可靠性。

敏感性定义为：设目标函数（项目的经济指标）$z = f(x_1, x_2, \cdots, x_n)$ 在点 $p(x_1^0, x_2^0, \cdots, x_n^0)$ 处取：

$$\frac{|\Delta x_i|}{x_i} = K(i = 1, 2, \cdots, n) \tag{7.11}$$

式(7.11)中,z 对应于 Δx_i 的增量为 Δz_i,若 $|\Delta z_K| = \max(|\Delta z_1|, |\Delta z_2|, \cdots, |\Delta z_n|)$,则在点 p 处,变量 x_K 对 z 较其他变量敏感。按 $|\Delta z_i|$ 的大小顺序排队,就可找出各变量的敏感性序列。

敏感性分析还可用于方案选择。人们可以用敏感性分析区别出敏感性大的或敏感性小的方案,以便在经济效益相似的情况下,选取敏感性小的,即风险小的方案。具体做法如下所示。

对于不同的方案,目标函数(项目的经济指标)与变量间有不同的函数关系,如 $f_1(x_1, x_2, \cdots, x_n)$,$f_2(x_1, x_2, \cdots, x_n)$,$\cdots$,$f_m(x_1, x_2, \cdots, x_n)$,若某自变量变动 Δx_i,则不同方案的指标值变动 Δf_1,Δf_2,$\cdots$,Δf_m,从而可确定 $|\Delta f_j| = \max(|\Delta f_1|, |\Delta f_2|, \cdots, |\Delta f_j|)$,说明某自变量 x_i 变更 Δx_i,对于 j 方案最敏感,按 $|\Delta f|$ 的大小排列,即可得到各方案对某变量的敏感性序列。

通常敏感性分析方法是假定其他因素不变,某个因素单独变化或若干因素同时增加或减少 10%、20%、30% 时,全部投资的经济指标(例如内部收益率)变动的情况,并绘制项目全部投资经济指标分析图(见图 7.6),它以内部收益率作为经济评价指标。

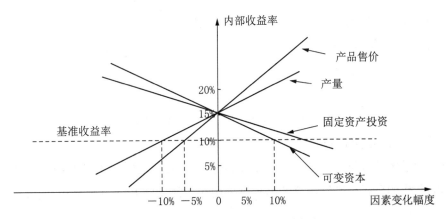

图 7.6 项目全部投资经济指标分析图

从图 7.6 可以看出,当产品售价降低 6% 时,项目的内部收益率将从 15% 降到 10%,达到基准收益率,即项目可行的临界点(假定基准收益率为 10%)。可变成本增加 10%,或者产量降低 10%,项目的内部收益率亦达到临界点。

从图 7.6 还可看出哪些因素对项目内部收益率是最敏感的,哪些是影响项目内部收益率的次要因素。对主要因素作进一步研究,可以核实原先确定的数据的可靠性,同时为风险分析提供数据。一般只对那些影响企业经济效益的关键因素进行风险分析。

除了对企业内部收益率的敏感性分析外,还可对投资回收期、净现值等指标进行敏感性分析。根据每次变动因素的数目不同,敏感性分析可分为单因素敏感性分析和多因素敏感性分析。

2. 飞机研制项目的敏感性分析

(1)飞机研制项目敏感性分析的主要因素。

敏感性分析是指通过分析、预测项目主要因素发生变化导致主要经济评价指标的变化幅度,了解各种因素的变化对实现预期目标的影响程度,从中找出最敏感的因素,以判断项目对外部条件不利变化所能承受的能力。

飞机研制项目应进行敏感性分析的主要因素有五点:①投资额,包括固定资产投资和流动资金,主要为固定资产投资;②销售收入,主要表现为飞机销售量的变化;③销售费用,主要表现为产品技术服务费用等销售服务费;④外汇汇率;⑤投资收益率。

在选择需要分析的上述不确定因素时,应根据项目特点和实际情况设定这些因素的变动范围,一般不超过 20%。应该指出,计算中变动范围(即前文提到的 K 值)不应取得太小,以免出现误差掩盖规律的现象。

(2)飞机研制项目敏感性分析方法。

飞机研制项目敏感性分析的主要经济评价指标,一般为内部收益率、净现值、投资利润率,必要时亦应分析对投资偿还期的影响。

某种因素对项目的影响程度可以表示为,该因素按一定比例变化时引起经济评价指标变动的幅度,也可以表示为评价指标在临界点(如基准投资收益率)时容许的某个因素的最大变化幅度。根据每次变动因素的不同,敏感性分析可以分为单因素敏感性分析和多因素敏感性分析。在对经济评价指标进行敏感性分析时,除进行单因素分析外,必要时还应进行多因素影响分析,确定最不利情况下的多因素的共同影响。

① 单因素的敏感性分析。

单因素敏感性分析是指仅单个不确定因素变动而其他因素不变对项目经济评价指标的影响所作的分析。判别敏感性因素可采用相对测定法和绝对测定法,或者兼用两种方法。

相对测定法是设定要分析的每一个因素均从其原始取值开始变动,且每次变动幅度相同,如±5%、±10%、±20%等,比较在同变化幅度下每一因素变动对经济评价指标的影响,从而判断项目经济评价指标对各因素变动的敏感程度。

绝对测定法是设各敏感性因素均向对项目不利的方向变动,取其有可能出现的对项目不利的数值,据此计算项目的经济评价指标,考察其是否可能达到项目无法接受的程度,即低于经济评价指标的临界值,如内部收益率是否小于基准投资收益率,准现值是否小于零,投资利润率是否小于零等。利用绝对测定法时,还可先取定经济评价指标的临界值,然后求得所分析因素的最大允许变动幅度,并与其可能出现的最大幅度相比较。如果某因素可能出现的变动幅度超过最大允许幅度,则表明该因素是项目的敏感因素。

敏感性分析计算结果用表 7.4 表示,并可绘出敏感性分析图,如图 7.7、图 7.8 所示。

表 7.4　不确定性因素对评价指标的影响

不确定性因素	变化率/%	内部收益率/%	净现值/万元	不确定性因素	变化率/%	内部收益率/%	净现值/万元
基本方案				销售收入	−10%		
固定资产投资	+5%				+20%		
	−5%				−20%		
	+10%			销售费用	+5%		
	−10%				−5%		
	+20%				+10%		
	−20%				−10%		
销售收入	+5%				+20%		
	−5%				−20%		
	+10%						

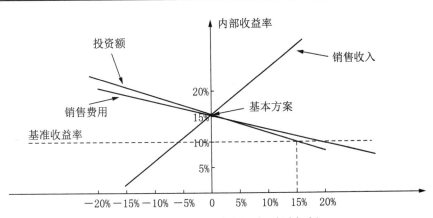

图 7.7　单因素敏感性分析(相对测定法)

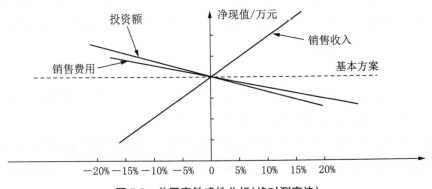

图 7.8　单因素敏感性分析(绝对测定法)

② 多因素敏感性分析。

多因素敏感性分析是考察可能发生的各种因素同时以不同的变动幅度所构成的多种变动组合对项目经济评价指标的影响，以判断项目的风险情况。在飞机研制项目中，对经济评价指标结果影响最大的因素有投资额、销售收入和销售费用。多因素敏感性分析可以采用解析法和作图法相结合。下面以净现值为分析对象来说明这种分析方法。

设投资额 P 的变化率为 x，销售费用 Y 的变化率为 y，销售收入 B 的变化率为 z。净现值 NPV 的敏感性分析的表达式为：

$$
\begin{aligned}
NPV(i) = \sum_{t=0}^{N} \big[& (B_t - T_{At})(1+z) \\
& - P_t(1+x) - Y_t(1+y) \big](P/F, i, t) + L(P/F, i, N)
\end{aligned} \tag{7.12}
$$

式(7.12)中，L 为该飞机研制项目在寿命期末的残值，它包括固定资产余值和流动资金的回收额；T_{At} 为第 t 年的营业税额。

双因素敏感性分析。

如果同时考虑投资额与销售收入的变动，则：

$$
\begin{aligned}
NPV(i) = \sum_{t=0}^{N} \big[& (B_t - T_{At})(1+z) \\
& - P_t(1+x) - Y_t \big](P/F, i, t) + L(P/F, i, N)
\end{aligned} \tag{7.13}
$$

将相应数值代入式(7.13)后，可得下列公式：

$$
NPV(i) = a + bx + cz \tag{7.14}
$$

取 NPV 的临界值，即令 $NPV=0$，则有：

$$
a + bx + cz = 0, \quad z = -\frac{a+bx}{c} \tag{7.15}
$$

其中，a，b，c 为常数。

图 7.9 中斜线为净现值的临界线（$NPV=0$），斜线以上区域为 $NPV>0$，斜线以下区域为 $NPV<0$，即只有投资额与销售收入同时变动的幅度不超出斜线上方区域（包括斜线上的点），项目才可以被接受。

三因素敏感性分析。

如果同时考虑投资额、销售收入和销售费用这三个因素的变化，利用前文的方法，求出一组 $NPV=0$ 的临界方程就可以算出结果，如图 7.10 所示。

分析结果表明，如果一个或几个因素的不利变化对项目影响很大，则应对这些因素及其变化幅度的可能性和概率进行重新预测和估算，必要时，应进一步作概率（风险）分析。

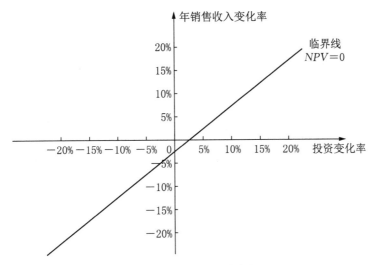

图 7.9　双因素敏感性分析

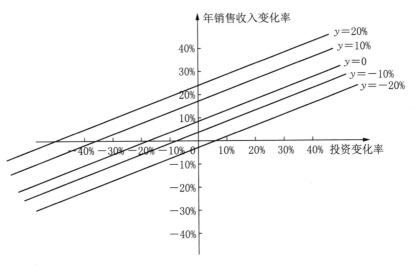

图 7.10　三因素敏感性分析

在飞机研制项目敏感性分析中,应根据项目本身的性质、特点和前提条件以及外部的经济和社会因素,选择最可能发生的、影响最大的因素进行单因素分析或多因素分析。

7.7.4　飞机研制项目不确定性的应对策略

针对以上不确定性因素,可以在项目前期进行全面的风险评估和分析,制定相应的风险应对策略。

(1)技术风险应对。为应对飞机研制项目过程中的技术风险,可加强技术研究和发展,提高技术水平和创新能力。

（2）市场风险应对。为应对飞机研制项目过程中的市场风险，可进行深入的市场调研和分析，掌握市场需求和竞争态势。

（3）资金风险应对。为应对飞机研制项目过程中的资金风险，应合理安排资金使用和筹措，降低财务风险。

（4）法规风险应对。为应对飞机研制项目过程中的法规风险，应加强与政府和监管机构的沟通合作，遵守相关法规和标准。

（5）组织风险应对。为应对飞机研制项目过程中的组织风险，应建立高效的组织管理体系，加强团队建设和协作，等等。

本章小结

本章主要介绍飞机研制项目的经济分析方法，共包括市场与竞争环境分析、项目规模分析、技术经济分析、投资与成本的估算、项目资金的筹措、资金规划、对项目的财务分析评价和对项目的不确定性评价。

市场与竞争环境分析。在明确飞机研制项目阶段划分和中国飞机研制行业发展历程的基础上，分别介绍如何运用 PEST 分析法、SWOT 分析法和波特五力分析模型对飞机研制项目的市场与竞争环境进行深入分析。

项目规模分析。在明晰项目经济规模分析概念和具体形式的基础上，深入介绍如何运用非线性盈亏平衡分析法对飞机研制项目进行经济规模分析。

技术经济分析。首先将飞机中的技术问题分为三个层次，即产业经济效用评估、项目经济可行性论证和产品使用经济性设计；其次介绍三个主要技术经济模型，用于飞机研制项目的技术经济分析，包括全寿命周期成本模型、基于直接运营成本的竞争定价模型和面向使用经济性的优化模型。

投资与成本的估算。将飞机研制项目的总投资划分为建设投资、建设期利息和流动资金三类，并分别介绍三类投资的估算方法；将飞机研制项目的总成本划分为外购原材料成本、工资及福利费、折旧费等 11 类，并分别介绍各类成本的估算方法。

项目资金的筹措。主要介绍飞机研制项目的资金筹措方式，包括政府财政资金、银行贷款、证券市场融资、社会资本和自筹资金。

资金规划。分别从原料采购、人工成本、研发费用、制造设备、生产线建设五个方面描述飞机研制项目的资金使用规划。

对项目的财务分析评价。分别从成本估算、收益预测、投资回报率估算、现金流分析等方面介绍飞机研制项目的财务分析评价方法。

对项目的不确定性评价。分别从技术风险、市场风险、资金风险、法规风险、组织风险等方面对飞机研制项目的不确定性进行分析；然后介绍了飞机研制项目的不确定性评价方法,其中详细分析了如何采用敏感性分析方法对飞机研制项目进行不确定性评价。

思考题

1. 如何对飞机研制项目进行市场与竞争环境分析?

2. 飞机研制项目中的主要技术决策问题是什么?

3. 影响飞机技术经济的因素包括哪些?

4. 飞机研制项目的资金筹措渠道包括哪些?

5. 飞机研制项目的资金规划内容包括哪些?

6. 在飞机研制项目的不确定性分析中,将飞机研制项目面临的风险分为哪几类?

第 8 章　机队规划

　　机队是航空公司运输生产最重要的资源,机队管理是航空公司的一项重要管理职能,而机队规划是机队管理的关键内容。由于现代民用飞机价格昂贵、使用周期长,机队规模和结构是否合理将长期影响航空公司的运营成本,因此机队规划是航空公司的重要战略规划之一,是关系航空公司生产效益的大型投资行为。机队规划要求航空公司在一定的时间周期内,计划和管理自己的机队,并将具有相应装载能力的飞机分布到自己依据市场预期建立的相应的航线网络中,以获得最大化市场份额并实现最合理的盈利能力。

　　航空公司机队规划与企业的其他规划活动并没有本质上的差别,同样充满了复杂性、矛盾性和不确定性。制定一个完善的机队规划既需要机务工程方面的知识,又需要对航空公司的商业运作了如指掌,还需要有预测未来的能力、敏锐的直觉以及十足的运气。甚至可以说,杰出的机队规划才能更多依靠天赋获取,而不能仅靠后天培养。

8.1　机队规划的概念及影响因素

8.1.1　与机队规划相关的概念

1. 机队

　　机队的概念有狭义和广义之分,狭义的机队是指航空公司所拥有的飞机,仅仅是指飞机这个实体;而广义的机队是指飞机的数量和不同型号飞机构成比例关系,不仅包括飞机这个实体,更包括与其有关的航线、机型、航班等一系列因素。

2. 机队规模

　　机队规模就是航空公司所拥有的飞机数量,体现了航空公司的运输能力(简称运力)。可用总座位数(客运运力)和总吨位数(货运运力)表示,它应当与公司承担的市场总需求相匹配。

机队规模对航空公司的运营效果影响很大。如果规模超过市场的需求及公司的管理水平，飞机的平均载运率就会偏低，从而影响运输成本。而机队规模低于市场的需求，显而易见会造成潜在旅客的流失，直接影响公司的收益能力，使公司在日益激烈的竞争中处于弱势地位。机队规模这一特征可以用一些具体的营运指标来反映。从市场需求的角度考虑，可以参考客运量和货邮运输量；从提供运力角度考虑，可以参考飞机架数、机型种类和飞机尺寸等；从机队运营效果的角度考虑，载运率、平均日利用率和客座率可以反映网络需求与机队运力之间的关系；从员工角度考虑，机队需要人员来运行和保障，人员数目必定要与机队规模相适应，如飞行员、空管人员和机务维修人员等，缺一不可，因此参与员工数量也能间接反映机队规模。

3. 机队结构

机队结构与航空公司的运行成本密切相关。每种机型都会有最经济的飞行剖面，从机型的角度来看，只有当飞机与对应的航线相适应时，才会实现合理的运营收益。从机队的角度来看，应综合考虑机队的通用性（影响成本）和机队与航线网络的适应性（影响收益），如果单纯从机型与航线的角度出发，未必能够得到最合理的机队运营方案。如果机队的结构与对应网络市场需求不匹配，会降低航空公司的运营效率。

机队结构是机队中各机型的比例，如长航程与短航程飞机比例、宽体机与窄体机比例、客机与货机比例等。机队与航线网络的匹配应该考虑到机队结构与航线网络结构的匹配问题。通常机队规划会尝试确定机队的机型种类与相应比例。倘若结构不相匹配，机型种类超过需求，势必会造成航材储备、资金投入、人员培训等环节的成本增加。从人员角度来讲，精简的机队构成有助于飞行员和机务人员熟悉飞机结构，减少故障率及差错率。因此，低成本航空公司往往是单一机型机队运营。而对面向目标市场较多的航空公司来说，运行单一机型机队去满足各个市场的需求是不现实的。需要理性客观地分析机队结构，才能同时符合市场的需求与降低成本的要求。

4. 机队成本

引入成本与运营成本是机队成本的两个主要方面。运营成本分为固定成本和变动成本。固定成本主要包括飞机购买成本、管理成本、运营过程中的飞机折旧、利息费用和各项按规定应缴纳的基金和建设费等。变动成本中占比最大的是燃油费，其次是维修成本和其他相关的地服、导航成本等。

5. 机队规划

所谓机队规划，是航空公司为了满足未来各个时期市场发展的需要，并实现企业资产最大化而购置和管理适当飞机运力的过程。

对于航空公司而言，收入实现于生产过程，却始于计划过程。机队规划的优劣将对航空公司的发展和经济效益产生深远影响。机队规模过大、飞机利用率低,势必造成航空公司巨额资本的浪费、运营成本的提高,从而导致经济效益下降。机队规模过小,航空公司的运力无法满足市场需求,这不仅意味着航空公司潜在收入的损失,而且会导致航空公司丧失扩大竞争力的良机,对航空公司的长期发展不利。

另外,任何一种机型均有其最经济的飞行抛面(飞机从起飞到降落全过程航迹的垂直投影面),只有当飞机与其所运营的航线相匹配时,才能实现预期的成本和效益水平。机队的运营效率还取决于所运营市场需求的规模和特征。如果机队结构与航线结构和市场需求不符,就无法实现合理的载运率或客座利用率,同样无法创造合理的经济效益。机队规划的实质是在可预期的时间内,保证经营战略的实现,使运力满足运量的需求,但又不至于因飞机闲置而造成运力浪费;同时保持运力与运量的合理比例,以适应生产运营的变化,从而减少航空公司的经营风险。

6. 机队规划的内容

航空公司机队规划的任务主要有三个方面:一是从长期发展角度预测分析航空公司的机队规模;二是在机队规模确定的前提下进行飞机选型决策;三是从航班生产运作的角度进行航班机型的选择。因此,狭义的机队规划只包含机队规模、机队结构和机队配置的规划;从广义上讲,可以将机队置换计划也纳入机队规划。

8.1.2 机队规划的影响因素

1. 飞机供应状况

从理论上说,决策者应根据运输市场的需求确定所需机队规模和结构,市场上飞机的供应状况限制了决策者的自由决策,机队规划必然受到这一因素的制约。

2. 市场需求因素

机队的规模和结构必须和市场需求的规模和结构相适应,市场需求是影响机队规划最重要的因素。它不仅从总量上影响机队的规模,而且从市场需求的结构上影响各吨位机型的数量及结构比例。影响机队规划的市场需求因素包括:客货运量及其结构特征、航线距离、航线网络布局状况等。

3. 航空运输业行业内环境因素

行业内环境因素是指在机队规模确定的情况下,影响可供运力的各种行业内因素,衡量这些因素效能最直接的指标是"飞机日利用率",即每架飞机的平均日利用时间。在同等机队规模的情况下,如果行业内各种资源配置合理,飞机的日利用率就有可能提高,从而向社会、市场提供更多的运力。

行业内环境因素包括:人力资源状况,特别是与飞行直接相关的空勤人员、机务维修人员、空管人员的状况；飞机维修维护能力；航材保障能力；机场服务能力；空中交通管制能力；行业内管理水平；等等。任何一种因素或资源的欠缺，都会成为提高飞机日利用率的制约因素，从而影响机队的规模和结构。

4. 技术因素

技术因素是指飞机本身的技术性能，飞机的航程适应性是否与市场需求相匹配，机型的经济性如何，都会影响决策者对它的取舍，从而影响机队构成；而飞机的航速、最高业载等则决定了一架飞机所能提供的最多运力，最终影响机队规模。

5. 管理因素

管理因素对机队规划的影响体现在两个方面：若管理水平较高，则可以通过成本水平的降低来降低盈亏平衡载运率，使航空公司在较低的载运率水平上盈利。高水平的管理能够在制订机队规划时引进较多飞机，以获得较多优惠，而不至于因为运力过多而影响公司效益，为行业发展积蓄后劲。在载运率过高时，较高管理水平的航空公司不仅能够获得较好的盈利，也能为旅客、货主提供很好的服务，而不至于使其怨声载道。总之，高水平的管理可以增加载运率的范围，提高机队决策的灵活性。

6. 政策取向因素

在市场总需求确定、飞机日利用率可以估计的情况下，对某一特定航速和最高业载的机队进行规划的问题可转化为对载运率的决策和对适合于某类飞机的市场份额的分配问题。当决策者鼓励某类航空市场的发展时，会考虑为这类市场提供较多运力，为适合这类市场的飞机分配更多的市场份额。

8.1.3 飞机选型的影响因素

飞机选型是指确定机队的等级、规模，并根据航线、机场等情况，对预选的若干型号、相同等级的飞机进行综合评估，选出最适合的机型。飞机选型是一项比较复杂的技术经济工作，主要内容有：环境和市场因素分析；飞机的性能分析，如对飞机、发动机的安全性分析、先进性分析、可靠性分析、客舱布局及舒适性分析、机场适应性分析和航线分析；飞机经济性分析，如直接使用成本分析、财务分析。

德国戴姆勒·奔驰宇航公司对全世界的航空公司选购飞机的关键决策因素进行了分析研究，以帮助飞机制造商设立飞机设计的目标和方向，同时也为飞机制造商以及航空公司提供相应的经济和运营目标。该分析不仅包括传统的经济指标，还包括许多飞机设计方面的指标。除了经济性和通用性以外，有半数以上的决策因素都来自其他方面。戴姆勒·奔驰宇航公司还发现，那些所谓的"增值因素"在飞机引进的决策中已经变得越来越重要。这一研究的最大特点在于，将全世界划分为不同的地区，并将各地区的分析结果进行对比。结果不出所料，无论是哪个地区的航空公司，均将飞机的经济性放在决策因素的首位。

欧洲地区经营定期远程航班的航空公司十分重视飞机的性能及舒适性，这与美国的航空公司有所不同。美国的航空公司的机队规模通常都很大，具有良好的规模经济效益，因此机型通用性显得不是非常重要。而在世界其他地区，由于机队规模小，机型通用性带来的好处也更加明显。

戴姆勒·奔驰宇航公司的研究将飞机采购的决策因素与运营环境相结合，从一个全新的视角解读了机队规划的决策过程。然而，每个航空公司还是应该根据自己的实际情况来确定哪些因素更为重要。因为即使是来自同一个地区的航空公司，其所面临的情况也可能完全不同。

类似的研究还有很多，下面介绍的是另外一种方法，即将所有的决策因素摆在一起，综合加以考虑（见表 8.1）。

表 8.1　飞机选型的影响因素

分　类	考　虑　因　素
市场、航线	规模、扩展、融合、舒适性、航班时刻、机场兼容性、经济性、过站时间
运营	机组人员、飞机调配、ETOPS、最少设备清单、性能
财务	采购与租赁对比分析、残值、回购保险、价格上浮、保证金、备件价格、更新
机务工程	航材储备、共享、通用性、设施、第三方需求
规章、环境	认证规定、环境标准、特殊要求

这种方法需要将所有与飞机机型相关的决策因素进行分类，同时尽可能详细地列出每一类因素所包含的内容，然后逐项进行分析，并按它们的重要性排序。

也可以将飞机运营所涉及的各种因素罗列出来，再按其重要程度进行排序。表 8.2、表 8.3、表 8.4 分别列出了三种类型航空公司的情况，其中"必要"一栏根据重要程度进行了排序。这三类不同的航空公司分析评估的也许是同一种机型，但从这三张表中可以看出，它们选型时所侧重的因素是完全不同的。

表 8.2　低成本航空公司飞机选型时所考虑的因素

考虑因素	必要	需要	最好有
运营成本低	✓		
过站时间短	✓		
可靠性高	✓		
起降性能好			✓

考虑因素	必要	需要	最好有
飞机及早到位(有机位)		✓	
与机队其他机型具有通用性		✓	
顶部行李箱空间大			✓
装卸程序简单、快速	✓		
客舱构型简化	✓		

表 8.3　短程定期航空公司飞机选型时所考虑的因素

考虑因素	必要	需要	最好有
良好的经济性	✓		
有继续发展的潜力			✓
具有市场号召力	✓		
维护简便		✓	
零部件共享		✓	
客舱可以差异化	✓		
旅客认知度佳	✓		
货运和行李集装化	✓		
机组工作环境好		✓	
先进的驾驶舱和航电系统			✓
有广泛的技术支持		✓	

表 8.4　包机航空公司飞机选型时所考虑的因素

考虑因素	必要	需要	最好有
具有价格优势	✓		
市场地位高		✓	
适应多种市场		✓	
发动机可以选装		✓	
保值性高	✓		
可以改装为货机			✓
构型改装成本低	✓		
零部件标准化程度高	✓		
运营灵活性高		✓	
技术不会很快落后			✓

8.2 机队规划的属性

不同的航空公司有不同的发展战略和发展目的,并且各航空公司运行着不同的航线网络,如目前欧美国家的大型枢纽型航线网络、低成本航空公司的多基地点对点的航线网络,以及一些以支线为主的区域性航线网络模式。中国航空公司经过多年的发展,在国家政策宏观调控下,已经形成各自的航线网络,尤其是三大国有骨干航空公司都已将航线网络发展的方向定位于国际性综合枢纽型航线网络。综合考虑中国国土面积和人口分布、国内市场和国际市场的需求和目前中国骨干航空公司的规模,中国枢纽型网络的发展方向将是腹地型枢纽网络,这就要求骨干航空公司应该具有机型的多样性,以适应支线、干线以及长航线的不同需求。

8.2.1 机队规划的适应性

1. 飞机大小的适应性

航空公司所使用飞机的大小是影响航空公司对市场供给的主要因素,也是影响航空公司运行成本的主要因素。总的来说,大型飞机具有的多座位数可以给航空公司带来相对较低的单位成本并提供低票价的机会,例如,与 A320 相比,A340 有相对较低的座公里成本,但由于 A340 具有大的机身结构和多的系统部件以及四台发动机,使它的运行成本相对较高,不同的市场和航线有不同的市场需求水平,航空公司在飞机机型的使用上既要满足和适合市场对航空公司的需求,同时也要满足航空公司对市场的需求。所以从这些方面来看,飞机的大小就是航空公司在机队规划时针对市场首先要考虑的主要因素,要做到在不同情况下,在不同的市场上和不同航线上使用相应合适的飞机机型。

如果航空公司在追求盈利的情况下,面对的是一个高客流量的主干航线,例如中国的京沪航线,航空公司就可以使用多座位数的大型飞机(如 A330),但前提是该航线必须具有高客座率和合理的收益水平,才能使大型飞机发挥出高的盈利能力。如果航空公司面对的是一个以商务客为主的航线和市场,旅客相对来说会比较注重航班的班次和时刻,而不太注重飞机的大小,在这种情况下,航空公司在这个航线上使用较小型飞机高班次飞行要比使用大飞机低班次飞行具有更强的经济性和竞争力。

一般而言,大型飞机更有利于航空公司创立品牌。航空公司需要决定每位旅客所占空间的大小。两排座椅之间的距离称为排距,排距和每排座位数这两个因素常常会在飞机经济性对比分析中出现争议。虽然舒适性是一个主观评判指标,但与飞机的经济性却成反比关系。客舱中安排座位的数量越多,单位运营成本就越低,在市场上的吸引力也就越差。然而,低成本航空公司对此并不十分担心,"纤薄"座椅的问世成功地兼顾了舒适性和经济性。反观市场的另一方面,新加坡航空公司在其新加坡至洛杉矶及纽约的航线上使用的是 A340—500 飞机,该机型采用两舱布局,只有 181 个座位,比制造商的标准三舱布局少了 132 个座位。这种低密度客舱布局极大提高了客舱舒适性,但同时也增加了飞机的单位运行成本。由于飞机性能有限,在这种超远程航线上,客舱中座椅的密度必然会有一定的限制。但是,航空公司通过提供优质优价的高品质服务,在一定程度上弥补了飞机在经济性方面的不足。

航空公司在考虑飞机的大小和市场号召力时不仅要看到眼前,更要看到未来。市场瞬息万变、发展迅速,运力调整的速度永远赶不上市场需求的变化。为了应付短期内出现的需求激增问题,航空公司可以临时采取减小座位排距的办法,提高飞机的有效运力,然而这种做法与全行业改善客舱舒适性的大趋势却是相悖的。飞机的机身结构是否有利于客舱布局的重新调整是评估机型的一个关键指标,大型双通道飞机在这方面的灵活性要优于小型飞机。客舱座位布局和整体的布置体现了不同的文化,以及不断变化的旅客需求。如果航空公司的目标市场客流量大,就需要投入大型飞机,这意味着航空公司能够更好地应对市场的变化。

2. 飞机性能的适应性

飞机的性能是飞机生产能力的直接反映,从飞机本身来说,飞机性能又是影响航空公司运行成本的直接因素,除了前文已经说明的飞机大小这个影响因素以外,影响航空公司运行成本的其他性能指标是:飞机的效率(重量参数和装载能力以及发动机功率)、所需机组数量、发动机数量、飞机速度和飞机年龄等。随着飞机产品的多样化,无论是空客公司还是波音公司,不同飞机机型的产品性能都非常明确,随着技术的发展,不难看出在一些飞机的性能参数已经失去了明显的可比性,例如,大部分飞机的巡航速度都在 800 公里/小时以上,大部分飞机的航程都在 5 000 公里以上,就目前国内市场而言,绝大部分机型都能轻松穿梭于任意两点之间。目前,空中客车公司和波音公司某些机型的满客航程可以达到 8 000 海里,这意味着只要有足够的客源,全球绝大多数城市对之间都可以开辟直达航班。受多种因素的限制,今后继续提高飞机续航能力的可能性已经不大,因为飞行距离增加意味着需要装载更多的燃油,而为了携带这些额外的燃油,飞机要耗费更多的燃油。因此,飞机本身的性能在机队规划中从过去的主导角色已转换为现在的主要角色,当然转变后的角色仍然相当重要。

从目前乃至未来的航空公司运营角度来看,飞机本身的续航能力并不是最重要的,重要的是飞机的航程能否满足航线网络的需要。当然,在飞机的寿命周期中航线网络也许会出现很多变化,在做规划时保守一些是必要的。但是,如果引进的机型续航能力过强,航空公司就需要在起降费和机务维护方面增加很多额外的开支。随着航空公司的发展,其航线网络也在不断扩展,中国的骨干航空公司的航线网络已经呈现出复杂性,航程长度也变得混合化和多样化,所以在机队规划和航线网络规划时要把握好航空公司航线网络中的航程与优化的飞机续航能力之间的匹配和适应性。

比较理想的情况是,飞机的最佳航程与航线网络的平均航段距离相匹配。然而在现实中,这几乎是不可能实现的。因为航线网络的形式各异,航段距离也各不相同,即使是那些专营"远程航线"或"短程航线"的航空公司,也无法给出统一的航段距离。问题的关键是,每个机型都有一个最佳设计航程,即在一定业载(通常是满客载或满商载)情况下所能实现的最大航程。当飞行距离超过最佳设计航程后,飞机的业载性能将会下降。与此类似,如果飞行距离没有达到满载时的最佳设计航程,飞机的生产力将无法实现最大化。因此,机队规划的目标之一就是要找出与飞机业载航程性能相匹配的航线。

3. 飞机在经济上的适应性

飞机的经济性不仅取决于运营成本,还与运营收入相关。在判断机队规划在经济上的适应性时,必须要分析飞机的运营成本。全世界航空公司对于飞机成本的构成并没有统一的认识。实现飞机的最佳经济性就像实现最佳性能一样,"最佳"并不意味着"最低"。正如前面提到的,如果航空公司目前或者未来尚没有计划开辟远程航线,那么引进超远程机型就不是一个最佳解决方案。飞机的经济性亦是如此。航空公司为了自身的利益,必然会努力将经营成本降到最低,但是为了实现长远的经济目标,在某些方面适当增加投入也是必要的。

单从成本角度来说,在某一航线上使用直接成本最低的机型是最合理的,然而从整个经济的角度来看,飞机经济性的好坏不仅要考虑成本,还必须考虑航线和网络的收益,也就是说,把握运行成本最适合的方法就是掌握如何根据机型和航线网络来综合管理成本,而不是片面降低成本。例如,针对双发飞机运营有一些特殊规定,即双发飞机延程飞行(ETOPS)规则。最初提出这些规定时,航空公司首先意识到需要增加投资。为满足ETOPS对飞机可靠性的要求,20世纪80年代中期,航空公司便开始增加机务维护方面的投入;另外,在人员培训、零备件采购以及航路备降等方面也加大了开支。ETOPS规则与航空公司运营的地理位置有很大关系。如今,ETOPS规则已被航空公司普遍接受,航空公司早期的投入已经得到回报,并转化成更高的可靠性、不断完善的运营操作程序以及更低的运营成本。在决策购买双发飞机还是多发飞机时,航空公司应综合考虑机型的运营成本以及备用发动机的投资成本。

在某些情况下,了解飞机在某一方面所具有的成本优势更有助于正确判断其经济性。比如,有些机场的起降服务收费比较高,航空公司在飞机选型时就应当对飞机的重量多加关注,并且要选择业载效率(即业载与结构重量之比)比较高的机型。在燃油成本剧烈波动的今天,飞机的燃油效率再一次成为人们的关注焦点,这一情况与20世纪80年代初期的情况十分相似。因此,机队规划的经济性是一个非常具有挑战性的问题,需要根据外部因素的变化随时作出应对。

8.2.2　机队规划的灵活性

1. 飞机设计的灵活性

灵活性是航空公司机队规划的又一个目标。航空公司不得不再次面对这样一个矛盾,即如何在相对固定的飞机运力与变幻莫测的市场需求之间求得平衡。

目前的飞机运载能力在不断增加,客舱空间也越来越大,大型飞机基本上都是双通道宽体飞机,这就要求飞机具有客舱布局和装载设计的灵活性,也就是说,飞机要有容易改变布局的灵活性。因此,飞机在选型时一定要考虑到改变布局的灵活性,例如在选型时要考虑是否预留最大客舱布局的座椅滑轨,还要考虑厨房和卫生间的易更改性等因素。航空公司从来没有像今天这样需要快速应对市场的变化,定期改变客舱结构早已司空见惯,航空公司为此投入的资金甚至要远远高于购买一架新飞机。此外,还需考虑飞机的设计是否能够提供多种货物装载方案。例如,前后货舱是否可以横向摆放全尺寸集装板,后货舱是否可以装载集装板,等等。因此,一个完善的机队规划要确保每个机型的客舱均能够快速、经济地完成改装。

机队规划的灵活性能否实现,在某种程度上取决于飞机的最初设计规范。例如,航空公司在确定客舱构型时应当按照最大座位数设置座椅的滑轨,这样在必要时可以很容易地将客舱转换成高密度的包机布局。对于中远程客机来说,还应该具有客改货能力的灵活性,在飞机达到一定的使用年限后,飞机应该能够改装成全货机使用,或者在航空公司战略发生变化或为应对市场变化时,同样能够使飞机很快改装成全货机使用。

2. 机型运营的灵活性

判断机型是否具有灵活性的一个重要标志是,在同一机型系列中是否包含多种座级、多种航程的衍生机型。波音公司、空中客车公司以及原麦道公司都开发了多个机型系列。一个完善的机队规划需要有大小不同的机型服务于不同的市场,关键是所有这些机型应该能够形成系列,具有完全相同的总体设计,并且在运营上具有通用性。机型系列化概念的出现对机队规划产生了重大影响,使得航空公司在投资和运营两方面取得巨大的经济效益。如果运营的各种机型具有通用性,航空公司可以随时通过调配飞机来增减运力,进而更好地实现市场需求与运力的匹配。

由于航空公司需要事先规划未来的航线网络,因此运营灵活性尤为重要。如果是以同一系列中较大的衍生机型替代原有机型来应对市场需求的增长,那么飞机选型的风险就要小很多。同样,如果飞机制造商能够在一种机型上推出多种航程设计的衍生机型,这将有助于航空公司实现机型与航线的匹配。

此外,自购、融资租赁和经营性租赁等多种机队组建方式也是航空公司机型灵活性的主要途径,但各自都有优点和缺点,对于航空公司来说,经营性租赁具有以下优点(见表8.5)。

表 8.5 航空公司经营性租赁飞机的优点

优　点	具　体　内　容
灵活性	租期通常为5—8年,使航空公司可以及时变换飞机,从而享受到新技术成果,提高服务质量,并能够快速应对市场的变化
可获得性	由于多数租赁公司拥有大量的先期飞机订单,在飞机需求大的情况下,航空公司通过经营性租赁方式从租赁公司租飞机要比从飞机制造厂获得飞机更加快速和容易
资金方面优势	在航空公司从银行融资和贷款难的情况下,航空公司可以通过租赁公司获得飞机,从而实现表外融资,也可以改善资产负债率
保留现金优势	经营性租赁飞机,航空公司不需要提前支付大量款项,如果租赁公司给出一个比较优惠的租金水平,可能会比自己购买飞机要经济一些,也可以保留现金,以投资其他航空公司需要发展的项目
客户信贷等级	如果采用自购或融资租赁引进飞机,将占用航空公司在银行的信贷额度,这会降低航空公司的评估等级,使航空公司从银行融资或贷款的难度加大,但使用经营性租赁就不会影响信贷等级
可以避免资产贬值	在经营性租赁方式中,飞机的残值由租赁公司承担,航空公司不用考虑飞机的贬值等因素,可以降低航空公司的资产风险

3. 机队运力的灵活性

灵活性的最后一方面表现在,如果市场环境发生改变,飞机的交付时间是否能够相应作出调整。航空公司运营经常会受到很多外部因素的影响,例如竞争对手的各种促销手段、不断变化的宏观经济条件、新出台的规章条例,甚至是战争,等等。由于飞机的生产过程及相关的配套工作非常复杂,从签订购机合同到飞机交付需要较长的时间,其间难免会有一些意外事情发生。因此,在制定计划时无论做得再缜密,结果也总会有一些不尽如人意的地方,正可谓"智者千虑,必有一失"。

在签订购机合同时,选择机型系列而不是某个具体的机型是确保灵活性的一个重要方式。正因为如此,全美航空公司(US Airways)和西部航空公司(America West)在合并重组之后,根据新公司的战略调整了原来的订单构成。除了追加签订新的订单外,它还将原订单中的8架A320改为A321,并将交付时间提前到2008年,同时还延后了15架A318飞机的改型和取消权。由此,全美航空公司的机队结构变得更加灵活。

如果飞机制造商能够站在航空公司的立场上，灵活处理确认订单和意向订单的比例，无疑能帮助航空公司更好地适应市场的变化。然而，对于飞机制造商来说，将意向订单转换为确认订单也是其销售目标之一。

8.2.3　机队规划的连续性

随着时间的推移，航空公司有可能会不断调整机队的运力，但应当尽量将对日常运营的影响减小到最低程度。

飞机产品是否具有一致性可以从两个方面来判断：首先，判断产品线中的哪个产品属于航空公司的基准机型。供应商要想打破航空公司机队中某个机型或某种发动机的垄断地位，无疑非常困难。不同的制造商在产品设计、维护、客户服务乃至整体管理方式上都有不同的理念。除非有充分的理由，否则现有的格局很难被打破。当然，航空公司出于战略上的考虑，有时会采用双供应商策略，让两家制造商分摊风险并加强竞争。制造商从来不会推出与自己现有产品竞争的新产品，波音公司长年主宰超大型飞机市场就是一个很好的例子。因此从某种意义上说，双供应商策略有时是必要的，但往往只有大航空公司才具备这样的经济实力，能够为多种产品的运营调配资源、提供保障。

产品一致性的另一个体现是产品线的构成。飞机和发动机制造商都力求在其产品线中提供多种产品供航空公司选择。空中客车公司和波音公司的产品线均包括从 100 余个座位的短程机型到数百个座位的远程机型。然而，产品是否丰富并不是最重要的，重要的是产品线中不同的机型要对应不同的市场，且具备良好的经济适应性。

很显然，航空公司一旦决定购置某个机型，就应当将这一机型的技术标准贯穿机队发展的全过程。这样做的最大好处是能够带来规模经济效益，并能快速完成从磨合到成熟阶段的过渡。此外，飞机客户化、备件投资、工装设备、人员培训以及日常运营等各个方面均可以体现出巨大的协同效应。

8.3　航空公司机队规划模型

8.3.1　宏观机队规划模型

凡事从宏观着眼会有很多好处，能够起到事半功倍的效果。许多耗资巨大的机队规划最初都是从一张草稿纸上开始的。宏观机队规划需要有整个航线网络的数据，如果各个市场的差异较大,还需要逐航线分析这些数据。制定宏观机队规划过程较为简单,需要设定的假设条件很少,需要的数据量也很少,更无须复杂的分析模型。

宏观机队规划从机队的规模特征考虑,主要应对长期战略决策问题。它按"自上而下"(即从宏观到微观)的顺序进行分析预测。

总的来说,无论是航空公司还是飞机制造商都对机队规模特征的研究有浓厚的兴趣。影响航空公司作出判断的因素主要分为五类:

(1) 运营航线网络的市场旅客需求与机队可用运力;

(2) 计划期内航线网络的需求变动与所占市场份额的改变;

(3) 航线网络结构和范围的变动;

(4) 新飞机引进与旧飞机淘汰;

(5) 合理配置机队资源的需要。

其具体计算过程有四大步骤。

(1) 确定机队规划载运率。对目前载运率进行评估,衡量其是否满足公司战略发展的需求。然后对现有载运率进行适当改动。

(2) 确定规划期内的各机型飞机利用率。对现有飞机利用率进行研究,通过分析公司的实际经营情况,判断当前机队结构与目前航线结构是否匹配,进而判断目前飞机利用率是否需要改进。依据公司战略发展决策要求,包含市场份额的变动和航线的变动,对现有机队结构进行必要的改变。

(3) 判断机队运力需要。从外部环境分析为了航空市场需求变动,得到计划期限内运输总需求,然后依据该数据和最初分析得到的载运率,为机队规模特征提供依据。

(4) 确定各型飞机架数。根据机队总运力和机型比例,计算各机型运力。然后根据各机型飞机的最大业载、利用率和航速计算出各机型的飞机架数。

1. 以总运输成本最小为目标的宏观规划模型

$$\min \theta = 365 \sum_{i=1}^{E} T_i W_i x_i$$

$$\text{s.t.} \begin{cases} 365 T_i z_i v_i l_i x_i \leqslant D_i, \ i = 1, 2, \cdots, E \\ 365 T_i z_i v_i L_i x_i \geqslant D_i, \ i = 1, 2, \cdots, E \\ 365 l \sum_{i=1}^{E} T_i v_i z_i x_i \leqslant \sum_{i=1}^{E} D_i \\ 365 L \sum_{i=1}^{E} T_i v_i z_i x_i \geqslant \sum_{i=1}^{E} D_i \\ x_i \geqslant N_i, \ i = 1, 2, \cdots, E \end{cases} \tag{8.1}$$

式(8.1)中,W_i 为机型 i 的小时成本(元/小时);

V_i 为机型 i 的平均航速(千米/小时);

Z_i 为机型 i 的最高载重(吨);

T_i 为机型 i 的日利用率(小时);

l_i 为机型 i 的载运率下限;

L_i 为机型 i 的载运率上限;

D_i 为市场客运需求(亿吨·千米);

N_i 为机队的现有飞机数量/架;

X_i 为正整数,代表第 i 类飞机数量;

E 为机型种类数。

式(8.1)中,目标函数表示总成本最小,365 表示平均每架飞机一年工作 365 天。实际情况下,由于需要停场检修,飞机也许不能出满勤,做规划时应使用飞机平均出勤天数替换 365。也可以用飞机年利用率替换 $365T_i$。约束条件 1 表示对应机队相应载运率下限值不应高于该型机市场需求,约束条件 2 表示对应机队相应载运率上限值不应低于该型机市场需求,约束条件 3 代表与平均载运率下限对应的总载运量应小于等于市场需求,约束条件 4 代表与平均载运率上限对应的总载运量应高于市场总需求,约束条件 5 代表规划的某型飞机数量应多于现有该型飞机数量。

2. 决策树法

决策树(decision tree)是在已知各种情况发生概率的基础上,通过构成决策树来求取净现值的期望值大于等于零的概率,评价项目风险,判断其可行性的决策分析方法,是直观运用概率分析的一种图解法。由于这种决策分支画成图形很像一棵树的枝干,故称为决策树。

在决策论中(如风险管理),决策树由一个决策图和可能的结果(包括资源成本和风险)组成,用来创建到达目标的规划。决策树建立并用来辅助决策,是一种特殊的树结构。决策树是一个利用像树一样的图形或决策模型的决策支持工具,包括随机事件结果,资源代价和实用性。它是一个算法显示的方法。决策树经常在运筹学中使用,在决策分析中,它可以帮助确定一个最可能达到目标的策略。如果在实际中,决策不得不在没有完备知识的情况下被采用,一个决策树应该以平行概率模型作为最佳的选择模型,或者应在线选择模型算法。决策树的另一个使用是作为计算条件概率的描述性手段。

图 8.1 为决策树样例,图中□代表决策点,是对几种可能方案的选择,即最后选择的最佳方案。如果决策属于多级决策,则决策树的中间可以有多个决策点,以决策树根部的决策点为最终决策方案。

○代表状态节点,代表备选方案的经济效果(期望值),通过各状态节点的经济效果的对比,按照一定的决策标准就可以选出最佳方案。由状态节点引出的分支称为概率枝,概率枝的数目表示可能出现的自然状态数目,每个分枝上要注明该状态出现的概率。

◁代表结果节点,将每个方案在各种自然状态下取得的损益值标注于结果节点的右端。

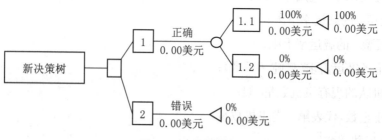

图 8.1　决策树样例

在机队规划中可以引进决策树的理论和方法。首先,假设某航空公司引进飞机划分为三种情况,如表 8.6 所示。

表 8.6　某航空公司飞机引进方案

情况	宽体机(架)	窄体机(架)	支线机(架)
乐观	10	20	5
正常	8	15	3
悲观	5	10	2

未来该航空公司各类机型盈利的概率如表 8.7 所示。

表 8.7　某航空公司各类机型盈利概率

	好	不好		好	不好
概率	0.6	0.4	概率	0.5	0.5
宽体机利润率(单机 1.2 亿美元)	8%	−5%	支线机利润率(单机 0.25 亿美元)	2%	−3%
概率	0.8	0.2			
窄体机利润率(单机 0.5 亿美元)	10%	−2%			

通过分析计算,三种情况下期望收益如表 8.8 所示。

表 8.8　期望收益

情况	"好"的利润(亿美元)	利润率(%)	"不好"的利润(亿美元)	利润率(%)
乐观	1.388 5	5.972	−0.298 75	−1.285
正常	1.068 3	5.985	−0.233 25	−1.307
悲观	0.693	6.026	−0.147 5	−1.283

在不同决策方式下,将选择三种不同情况。例如利润最高,则选择正常情况,亏损概率最小则选择悲观情况,期望利润最高则选择乐观情况。

8.3.2　微观机队规划模型

宏观机队规划是从机队规模预测的角度进行分析研究。分析预测企业宏观运输生产指标,如平均客座率、运量、航段平均长度等,确定不同机型的运能需求,然后,再根据运营市场的具体需求规模和特征、机型的技术经济性能指标确定具体机型。这种规划方法的优点是简单易操作,决策依据是几项宏观运输生产指标,预测结果相对稳定可靠;其缺点是很难准确反映拟运营的生产运营环境对机队规划的影响,如特殊航线运行对机型的适航限制、特定市场的需求环境对机型的特殊要求等。

微观机队规划是从起讫点间的交通出行量(O—D 流)角度出发,对已开航或拟开航的各航线逐条进行 O—D 流需求预测,再计算求得每条航线各个座级飞机数量。汇总各航线飞机数量,得到飞机总数。微观机队规划的优点是,可以直接给出机队的结构和在各航线上的分布,对航空公司的机型选择、航班计划安排具有实际意义;其缺点是,由于预测所需的信息量大,预测结果的精度不易把握,适用于中短期规划。

微观规划方法的主要影响因素如下:

(1) 各航线客货流量、流向;

(2) 各航线不同机型的经济性;

(3) 飞机的使用及其调配方法;

(4) 航班时刻及飞行路线计划。

微观机队规划的结果需得到:需购买和退役飞机的数量、机型的调整方案、运营成本和效益预测。

确定机型的单航线飞机架数计算的基本思想是航线运力与航线需求量相匹配,多应用在可获得输入数据信息较少、不考虑机型选择的情况。考虑航空公司 M 在航线 j 的机队规划问题,首先需计算出在规划年单架机型 i 所执飞航线的年旅客量 Y,假设航线 j 的旅客需求是双向对称的,计算如式(8.2)所示:

$$Y_{ij} = LF_{ij} \times S_i \times T_i \times 365/t_{ij} \tag{8.2}$$

其中,LF_{ij} 为规划年机型 i 飞行航线 j 的客座率;S_i 为规划年机型 i 飞行航线的客座率;T_i 为规划年单架机型 i 的飞机的日利用率,$T_i \times 365$ 即单架机型 i 的飞机的年利用率;t_{ij} 为机型 i 的飞机飞行航线 j 的轮挡时间。

$T_i \times 365/t_{ij}$ 即机型 i 在航线 j 上的年航班频率(往返)。设航空公司 M 在规划年航

线 j 的旅客需求量为 P_j，则机型在规划年执飞航线 j 需要的数量为 $x_{ij}=P_j/Y_{ij}$。

通过上述计算方法求得各航线各机型的飞机架数后，将每种机型对各航线求和即可得到各种机型的飞机总架数。

更进一步，可以考虑航线网络与机队结构匹配，基于燃油成本最小化构建机队规划模型。

已知有 n 条可供运营的航线、m 种可供选择的备选机型方案，根据上述分析，以航线网络运营利润最大化为目标，可以构造出相应的航线网络运力优化分配模型。设机型 i 的座位数为 $seat_i$，平均月利用率为 fl_i，航线 j 上最高允许安排的航班量为 F_j，预计每月能够实现客流量的上限为 $Demand_j$；机型 i 在航线 j 上的燃油成本为 $cost\_oil_{ij}$，航路飞行时间为 $time\_block_{ij}$，预测载运率为 LF_{ij}；x_{ij} 为机型 i 在航线 j 上执行航班的数量。航线网络运营燃油成本最少为优化目标，可以构造一个描述航线网络运力优化分配问题的整数规划模型：

$$\min = \sum_{i=1}^{m} \sum_{j=1}^{n} x_{ij} \times LF_{ij} \times cost\_oil_{ij} \tag{8.3}$$

$$s.t. \sum_{i=1}^{m} x_{ij} \leqslant F_j \tag{8.4}$$

$$\sum_{i=1}^{m} x_{ij} \times Capacity_i \times LF_{ij} \geqslant Demand_j \tag{8.5}$$

$$x_{ij} \text{为整数}, \forall_i=1,2,\cdots,n; \forall_j=1,2,\cdots,n \tag{8.6}$$

式(8.4)表示计划期(月)内每条航线上的总航班量小于等于该航线上所允许安排的最多航班量，式(8.5)表示每条航线上的总客流量不得超过该航线上预计实现客流量，其中 $Capacity_i$ 表示某机型 i 的座位数，式(8.6)表示每种机型承担的航班总飞行时间不超过该机型飞行机组能够提供的飞行实际时间。求解上述模型可以得出最优方案，并根据机型的利用率，可以进一步确定每种机型所需的飞机数量：

$$N_{fleet_i} = \frac{\sum_{j=1}^{n} x_{ij \times time\_block_{ij}}}{fl_i} \text{（向上取整）} \tag{8.7}$$

在综合考虑航空公司发展趋势、战略选择和竞争环境等前提下，宏观与微观运力配置能够根据设定的条件，以运力和运营数据为基础，完成不同类型飞机的宏观运力配置，并结合航线优选和收益评估，考虑航空公司实际应用需求、发展趋势、战略选择、竞争环境和航空公司预期运营利润等因素，将宏观运力以航空公司预期运营利润最大化为目标配置到各航线上，最终实现完整运力配置方案。

8.4 机队运营经济性分析

机队是航空公司的大型投资,其引进决策关乎航空公司未来的效益,因此在机队引进前需要进行合理的分析,对机队引进方案的可行性进行评估。

8.4.1 机队运营成本分析

运营成本分析可为机队在规划服役期内的投资收益回报计算提供成本数据,是经济性分析的重要组成部分,而飞机的运营成本可分为直接运营成本和间接运营成本。图 8.2 是一种较为常见的成本分类方法,其中直接运营成本和间接运营成本又可以进一步划分为固定成本和可变成本。直接运营成本和间接运营成本是从机队的角度划分的,而固定成本和可变成本则是从运营的角度划分的。

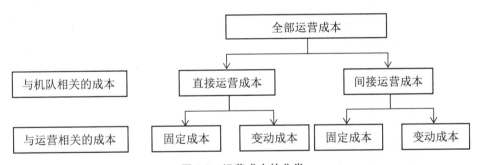

图 8.2 运营成本的分类

1. 直接运营成本

(1) 燃油成本。

燃油成本的计算涉及燃油价格、飞机油耗、航空公司运营的航线网络等因素。

国际原油市场价格难以预料,航空燃油价格的波动一直令航空公司的管理者们头痛不已。进入 21 世纪以来,国际原油市场价格节节飙升,航空油料的价格也水涨船高,不断创出历史新高。据统计,航空燃油价格与原油价格之间的相关性几乎超过 90%。燃油价格的居高不下迫使航空公司更加重视飞机的燃油效率,油耗水平将会直接影响飞机的经济性。

飞机的油耗在很大程度上取决于它的设计。燃油成本占总成本的比例与航空公司是否采用燃油效率高的新型飞机有直接关系。在分析飞机的经济性时,首先要决定是采用新飞机油耗还是采用在役飞机的油耗,因为在役飞机存在一定程度的性能衰减,因此油耗高于新飞机。为了解决这一问题,在计算时可以加入一定的富裕量。有时适航当局对此会有专门的要求,例如,在计算 ETOPS 规定的临界油量时,如果没有实际的数据可供参照,则需要增加 5% 的富裕量。

航空公司运营的航线网络同样会造成油耗的差别。每种机型都有其最佳的业载航程设计点。然而在实际运营中,飞机所飞的航线往往与理想状态存在一定的差距,这使得飞机的运行效率很难发挥到极致。飞机在稳定的飞行高度巡航时燃油效率最高,但是航空公司的航线网络中有很多短航线,这就意味着飞机有相当一部分时间不处于理想的飞行状态,例如起飞、爬升和低高度机动飞行等。

(2) 机务维护成本。

维护成本可以笼统地分为直接维护成本(DMC)和间接维护成本(IMC)两部分。直接维护成本指的是与飞机部件及发动机维护相关的人工及材料成本,具体包括航线维护成本、机身维护成本、发动机维护成本三部分。

航线维护需要每天或每周都进行,如检查轮胎胎压、检查机油油量等。由于这些工作是定期进行的,因此维护工时与飞行小时之比在很大程度上取决于飞机的实际利用率。有些航线维护工作可以推迟,留待飞机返回运营基地后再进行,这样做维护所需的工装设备、航材以及维护人员才更有保障。航空公司计算维护工时的方法有很大不同,这直接影响对航线维护成本的分析。一些航空公司以工作量来计算工时,即从技术人员开始维护工作算起,到工作完成时结束;也有一些航空公司以工作时间来计算工时,技术人员从上班到下班全部被算为工作时间,哪怕其只有一个小时的时间是在做维护工作。航线维护成本一般占直接维护成本的 10%—15%,因此机队规划人员一定要对飞机的维护工作和运营情况有所了解。

机身维护由 A 检、C 检和重维护(波音和麦道飞机称为 D 检)等一系列检查组成。根据不同机型的特点,A 检一般每 400 飞行小时进行一次,C 检一般每 15 个月进行一次。重维护通常每 5 年进行一次,维护内容包括机身重新喷漆,每 10 年还需要进行一些额外的结构检查。为了避免不必要的飞机停场,部分按飞行小时计算和按日期计算的维护工作可以合并到定检中一起完成。

发动机维护成本受飞行小时和飞行循环(起降架次)两方面因素的影响。飞机每次起飞时发动机都会处于最大输出功率状态,此时发动机的磨损和热应力会大增。除此以外,高温高原、短跑道等机场运行条件也会增加发动机的损耗。目前,发动机整体大修大部分已为模块化大修所取代。因此,发动机首次大修时并非所有的模块都需要替换,维修成本实际并不高。然而,发动机上有很多昂贵的时寿件(LLPs),这些部件在达到规定的寿命期限时必须要更换。

（3）机组成本。

飞行机组成本显然属于直接运营成本的一部分，但是，包括国际民航组织在内，依然有很多人认为客舱乘务员的成本应属于间接运营成本。理由是，客舱乘务员的主要工作是向旅客提供服务，应将其归入旅客运输成本，而不是飞机的成本。然而，由于机型决定了客舱乘务员的人数，且将机组人员的成本归入不同的类别不便于进行分析，因此大多数航空公司仍然将客舱乘务员成本视为直接运营成本。从这个角度来说，所有的机组人员成本都与飞机运营有关。

飞行机组成本（直接运营成本）包括三部分，即工资、津贴和培训费用。在进行经济性分析时，需要掌握飞行机组每年或每飞行小时的工资额（包括社会福利）。当然，每家航空公司的工资等级和福利待遇标准差别很大。津贴是机组人员驻外期间所发生的费用。培训成本由改装培训成本和复训成本两部分组成，如果航空公司机队中的各种机型具有较高的通用性，这部分成本可以大幅降低。复训成本可以算作年薪的一部分，也可以单独按飞行小时计算。

客舱乘务组成本（直接运营成本或间接运营成本）其构成与飞行机组成本类似，只是缺少了高昂的复训成本。同样，客舱乘务组成本可以按年来计算，也可以按轮挡小时来计算。需要特别注意的是，不同机型配备的乘务员人数是有一定要求的。按照适航条例的规定，飞机上每50个旅客座椅至少应当配备一名客舱乘务员。但由于航空公司的服务标准和飞行距离不同，在实际运营中的情况差别很大，有些航空公司的头等舱中，1名乘务员只服务4名旅客。在决定客舱构型时航空公司必须要考虑这个问题，以便决定设置多少个乘务员座椅。总的原则是，经济性分析的结果要与实际客舱布局一致。

（4）起降费。

起降费通常可以分为两大部分，一部分与飞机有关，另一部分与客流量有关。

在大多数情况下，机场根据飞机的实际起飞重量来收取起降费；唯一的例外是美国，该国机场按照飞机的最大着陆重量计算起降费用。在机场起降费方面，航空公司并非没有一点主动性，它们可以通过重新认证飞机的设计重量，使其低于最大设计起飞重量，这样可以减少起降费的支出。采用这种办法的前提是飞机在所飞航线上要有足够的载量。如果飞机的设计起飞重量明显高于运营的需求，说明飞机的选型存在不合理的地方。除了基本的起降费以外，与机场相关的费用通常还有停场费、安保费、进近管制费，甚至夜间的灯光费等。

起降费的第二部分与航空公司承载的旅客人数有关，主要为候机楼和安保设施的使用费。这部分费用常常会与机票的价格捆绑在一起，因此，在制定机队规划时通常不考虑这部分费用。

对于机队规划而言,最重要的问题是确定起降费昂贵的机场是否会对起飞重量相对较大的飞机有更大的影响。

(5)航路费。

航路费也属于直接运营成本,是向每个飞越的国家交付的费用。航路费的计算以飞行情报区(FIR)和飞行计划为准,有可能会与实际的航路不一致。有时,从燃油消耗角度来讲,最经济的航路却偏偏要飞越某个航路费非常昂贵的飞行情报区,这时要看哪种方案更有利于降低整体的运营成本。

与其他的成本项目一样,航路费也存在明显的地区差异。美国目前不征收任何航路费。一些国家会按照统一的费率征收飞越航路费,但大多数国家会依据飞机的重量以及飞越的距离征收费用。

(6)保险费。

保险费由四部分组成,即机身险、战争与政治险、免赔额险及强制的第三者责任险。航空公司安全记录、飞机价格、机队规模和机龄等均可以影响机身险的高低。出于机队规划的需要,在分析时可以以飞机的销售价格为基数,计算出一个固定的保险费,并按轮挡小时进行分摊。二手飞机的保险费基数一般会按照市场公平价值来计算。一架飞机一年的保险费通常为飞机价格的0.5%—5%。

(7)所有权成本。

① 折旧。折旧是将初始投资成本分配到各个收益期间的一种方法。与其他直接运营成本不同,折旧费不属于现金成本,因而不会影响航空公司的现金流。折旧仅是为了将飞机的价值反映到各期的资产负债表中。飞机折旧最常用的方法是直线折旧法,其中涉及两个关键的参数,即折旧期和残值。据此可以计算出每飞行小时的折旧费。

② 利息或租金。由于飞机的价值较昂贵,因此航空公司很少直接购买飞机,而是采用贷款购买、经营租赁或融资租赁的方式引进飞机,贷款或者租赁则将产生利息或租金。业界对于所有权成本中是否应当包含利息也存在不同的认识。

一部分人认为,因购置飞机而产生的贷款只能反映出航空公司的融资需求,而不能反映出飞机的运营效率,因此偿还贷款不应成为运营成本的一部分,它会造成经济性分析结果的失真。的确,飞机制造商不应当在融资方面进行竞争。而且,偿付的利息完全是一个非运营成本项目,不应纳入航空公司的损益表。

持反对观点的人则认为,偿付利息是客观存在的,如果在运营成本中不考虑这一项,则意味着飞机的购置成本不够全面。

(8)地面服务费。

飞机地面服务包括滑行引导、机坪服务、航行签派服务,以及客梯车、平台车等地面特种设备服务。客货地面服务包括值机服务、上下客服务及行李和货物的处理等。地面服务费取决于提供的设备、工时费、经营效率、竞争环境和运营模式等。

（9）餐饮费。

一般观点认为旅客餐饮费用，属于直接运营成本的一部分，包括餐食、饮料、机上供应品和礼品等。对此有人持不同意见，认为餐饮费用的高低取决于旅客人数的多少，与机型没有直接联系，所以应当属于间接运营成本。实际上，大型飞机承载的旅客人数多，餐饮费用必然会高，因此本教材认为其应当属于直接运营成本。

2. 间接运营成本

间接运营成本是指与航班运输生产、机队运营无关或关系不大，但与航空公司经营管理相关的成本，例如广告营销费用、综合管理费等。航空公司之间定位与运营模式不同，间接运营成本会存在较大差异。

销售费用完全属于间接运营成本，其中包括销售成本、代理商佣金、计算机订票系统使用费用、广告费用以及市场推介费用等。销售费用与营业收入关系密切，但近些年来这一观念受到了广泛的抨击。随着互联网应用的普及，航空公司机票价格的透明度越来越高，因此销售代理的作用在逐渐减弱。对于票价结构相对简单的航空公司（绝大多数低成本航空公司属于此列）而言，增加网上销售有助于大幅降低销售费用。

最后一个间接运营成本项目是管理费用，包括管理费用支出、公关费用以及与飞机无关的固定资产成本等。

8.4.2 机队运营收益分析

运营收益分析是飞机引进决策经济性评价中的一个重要环节，其主要任务是：根据航空公司航线客运量的预测、客座率水平预测和票价水平预测等数据，测算航线运营收入。航线 j 上航班 m 的客运收入可表示为：

$$I_m = P_m \times CAP_m \times LF_m \tag{8.8}$$

其中，CAP_m 表示 m 航班飞机座位数，LF_m 表示 m 航班客座率。

由式（8.8）可以得出航班客运收入与平均票价、客座率水平有关，可通过预测客座率、票价水平来预测航班运营收益。由于国内航线运输收入主要以客运为主，因此本节将基于旅客运输介绍航空公司常用的运营收益分析方法。

1. 票价水平

为了测算航班票价，首先要了解航空公司常用的票价制定策略。2004 年经国务院批准的《民航国内航空运输价格改革方案》规定了国内航空旅客运输票价基准价，并限定了票价上下浮动的幅度。2017 年国家发展和改革委员会公布的《关于进一步推进民航国内航空旅客运输价格改革有关问题的通知》规定了 5 家以上(含 5 家)航空运输企业参与运营的国内航线,国内旅客运价实行市场调节价,由航空运输企业依法自主制定,随着相关法规的出台,航空公司越来越具有自主定价权。航空公司常用的定价方法有:成本导向定价法、需求导向定价法和竞争导向定价法。

(1) 成本导向定价法。成本是票价制定时需要首要考虑的因素,其反映产品的价值,航空公司需要考虑所得的收入是否能够覆盖成本,当航线运营收入长期低于成本时,航空公司会考虑退出此航线市场。根据成本确定票价的方法是成本导向型定价法,即以运营成本为基础,不考虑或很少考虑其他因素,估算出利润从而确定票价。

(2) 需求导向定价法。需求导向定价法是根据消费者不同的需求及特点确定票价的方法。一般来说,此方法考虑了消费者对产品的偏好、购买习惯和收入水平等因素,以多种价格出售产品。航空公司常采用需求导向型定价的多等级差别定价法确定票价,即根据不同旅客的旅行目的和需求不同对市场进行细分。在需求弹性较小的市场中,制定较高的价格,在需求弹性较大的市场中,制定较低的价格。

(3) 竞争导向定价法。在目前的航空运输市场环境下,除个别航线外,竞争是影响票价水平最重要的因素之一。竞争导向定价法是指根据竞争对手的价格、服务水平等因素,结合自身特色,制定具有竞争力的价格,并随时根据竞争者的调整进行价格调整。而航空公司在评估机队引进方案时,常用的票价水平评定方法有以下两种。

① 统计航线运营数据的平均值。对于短期预测,常通过统计近 1—2 年航线票价水平的平均值,用于决策分析。

② 趋势外推法预测分析。通过航线历史运营数据,对票价水平进行预测分析,但影响票价水平的因素较多,很难准确预测,预测精度较低。

2. 客座率

客座率是衡量航空公司运力与需求之间是否匹配的重要指标,是航空公司的重要运营数据。客座率受多种因素的影响,包括以下三种。

(1) 航班时刻。航班时刻是指飞机的起飞时刻和到达时刻,某些旅客较为关注航班时刻,因此合适的航班时刻会增加旅客数量,从而提高客座率。

(2) 航班自身属性。航班自身属性是指航空公司的服务质量、机型、票价等因素,因为这些因素直接影响旅客乘机体验,所以会影响航班客座率。

(3) 其他因素。航班客座率也受很多其他因素的影响,例如天气、高铁的开通、节假日、航空公司促销策略等。

而航空公司在评估机队引进方案时,常用的客座率评定方法有两种。

(1) 统计航线运营数据的平均值。对于短期预测,常通过统计最近 1—2 年内的航线客座率的平均值,用于决策分析。

（2）规划人员的设定值。设定值应有一个合理的取值范围，通常认为客座率维持在一个较为稳定的状态。当客座率低于某个值时，认为航线运力供大于求，航空公司会适当减少运力投放；当客座率高于某个值时，认为航线需求出现溢出，航空公司会适当增加运力投放。

8.4.3　机队运营经济性评价

1. 净现值法

（1）机队在规划服役期内的净现值。

分析投资收益的方法有很多种，如回收期法、净现值法等，但最常用且科学的方法是净现值法，净现值法是一种评价投资方案的方法，其实质是通过计算投资回报期内未来净现金流的现值的差（即净现值），并依据净现值的大小来评价项目投资方案的优劣，一般要求确保投资回报期内的净现值为正值。

通过确定折现率、折现系数以及净现金流，可以计算机队在规划服役期内产生的净现值。

① 计算净现值的前提是确定折现率，折现率增加，未来值会降低。因此，当折现率为 8% 时，1 美元在 5 年后的现值等于 0.68 美元，如果将折现率提高到 10%，5 年后 1 美元的现值则降到了 0.62 美元。具体计算如下：

$$折现率＝8\%，1 美元在 5 年后的现值＝\frac{1}{(1+0.08)^5}＝0.68（美元）；$$

$$折现率＝10\%，1 美元在 5 年后的现值＝\frac{1}{(1+0.1)^5}＝0.62（美元）。$$

因此，折现率过高会导致投资很难有所回报。

设定折现率是为了反映出资本的不同用途。资金无论投放于何处，都避免不了风险的存在。有很多投资项目都可以获得高回报，但它们所具有的风险各不相同。航空公司的管理人员应当明白，投资购买新飞机就像是一场赌博游戏。但也有人认为，资金如果存在银行里可以获得利息，为了体现出这一机会成本，折现率至少应与银行的存款利率相当。

购买飞机这样的大型投资项目肯定会伴随高风险，为了反映这一状况，在分析时应该适当地提高折现率。提高折现率意味着未来的货币价值将降低，投资项目将很难实现盈利。航空公司通常情况下会设定一个"最低预期回报率"，如果回报达不到这一预期门槛，表明投资方案不可行。

为了简化分析，模型直接假设航空公司的最低预期报酬率为 r，服务期为 n，那么每

期折现系数 DF_k 为：

$$DF_k = \frac{1}{(1+r)^k}, \; k = 1, 2, \cdots, n \tag{8.9}$$

其中，k 为年序号。

② 净现值计算如下：

$$NPV = \sum_{k=1}^{n}(CF_k \times DF_k) - I \tag{8.10}$$

其中，NPV 为机队在规划服役期内的净现值，CF_K 为第 k 年的净现金流，DF_K 为第 k 年的折现系数，I 为初始投资额现值。若 $NPV \geqslant 0$，模拟方案是可行的；$NPV \leqslant 0$，模拟方案不可行。

（2）机队在规划服役期内的运营环境。

确定航空公司现阶段机队的构成以及主要机型的技术参数，从而对航空公司运营航线网络市场的外部环境进行模拟预测，确定各个航线上机型的运营情况，得到航班预期运营利润。

① 在规划服役期内机队的运营环境包括：机队拟运营的航线计划、机队的利用率、平均轮挡时间、平均航段长度等。

② 确定机队的引进方案，主要包括机队引进的方式和引进飞机的架数。引进方式如果为购买，则需要确定机队的规划服役期限；引进方式如果为租赁，则需确定机队的租赁期限。

③ 预测航线市场的运营环境，主要包括平均票价水平和航班平均客运量等。

④ 设定财务条件，这是计算成本效益、净现金流的重要前提，主要包括确定营业税率、机身和发动机保险费率、管理费比例、机队运营成本和运营收入的年增长率等。

（3）机队运营净现金流分析。

对规划服役期内机队运营的净现金流的计算是分析机队投资收益回报的关键所在。净现金流是指机队在规划服役期内的净利润经过适当调整后的税后运营现金流，具体的计算方法是：首先计算机队运营第一年的净现金流，然后推算规划服役期内剩余年份的净现金流，通常是根据一定的增长率进行推算。

① 对机队运营第一年的净现金流进行分析。

主要依据航线规划确定每条航线上的运力投放计划（按月航班频次），首先计算机队的月毛利润：

$$P_m = \sum_{j=1}^{m}\left[(R_j - C_j) \times F_m^j\right] \tag{8.11}$$

其中，P_m 为月毛利润，R_j 为机型在航线 j 上的航班运营净收入，C_j 为机型在航线 j 上的运营成本，F_m^j 为机型在航线 j 上的月航班频次。

这样就可以求得机队运营第一年净现金流 CF_y^l 为：

$$CF_y^l = P_m \times 12 \times (1-T) + D_y^l + int_y^l \tag{8.12}$$

其中，T 为适用的所得税率，D_y^l 为机队第一年的折旧费，int_y^l 为运营第一年产生的利息。

② 机队投资规划服役期内的净现金流分析。

通常情况下，机队每年的运营成本和收益情况随着时间的变化而变化，比如票价的调整、国际油价的波动、市场需求的变化及客座率的高低等。虽然变化具有随机性，但是总的趋势是运营成本和收益情况逐年上升。为了简化分析和计算，假定机队的年运营收入和成本按 g 逐年增长，那么机队运营第 k 年的净现金流 CF_{year}^k 为：

$$CF_y^k = (CF_y^l - D_y^l - int_y^l) \times (1+g)^k + D_y^k + int_y^k \tag{8.13}$$

2. 内部收益率法

内部收益率分析法是分析货币时间价值的又一种方法，其分析过程与前面介绍的方法大同小异，即在一定的折现率下，投资项目未来全部现金流的净现值应当为正值。折现率提高，未来现金流的现值将会降低。如果持续提高折现率，直到未来全部现金流的净现值等于零，那么该折现率就是内部收益率。

采用内部收益率法对机队引进方案进行评估时，需计算机队在规划服役期内所有现金流入现值之和等于现金流出现值之和时的收益率，即净现值为零时的折现率。可表示为：

$$NPV(IRR) = \sum_{t=0}^{n} (CI - CO)_t (1 + IRR)^{-t} = 0 \tag{8.14}$$

其中，IRR 为内部收益率，NPV 为净现值，CI_t 为第 t 年的现金流入量，CO_t 为第 t 年的现金流出量。假设基准折现率为 i_0，若 $IRR \geqslant i_0$，则项目在经济效果上可以接受；若 $IRR < i_0$，则项目在经济效果上不可以接受。式(8.14)为高次方程，不容易直接求解，通常采用"试算内插法"求 IRR 的近似解。求解方法如下：

先给出一个折现率 i_1，计算出相应的 $NPV(i_1)$，若 $NPV(i_1) > 0$，说明 $IRR > i_0$，若 $NPV(i_1) < 0$，说明 $IRR < i_0$。据此信息，将折现率修正为 i_2，求 $NPV(i_2)$ 的值。如此反复试算，逐步逼近，最终可得到比较接近的两个折现率 i_m 和 $i_n (i_m < i_n)$，使得 $NPV(i_m) > 0$，$NPV(i_n) < 0$，然后可用线性插值的方法确定 IRR 的近视值，计算公式为：

$$IRR = i_m + \frac{NPV(i_m) \times (i_n - i_m)}{NPV(i_m) + |NPV(i_n)|} \tag{8.15}$$

这一结果需要通过一系列试算才可以得出。尽管 *IRR* 法可以分析出投资的回报情况,但无法区别不同投资额的项目。很多人认为,利用该方法进行投资评估存在很多问题,因为当现金流在正值与负值间波动时会产生两种不同的分析结果。

3. 投资回收期法

采用投资回收期法对机队引进方案进行评估时,如果考虑资金的时间价值,则需计算从机队引进开始,机队各年的净收入之和等于全部投资之和所需的时间,可表示为:

$$\sum_{t=0}^{T_p} (CI - CO)_t (1 + i_0)^{-t} = 0 \tag{8.16}$$

其中,T_p 表示动态回收期。

通过判断机队引进方案的投资回收期与机队规划服役期之间的关系,衡量机队引进的可行性。当 $T_p \leqslant$ 机队规划服役期,代表在机队规划服役期内可以完成资金回收,机队引进方案具有可行性。反之,当 $T_p >$ 机队规划服役期时,机队引进方案不具有可行性。

虽然这一方法对于了解投资是否能够快速回收十分有用,但它却不能预测回收期后的利润情况,也不能反映出货币价值的变化情况。实际上,使用这种分析方法有时还可能产生误导,因为回收期短的投资项目并不一定就能维持长久盈利。

4. 作出决策

净现值法和内部收益率法的最大优点是分析结果一目了然。对于互不相干的两个投资项目,一个项目的净现值总会大于另一个。

当然,现实生活并不会如此简单。所有净现值计算都需要有折现率、项目周期,以及对假设条件的预测,等等。为此,情景设定非常重要。分析人员可以设定一个比较乐观的情景,如经济快速发展、市场份额增加、成本稳定、收益较高等;也可以设定一个较为悲观的情景,即一切假设条件正好相反。此外,分析人员还可以改变某些关键的假设条件,如燃油价格,来判断其对分析结果的影响。将这种方法与关键决策因素结合起来,就可以得到一个更加全面的分析结果。为了简化情景设定的过程,分析人员可以利用蒙特卡洛模拟方法,随机生成一些关键参数,然后进行净现值比较。某些软件公司为此开发了一些专业软件,使这一分析过程大为简化。

飞机选型决策会对航空公司的运营产生相当大的影响,而分析人员不可能分析到每一个相关因素。实际上,比较两种机型的现金流仅仅是最基础的。因此,规划人员有时还需要进行增量现金流分析,从而更加深入地了解某些关键经济因素所具有的影响。

本章小结

机队规划是航空公司为了满足未来各个时期市场发展的需要,并为了实现企业资产最大化而购置和管理适当飞机运力的过程。

机队规划的影响因素包括飞机供应状况、市场需求因素、航空运输业行业内环境因素、技术因素、管理因素及政策取向因素等。

机队规划的属性包括机队规划的适应性、灵活性及连续性三个方面。

宏观机队规划从机队的规模特征考虑，主要应对长期战略决策问题。它按"自上而下"（即从宏观到微观）的顺序进行分析预测，其优点是简单易操作，决策依据是几项宏观运输生产指标，预测结果相对稳定可靠。

微观机队规划是从 O—D 流角度出发，对已开航或拟开航的各航线逐条进行 O—D 流需求预测，再计算求得每条航线各个座级飞机数量，其优点是可以直接给出机队的结构和在各航线上的分布，对航空公司的机型选择、航班计划安排具有实际意义。

机队运营包括直接运营成本和间接运营成本两大类。直接运营成本包括燃油成本、机务维护成本、机组成本、起降费、航路费、保险费、所有权成本、地面服务费及餐饮费。间接运营成本是与航空公司经营管理相关的成本，例如广告营销费用、综合管理费等。根据航空公司之间定位与运营模式的不同，间接运营成本会有较大的差异。

机队运营经济性评价可以利用净现值法、内部收益率法及投资回收期法。

思考题

1. 机队规划包括哪些内容？

2. 飞机选型的影响因素有哪些？

3. 机队规划的灵活性是指什么？

4. 宏观机队规划和微观机队规划各有哪些优缺点？

5. 航空公司的机票定价有哪些方法？

6. 机队所有权成本包括哪些？

7. 如何估算企业的营业收入？

8. 在进行机队运营经济性评价时，内部收益率法和投资回收期法各有哪些不足？

第9章 飞机更新和租赁的经济分析

9.1 飞机更新方案比较

9.1.1 飞机更新的原因

大多数航空公司会从飞机自身的三方面原因以及航空公司内因角度考虑是否更新飞机。

（1）飞机机龄。一架飞机的退役通常是根据日历寿命、使用时间和剩余寿命综合决定的。很多航空公司会简单地根据飞机的机龄来判断飞机是否需要更换。随着飞机机龄的上升，飞机的故障率可能会不断增加，飞机性能和安全系数都在慢慢降低。所以从航空安全角度出发，航空公司会让故障率高、安全系数低的老旧飞机退役。

（2）运营成本过高。当老旧飞机的运行效率和性能参数不断下降时，飞机将面临更多的机身、发动机大修。由于长时间的设备磨损，飞机各部件的损坏概率不断增加，飞机的维修成本费用也将出现大幅度增长。同时，由于飞机机体设备与发动机会出现不同程度的损耗，这些损耗将大大影响飞机的燃油效率，燃油成本也会随着机龄增加而增加。而其高昂的维修成本、燃油成本都会导致航空公司的经济收益下降。当旧飞机运营成本已经远远高于其能为航空公司带来的收益时，公司便会考虑退役旧飞机。

（3）飞机技术的革新。制造商在不断寻求新技术、新工艺，以提高飞机的燃油效率、飞行性能和安全性。当新飞机或新技术出现时，航空公司为追求更高的经济效益，也会适当选择退役老旧飞机，并购置性能更高、成本更低的新飞机。

（4）航空公司内因。航空公司在提供运输服务的同时，也是一个需要盈利的企业。其自身的品牌定位、发展战略、为旅客带来的服务舒适度，以及与不断变化的市场需求的匹配度都影响着公司处置旧飞机的决策。例如作为全球最受推崇的 50 强公司里唯一的一家航空公司,新加坡航空对自身的定位是不走"廉价"路线,专注打造高端服务品牌。所以在机队方面,为了给旅客带来更好的飞行体验,新加坡航空选择了102架平均机龄偏小、安全系数较高的客机。

9.1.2 飞机的更新成本分析

航空公司在作出飞机更新决策时,最主要是在权衡:应该引入具有较低运营成本与较高引入成本的新飞机,还是继续使用燃油和维修成本较高但已完成折旧摊销的旧飞机。基于这个角度,在研究航空公司机队更新决策时,将飞机使用寿命周期的各项成本合并为两部分,即运营成本以及更新成本。考虑飞机更新决策的本质是比较某架飞机当时的运营成本以及更新同款飞机的更新成本,因此应该以飞机的经济性为基础,寻求最优的更新决策。

1. 飞机的引机成本

引机成本即航空公司引入飞机时,初期购买(包括飞机和备件)或租赁飞机投入的成本。航空公司一般通过两种方式引进新飞机,即飞机购买和飞机租赁。采用飞机购买更新方式的航空公司通常拥有庞大的资金链,有雄厚的资本背景可以直接支付现金引入飞机。而对于很多中小型航空公司来说,它们并没有能力直接支付购机现金,此时租赁方式就极具吸引力。主要的租赁方式包括融资租赁以及经营租赁。

飞机的融资租赁,是指出租人购买承租人(航空公司)选定的飞机,享有飞机所有权,并在一定期限内将飞机出租给承租人有偿使用。这是一种具备融资、融物双重职能的租赁方式。飞机融资租赁是较为常见的飞机引进方式,这类租赁方式以物为载体,目的在于融资并完全支付飞机全部价值。飞机的经营租赁,是指一种以提供飞机短期使用权为特征的租赁形式。出租人(租赁公司)根据市场需要,选择通用性较强的飞机,在一定期限内供承租人(航空公司)选择租用,以回收投资成本和风险报酬。在实际的飞机租赁交易过程中,两种租赁方式都有其优劣之处,而融资租赁交易比较复杂,涉及航空公司的资产转让以及财务风险。

2. 飞机的运营成本

航空公司在日常的机队运营中,通常将运营成本分类为直接运营成本以及间接运营成本两部分。间接运营成本主要取决于航空公司的经营,与机队运行并无关系或者关系不大,但与公司的运营环境和营销模式息息相关。同一款机型在不同航空公司不同的经营环境下,可能会产生不同的成本费用及收益。而直接运营成本主要由飞机的设计特性决定,与飞机自身特点有很大关系。直接运营成本的分析不限制于航空公司的经营模式,它能够直接、清晰地反映飞机本身的优劣和设计特点,对于航空公司初期作引入飞机决策具有很好的参考价值。

直接运营成本中的成本项目众多,通常分为所有权成本以及现金运营成本。所有权成本包括:折旧、保险、利息或租金;现金运营成本包括:燃油、维修、机场收费、地面服务费、导航费、飞行机组费、餐饮费;将各项成本项目相加则可得到航空公司直接运营成本。

国内航空公司的间接运营成本和公司的运营环境及战略发展模式息息相关。典型的间接运营成本有:航站和地面费用、订票和销售推广的广告宣传费用、行政管理花费。根据公司的不同定位和不同运营模式,间接运营成本也会有很大的差异。

3. 飞机的处置成本

当飞机运营多年以后,由于飞机上述自身三方面的原因和航空公司内部原因,此时,飞机进入处置阶段。老旧飞机的处置结果可能是被投入二手市场,转售或租赁给下一个用户;或者被改装成货机、公务机;或者被拆解卖掉。

对于直接采用购买方式引入的飞机来说,在飞机的处置阶段,航空公司更多关注的是飞机的残值。因为不管采用哪种处置方式,航空公司都可以在飞机处置后获得二次回报,而这个回报直接受飞机当时残值的影响。影响飞机残值的原因众多,包括外因:宏观经济环境、航空业市场发展、制造商情况;以及内因:飞机油耗、维修状况、磨损状况等飞机自身情况。要精准评估飞机残值是一个复杂且繁琐的过程,并且机型不同,所要考虑的影响因素也有区别。为了简化模型,提高模型通用性,根据相关研究,这里可以设置一个残值率(飞机价格的百分数),通过残值率来评估和计算飞机的残值。

对于采用经营租赁引入的飞机来说,航空公司作为飞机的承租人,仅拥有飞机的使用权,租赁公司将承担飞机的残值风险。航空公司到期退租,飞机后期是转租还是改装拆解都与航空公司关系不大,所以对于这类飞机,航空公司不需考虑其处置成本。

4. 飞机的更新成本

飞机的更新成本是指公司决定更换一架飞机时所要付出的成本。飞机更新方式不同,飞机的更新成本也不相同。

对于采用资金购买引入方式的飞机来说,航空公司在处置一架老旧飞机后,从中获取的处置成本可以抵消一部分新飞机的引入成本;另外,运营成本中的折旧成本是将初始的购机成本分摊到各个收益期间,这部分成本也会对更新成本造成影响。因此对于采用资金购买方式引入的飞机来说,其更新成本=新机价格-折旧成本-残值。

对于采用经营租赁引入的飞机来说,更换新的飞机,只需要支付租金,而租金划归在飞机的直接运营成本中;同时,航空公司在处置这一类飞机时,残值和折旧都由租赁公司承担。但实际上航空公司签订的租赁合同都提前制定了期限,如果航空公司想提前退租,势必会向租赁公司赔付一笔违约金。

9.1.3 飞机的更新方案比较

1.飞机更新方案比较的特点

通常新飞机的特点是造价高,即投资大,但营运和维修费用低,而老旧飞机则恰恰相反。为了决定飞机是否更新,应全面分析、权衡比较,以达到航空公司的经济效益最大化。

在实际进行飞机更新方案比较时,有以下两个特点:

(1) 一般在考虑飞机更新方案的比较时,假定新旧飞机的功能是相同的,因此,年营运收入保持不变;

(2) 由于新旧飞机方案的服务寿命不同,因此,一般采用平均年度费用(AAC)或平均年度盈利(AAB)进行比较。

2.飞机更新方案比较的原则

一般在进行飞机更新方案比较时,应遵循以下两条原则:

(1) 不考虑沉没成本,即在进行飞机更新方案比较时,原有飞机的价值按目前实际价值计算,而不考虑过去飞机的购入成本;

(2) 不根据飞机的直接现金流量进行比较,而应该综合多种因素从客观实际出发进行比较。

【例 9.1】某航空公司在 4 年前以 8 000 万美元引进飞机 A,估计还可使用 6 年,第 6 年末估计残值为 800 万美元,飞机的年运营费为 1 550 万美元。现在市场上出现了飞机 B,飞机价格为 9 300 万美元,估计可以使用 10 年,第 10 年末的残值为 930 万美元,年营运费为 1 000 万美元。现采用两种方案:方案甲继续使用飞机 A;方案乙把飞机 A 以 2 400 万美元出售,然后购买飞机 B,航空公司要求 15% 的基准投资收益率,试比较方案甲和方案乙。

【解】甲、乙两个方案的直接现金流量如图 9.1 所示。

甲、乙两个方案的直接现金流量计算过程及结果如下:

$$ACC_甲 = 1\,550 - 800(A/F, 15\%, 6) = 1\,550 - 800 \times 0.114\,2 = 1\,459(万美元)$$

$$ACC_乙 = (9\,300 - 2\,400)(A/P, 15\%, 10) + 1\,000 - 930(A/F, 15\%, 10)$$
$$= 6\,900 \times 0.199\,3 + 1\,000 - 930 \times 0.049\,3 = 2\,329(万美元)$$

$$ACC_乙 - ACC_甲 = 2\,329 - 1\,459 = 870(万美元)$$

由上述解题过程可知,按照这样的方法计算,甲方案比乙方案在 6 年内每年可节约 870 万美元。这种计算方法有两个错误。其一,此方法把飞机 A 的残值分摊在 10 年期

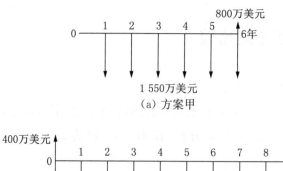

(a) 方案甲

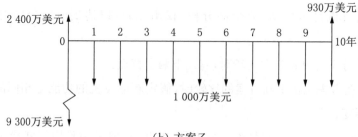

(b) 方案乙

图 9.1　甲、乙方案现金流量图 1

间,而根据题意和实际情况,它应该被分摊到 6 年时间内。其二,此方法把旧的飞机(飞机 A)的售价作为新飞机(飞机 B)的收入不符合理论与实际,因为出售旧飞机所获得的收入不是由新飞机本身带来的。正确的计算方法如下:

综合多种因素从客观实际出发,或者花费 2 400 万美元购买飞机 A,或者花费 9 300 万美元购买飞机 B。将这样的两个方案进行比较,其现金流量如图 9.2 所示。

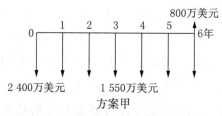

方案甲

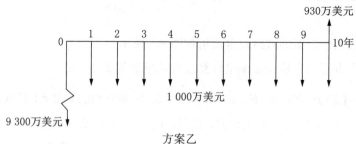

方案乙

图 9.2　甲、乙方案现金流量图 2

甲、乙两个方案的直接现金流量计算过程及结果如下:

$$ACC_甲 = (2\,400 - 800)(A/P, 15\%, 6) + 800 \times 0.15 + 1\,550$$

$$=1\,600\times0.264\,2+120+1\,550=2\,093(万美元)$$

$$ACC_乙=(9\,300-930)(A/P,\ 15\%,\ 10)+930\times0.15+1\,000$$

$$=8\,370\times0.199\,3+930\times0.15+1\,000=2\,808(万美元)$$

$$ACC_乙-ACC_甲=2\,808-2\,093=715(万美元)$$

由上述计算结果可见,甲方案相较于乙方案在 6 年内每年节约的费用为 715 万美元。而第一种计算方法的结果为 870 万美元,显然第一种方案夸大了甲乙两个方案的差别。

另外,这里再介绍一种计算方法,即计算平均年度费用与新飞机相同的旧飞机的价值。计算方法如下:

设 x 为现在的实际价值,其平均年度费用与飞机 B 的平均年度费用相等,那么:

$$(x-800)(A/P,\ 15\%,\ 6)+800\times0.15+1\,550$$

$$=(9\,300-930)(A/P,\ 15\%,\ 10)+930\times0.15+1\,000$$

解之,得:

$$x=5\,106(万美元)$$

这意味着,同飞机 B 相比,飞机 A 应值 5 106 万美元。但题目中飞机 A 的售价仅为 2 400 万美元,因此,应该保留飞机 A,不需更新。

根据方法二,保留飞机 A 可以在 6 年内每年节约 840 万美元,将 840 万美元折合成现值得:

$$715(P/A,\ 15\%,\ 6)=715\times3.784\,5=2\,706(万美元)$$

又因为:

$$5\,106-2\,400=2\,706(万美元)$$

由上知,这两个数目刚好相等。

9.2　飞机的经济寿命

9.2.1　飞机的经济寿命概述

1. 设备寿命概念

(1)物理寿命。设备全新状态投入使用,经有形磨损,直至报废的时间维持其使用价值的寿命。

（2）折旧寿命。将设备原值按照规定的折旧率折旧，直至账面残值小于原值的 5%。

（3）技术寿命。设备投入使用，直至因技术进步，原设备在市场失去其价值而报废。

2. 飞机的经济寿命

经济寿命是执行耐久性试验计划的结果所表示的工作寿命。设备的经济寿命期是指设备最经济的使用期限，由使用成本最低或经济效益最高的状态而决定。飞机的经济寿命，指飞机运营能达到最大经济效益的服务寿命。

飞机的平均年度费用由资金回收费用和运营费组成。根据实际情况，随着飞机运营时间的增加，飞机的技术性和经济性能下降，飞机的运营费用将随飞机运营时间的增加而上升。但是，飞机的资金回收费用却随飞机使用年限的增加而下降。两者变化情况如图 9.3 所示。平均年度费用是资金回收费用和运营费之和，由图 9.3 可知，平均年度费用呈 U 形变化，在它所对应的营运年限内，飞机可以达到一个最小的年度费用，即在飞机的运营年限内，飞机运营能获得最大盈利。这里的运营年限即前文所述飞机的经济寿命。飞机使用年限不到它的经济寿命或者超过经济寿命，飞机的平均年度费用或年度盈利都会减少。因此，飞机使用年限等于它的经济寿命之后进行更新是最为经济有效的。但是，飞机究竟是否更新，需要将新飞机的经济指标与旧飞机的经济指标比较后才能作出最后的决策。

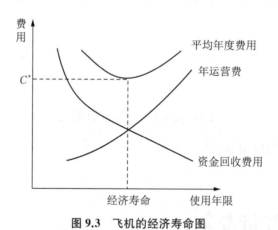

图 9.3　飞机的经济寿命图

9.2.2　飞机经济寿命的估算

飞机经济寿命的估算包含两个问题，即估计新飞机的经济寿命和决定正在运营的飞机的更新时间。运营的飞机可以分为总收入可以预估和不能预估（或无收入）两大类。对于总收入可以预估的飞机，从飞机所有者角度出发，采用最大平均年盈利计算飞机的经济寿命。对于总收入不能预估的飞机,可以从飞机的费用出发,采用最小平均年度费用估算飞机的经济寿命。以下将分别详细阐释这两种方法。

1. 最大平均年盈利法

飞机所有者对于新飞机考虑更多的是盈利的大小。为了消除运营期的影响,可用平均年度盈利达到最大的运营年限作为飞机的经济寿命。

影响飞机盈利能力的主要原因有两个方面。一方面,技术的不断进步与发展。新设计制造的飞机相较于以前出厂的飞机,性能会更加优越,使用效率更高,从而增加运营收入。同时,新飞机的运营费也由于技术的改进而降低。于是,在上述两方面的综合影响下新飞机的盈利能力增强。另一方面,在飞机运营过程中由于各种原因,比如腐蚀、结构件性能退化以及疲劳破坏等,飞机的使用效率会降低,使其在航运市场的竞争力下降,从而减少其运营收入。同时,随着飞机使用年份的增加,其运营费用也在逐年增加,这也影响了飞机的收益。

设新飞机投入运营的年收入现值为 R_0,年运营费用为 Y_0,新飞机运营至第 n 年的年收入为 $R(n)$,运营费为 $Y(n)$,残值为 $L(n)$,年收益为 $A(n)$,那么:

$$R(n)=R_0-B_d$$
$$Y(n)=Y_0+C_d$$

所以:

$$A(n)=R(n)-Y(n)=R_0-Y_0-(B_d+C_d)$$
$$NPV(n)=\sum_{j=1}^{n}A(j)(1+i')^{-j}+L(n)(1+i')^{-n}-P$$

式中,B_d 表示影响飞机盈利能力的原因中,由于新飞机盈利能力的提高,旧飞机竞争能力下降使飞机运营收入减少的部分。C_d 表示旧飞机的运营费增加的部分。i' 表示飞机所有者要求的税后收益利率。P 表示飞机投资的现值。

那么,飞机的平均年盈利为:

$$AAB(n)=NPV(n)(A/P, i', n)$$
$$=\left[\sum_{j=1}^{n}A(j)(1+i')^{-j}+L(n)(1+i')^{-n}-P\right]\left[\frac{i'(1+i')^n}{(1+i')^n-1}\right]$$

当新飞机投入运营后,若平均年盈利满足式(9.1):

$$\begin{cases}AAB(N+1)-AAB(N)\leqslant0\\AAB(N-1)-AAB(N)\leqslant0\end{cases} \tag{9.1}$$

则该飞机达于最大平均年盈利 $AAB(N)_{\max}$,此时的运营期即该飞机的经济寿命 N。

表 9.1　飞机经济寿命的计算(最大平均年度盈利法)

(单位:万美元)

① 运营年限 n	② B_d	③ C_d	④ $R(n)=R_0-②$	⑤ $Y(n)=Y_0+③$	⑥ $A(n)=④-⑤$	⑦ $(P/F,i',n)=(1+0.1)^{-n}$	⑧ $A(n)$的现值$=⑥×⑦$	⑨ $A(n)$的现值的累计和 $\sum⑧$	⑩ $L(n)$	⑪ $L(n)$的现值$=⑩×⑦$	⑫ $NPV=⑨+⑪-P$	⑬ $(A/P,i',n)$	⑭ $AAB=⑫×⑬$
1	98	5	3 120	1 005	2 097	0.909 1	1 906.4	1 906.4	8 000	7 272.8	−120.8	1.100 0	−132.88
2	198.7	10	3 001.3	1 010	1 991.3	0.826 4	1 645.6	3 552	6 800	5 619.5	−128.5	0.576 0	−74.0
3	326.6	15	2 873.4	1 015	1 858.4	0.751 3	1 396.2	4 948.2	5 780	4 342.5	−9.3	0.402 1	3.7
4	484	20	2 716	1 020	1 696	0.683 0	1 158.4	6 106.6	4 913	3 355.6	162.2	0.315 5	51.2
5	671.8	25	2 528.2	1 025	1 503.2	0.620 9	933.3	7 039.9	4 176.1	2 592.9	332.8	0.263 8	87.8
6	890.45	30	2 309.55	1 030	1 279.55	0.564 5	722.3	7 762.2	3 549.6	2 003.7	465.9	0.229 2	106.8
7	1 140.3	35	2 060	1 035	1 025	0.513 2	526.0	8 288.2	3 017.2	1 548.4	536.6	0.205 4	110.2
8	1 421.4	40	1 358.6	1 040	738.6	0.466 5	344.6	8 632.8	2 564.6	1 196.4	529.2	0.187 4	99.2
9	1 734	45	1 112.5	1 045	421	0.424 1	178.5	8 811.3	2 179.9	924.5	435.8	0.173 6	75.7
10	2 078.1	50	1 121.9	1 050	71.9	0.385 5	27.7	8 839	1 852.9	714.2	253.2	0.162 7	41.2

【例 9.2】一架新飞机投入运营后，有如下的经济参数：$P=9\,300$ 万美元，$Y_0=1\,000$ 万美元，$R_0=3\,200$ 万美元，$L(1)=7\,800$ 万美元，$L(n)=0.85L(n-1)$，$i'=10\%$，$B_d=0.01n\cdot R_0+0.005n^2\cdot R_0+0.05n^{0.5}\cdot Y_0$，$C_d=0.005n\cdot Y_0$，试计算这架飞机的经济寿命。

【解】计算此飞机经济寿命的过程如表 9.1 所示。根据式（9.1），可得 $AAB(7)_{\max}=110.2$ 万美元，所以，该飞机的经济寿命为 7 年。

2. 最小平均年度费用法

一架总收入未知或无收入的飞机，其平均年度费用由资金回收费和年运营费组成。随着飞机运营年限的增加，资金回收费减少，同时运营费增加。最小平均年度费用法即寻找使平均年度费用达于最小时飞机的运营年限，这个运营年限即该飞机的经济寿命。采用此方法计算飞机经济寿命，可依据在计算过程中是否考虑利率和税率区分为两种情形。

（1）不考虑利率和税率情形下飞机的经济寿命计算。

设一架飞机的投资现值为 P，第 j 年的运营费用为 $Y(j)$，飞机的运营年限为 n，飞机的残值为 $L(n)$。

那么，飞机的运营年限为 n、$(n+1)$、$(n-1)$ 时的平均年度费用分别为：

$$AAC(n)=\left[P-L(n)+\sum_{j=1}^{n}Y(j)\right]\frac{1}{n}$$

$$AAC(n+1)=\left[P-L(n+1)+\sum_{j=1}^{n+1}Y(j)\right]\frac{1}{n+1}$$

$$=\left[nAAC(n)+Y(n+1)+L(n)-L(n+1)\right]\frac{1}{n+1}$$

$$AAC(n-1)=\left[P-L(n-1)+\sum_{j=1}^{n-1}Y(j)\right]\frac{1}{n-1}$$

$$=\left[nAAC(n)-Y(n)-L(n-1)+L(n)\right]\frac{1}{n-1}$$

当飞机运营达到最小平均年度费用 $AAC(N)_{\min}$ 时，有如下关系式：

$$\begin{cases} AAC(N+1)-AAC(N)\geqslant 0 \\ AAC(N-1)-AAC(N)\geqslant 0 \end{cases} \tag{9.2}$$

此时的运营年限 n 即经济寿命 N。

将 $AAC(N+1)$ 和 $AAC(N-1)$ 的表达式代入式（9.2），可得：

$$\begin{cases} \left[NAAC(N)+Y(N+1)+L(N)-L(N+1)\right]\dfrac{1}{N+1}-AAC(N)\geqslant 0 \\ \left[NAAC(N)-Y(N)-L(N-1)+L(N)\right]\dfrac{1}{N-1}-AAC(N)\geqslant 0 \end{cases}$$

也就是：

$$\begin{cases} -AAC(N)+Y(N+1)+L(N)-L(N+1)\geqslant 0 \\ AAC(N)-Y(N)-L(N-1)+L(N)\geqslant 0 \end{cases}$$

$$\begin{cases} Y(N+1)+L(N)-L(N+1)\geqslant AAC(N) \\ Y(N)+L(N-1)-L(N)\leqslant AAC(N) \end{cases}$$

即，

$$Y(N)+L(N-1)-L(N)\leqslant AAC(N)\leqslant Y(N+1)+L(N)-L(N+1) \qquad (9.3)$$

式(9.3)中，$[Y(n)+L(n-1)-L(n)]$ 即经济学中所涉及的边际成本(费用) $MC(n)$。因此，当运营飞机的平均年度费用高于边际费用时，该飞机可继续运营。当平均年度费用低于边际费用时，应考虑将此飞机更新。

【例9.3】一架飞机的投资现值为8 000万美元，运营年限预计为15年，每年的预估运营费如表9.2所示，假设其残值满足 $L(n)=0.85L(n-1)$ 的关系。试求该飞机的经济寿命。

表9.2　某飞机的预估运营费用

运营年限 n	运营费用(万美元)
1	1 391
2	1 358
3	1 335
4	1 331
5	1 345
6	1 381
7	1 449
8	1 548
9	1 690
10	1 890
11	2 168
12	2 555
13	3 090
14	3 828
15	4 848

【解】不考虑利率和税率，用最小平均年度费用法计算此飞机的经济寿命。计算结果

如表 9.3 所示。

由表中计算结果可知，飞机运营年限为 9 年时，边际费用成本 $MC(9)=2\,017$ 万美元，且 $MC(9)<AAC(9)$，此时 $AAC(9)$ 达到最小值。若运营年限为 10 年，则 $MC(10)=2\,168$ 万美元，且 $MC(10)<AAC(10)$。因此，该飞机的经济寿命为 9 年，$AAC_{\min}=2\,108$ 万美元。

表 9.3　最小平均年度费用法 1 计算结果　　　　　　　　（单位：万美元）

运营年限 n	① $Y(n)$	② $L(n)$	③ $L(n-1)-L(n)$	④ $MC(n)=$①+③	⑤ $ACC(n)$
1	1 391	6 800	1 200	2 591	2 591
2	1 358	5 780	1 020	2 378	2 485
3	1 335	4 913	867	2 202	2 390
4	1 331	4 176	737	2 068	2 310
5	1 345	3 550	626	1 971	2 242
6	1 381	3 017	533	1 914	2 187
7	1 449	2 565	452	1 901	2 146
8	1 548	2 180	385	1 933	2 120
9	1 690	1 853	327	2 017	2 108
10	1 890	1 575	278	2 168	2 114
11	2 168	1 339	236	2 404	2 141
12	2 555	1 138	201	2 756	2 192
13	3 090	967	171	3 261	2 274
14	3 828	822	145	3 973	2 396
15	4 848	699	123	4 971	2 567

（2）考虑利率和税率情形下飞机的经济寿命计算。

设要求的税后收益利率为 i'，税率为 t，采用直线折旧法。由于在计算平均午度费用中使用的基准投资收益率是指税前利率，因此首先要根据税后收益利率 i' 求得税前收益利率 i。之后，为了计算税前收益利率，必须知道飞机的运营年限，同时飞机的运营年限又是所要解决的问题的答案，是未知的。因此，在计算的开始，假设飞机的运营年限是 n。

税后资金回收因数为：

$$(A/P, i', n)=\frac{i'(1+i')^n}{(1+i')^n-1}$$

税前资金回收因数则为：

$$(A/P,\ i,\ n)=\frac{(A/P,\ i',\ n)-t/n}{1-t}$$

那么，采用逐次近似法或查表法可计算出相应的税前收益利率 i。

按照这样的方法计算得出的经济寿命 N 可能不等于计算伊始假设的运营年限 n，所以，按照假设 n 计算的 i 可作为第一次近似，即 i_1。为了求得更加精确的 i，可以采用逐次逼近法，即以第一次近似 i_1 为基础，求得第一次近似的经济寿命 N_1；然后以 N_1 为基础求得新的税前收益利率 i_2，之后，据 i_2 计算更准确的经济寿命 N_2；按照这种方法，依次逐步逼近，直到计算税前资金回收因数的飞机营运期 n 与最后求得的经济寿命 N 相接近。一般而言，如果第一次近似计算得到的经济寿命 N_1 与最开始假设的运营期 n 相差不大，即可停止计算。如果计算的经济寿命与假设的运营年限相差较大，则需进一步逐步逼近计算加以修正。详细计算过程如下：

在求得税前利率 i 之后，有：

$$AAC(n)=\Big[\sum_{j=1}^{n}Y(j)(1+i)^{-j}+P-L(n)(1+i)^{-n}\Big]\Big[\frac{i(1+i)^{n}}{(1+i)^{n}-1}\Big]$$

设 $\varphi=(1+i)^{-1}$，则上式可写为：

$$AAC(n)=\Big[\sum_{j=1}^{n}Y(j)\varphi^{j}+P-L(n)\varphi^{n}\Big]\Big(\frac{i}{1-\varphi^{n}}\Big)$$

则：

$$AAC(n+1)=\Big[\sum_{j=1}^{n+1}Y(j)\varphi^{j}+P-L(n+1)\varphi^{n+1}\Big]\Big(\frac{i}{1-\varphi^{n+1}}\Big)$$

$$=\Big[\sum_{j=1}^{n}Y(j)\varphi^{j}+P-L(n)\varphi^{n}+Y(n+1)\varphi^{n+1}+L(n)\varphi^{n}-L(n+1)\varphi^{n+1}\Big]\Big(\frac{i}{1-\varphi^{n+1}}\Big)$$

$$=\Big[AAC(n)\Big(\frac{1-\varphi^{n}}{i}\Big)+Y(n+1)\varphi^{n+1}+L(n)\varphi^{n}-L(n+1)\varphi^{n+1}\Big]\Big(\frac{i}{1-\varphi^{n+1}}\Big)$$

$$AAC(n-1)=\Big[\sum_{j=1}^{n-1}Y(j)\varphi^{j}+P-L(n-1)\varphi^{n-1}\Big]\Big(\frac{i}{1-\varphi^{n-1}}\Big)$$

$$=\Big[AAC(n)\Big(\frac{1-\varphi^{n}}{i}\Big)-Y(n)\varphi^{n}-L(n-1)\varphi^{n-1}+L(n)\varphi^{n}\Big]\Big(\frac{i}{1-\varphi^{n-1}}\Big)$$

要使 n 达于飞机的经济寿命 N，则必须满足如下关系式：

$$\begin{cases}\Big[AAC(N)\Big(\frac{1-\varphi^{N}}{i}\Big)+Y(N+1)\varphi^{N+1}+L(N)\varphi^{N}-L(N+1)\varphi^{N+1}\Big]\Big(\frac{i}{1-\varphi^{N+1}}\Big)-AAC(N)\geqslant0\\[3mm]\Big[AAC(N)\Big(\frac{1-\varphi^{N}}{i}\Big)-Y(N)\varphi^{N}-L(N-1)\varphi^{N-1}+L(N)\varphi^{N}\Big]\Big(\frac{i}{1-\varphi^{N-1}}\Big)-AAC(N)\geqslant0\end{cases}$$

也就是：

$$\begin{cases} AAC(N)\left(\dfrac{1-\varphi^N}{1-\varphi^{N+1}}-1\right)+\left[\varphi^{N+1}Y(N+1)+\varphi^N L(N)-\varphi^{N+1}L(N+1)\right]\left(\dfrac{i}{1-\varphi^{N+1}}\right)\geqslant 0 \\[3mm] AAC(N)\left(\dfrac{1-\varphi^N}{1-\varphi^{N-1}}-1\right)-\left[\varphi^N Y(N)+\varphi^{N-1}L(N-1)-\varphi^N L(N)\right]\left(\dfrac{i}{1-\varphi^{N-1}}\right)\geqslant 0 \end{cases}$$

将上式中的两个式子分别乘以 $\left(\dfrac{1-\varphi^{N+1}}{i\varphi^{N+1}}\right)$ 和 $\left(\dfrac{1-\varphi^{N-1}}{i\varphi^N}\right)$，则上式可变形为：

$$\begin{cases} AAC(N)\left(\dfrac{1-\varphi^{-1}}{i}\right)+\left[Y(N+1)+\varphi^{-1}L(N)-L(N+1)\right]\geqslant 0 \\[3mm] AAC(N)\left(\dfrac{\varphi^{-1}-1}{i}\right)-\left[Y(N)+\varphi^{-1}L(N-1)-L(N)\right]\geqslant 0 \end{cases}$$

又因为 $\varphi=(1+i)^{-1}$，代入上式可得：

$$\begin{cases} AAC(N)\leqslant Y(N+1)+(1+i)L(N)-L(N+1) \\ AAC(N)\geqslant Y(N)+(1+i)L(N-1)-L(N) \end{cases}$$

上式为：

$$Y(N)+(1+i)L(N-1)-L(N)\leqslant AAC(N)\leqslant Y(N+1)+(1+i)L(N)-L(N+1)$$

$$\tag{9.4}$$

所以，考虑利率情形下的边际成本为：

$$MC(n)=Y(n)+(1+i)L(n-1)-L(n)$$

综上所述，当一架飞机的税后收益利率为 i'、税率为 t 时，先求得相应的税前收益利率 i，当 $AAC(n)\geqslant MC(n)$ 时，此飞机可继续运营，当 $AAC(n)<MC(n)$ 时，飞机运营不具经济性，则要考虑更新。

【例 9.4】一架新飞机投入运营，航空公司要求 8% 的税后收益利率，税率为 30%，飞机的投资现值为 8 000 万美元，运营年限预计为 15 年，每年的预估运营费如表 9.2 所示，假设其残值满足 $L(n)=0.85L(n-1)$ 的关系。求该飞机的经济寿命。

【解】因为假设该飞机的运营年限为 $n=15$ 年，那么：

$$(A/P,\ i',\ n)=(A/P,\ 8\%,\ 15)=0.116\ 8$$

$$(A/P,\ i,\ 15)=\frac{(A/P,\ 8\%,\ 15)-t/n}{1-t}=\frac{0.116\ 8-0.30/15}{1-0.30}=0.138\ 3$$

查表可得 $i=10.9\%$。第一次计算经济寿命的过程如表 9.4 所示。

由表 9.4 所示，第一次计算此飞机的经济寿命为 11 年，与开始时预估的飞机的运营

年限 15 年不一致,因此,需作第二次逼近。假设飞机运营年限为 11 年,此时:

$$(A/P, i', n) = (A/P, 8\%, 11) = 0.140\ 1$$

$$(A/P, i, 11) = \frac{(A/P, 8\%, 11) - t/n}{1-t} = \frac{0.140\ 1 - 0.30/11}{1 - 0.30} = 0.161\ 2$$

查表得税前收益利率 $i = 11\%$,其与第一次计算的税前收益利率相接近,因此,第二次计算结果与第一次计算结果比较近似。那么,可以得出该飞机的经济寿命即为 $N = 11$ 年。

表 9.4 最小平均年度费用法 2 计算结果 （单位:万美元）

运营年限 n	① $\sum_{j=1}^{n} Y(j)(1+i)^{-j} + P$	② $L(n)(1+i)^{-n}$	③=①-② $\sum_{j=1}^{n} Y(j)(1+i)^{-j} + P - L(n)(1+i)^{-n}$	④ $(A/P, i, n)$	⑤ $ACC(n) = ③×④$
1	9 254	6 132	3 122	1.109 0	3 462
2	10 358	4 700	5 658	0.583 2	3 300
3	11 337	3 602	7 735	0.408 5	3 160
4	12 216	2 761	9 455	0.321 6	3 041
5	13 019	2 116	10 903	0.269 9	2 943
6	13 761	1 622	12 139	0.235 6	2 860
7	14 463	1 243	13 220	0.211 5	2 796
8	15 140	953	14 187	0.193 6	2 747
9	15 806	730	15 076	0.179 9	2 712
10	16 478	560	15 918	0.169 0	2 690
11	17 173	429	16 744	0.160 4	2 686
12	17 911	329	17 582	0.153 3	2 695
13	18 716	252	18 464	0.147 4	2 722
14	19 615	193	19 422	0.142 5	2 768
15	20 642	148	20 494	0.138 3	2 855

9.3 飞机更新分析

一架正在运营的飞机,是否需要用另一架运营功能相同的新飞机进行更新替换,一般有两种方法决定。一种是针对没有收入或无法对收入进行预估的飞机,采用平均年度费用法决定飞机的更新时间。另一种方法是针对有收入的飞机,应采用平均年度盈利法决定其更新时间。以下将详细阐释这两种更新决策方法。

9.3.1 平均年度费用法

采用平均年度费用法决定飞机的更新时间可按两个步骤进行。

第一步,决定新投入运营的具有相同功能的飞机的经济寿命。第二步,比较现在正在运营的飞机的费用和新飞机的费用,决定飞机的更新时间。

设 $Y(n)$ 为正在运营的飞机运营到第 n 年时该年的运营费用;$L(n)$ 则为正在运营的飞机运营到第 n 年年末的残值;n 为预估的正在运营的飞机运营的年数;N_1 为与旧飞机具有相同功能的新飞机的经济寿命;$ACC(N_1)$ 为新飞机的最小平均年度费用。

对于新飞机的最小平均年度费用和经济寿命,可按照 9.2 节中采用的方法计算确定。

因为飞机更新分析是从现在开始与具有相同功能的新飞机进行比较,因此,不必考虑旧飞机以前的投资,即不考虑旧飞机的沉没成本,只需考虑其现在的残值。

在考虑利率、税率以及残值的情形下,若税前收益利率 i 已知,则正在运营的飞机的边际费用为:

$$MC(n)=Y(n)+(1+i)L(n-1)-L(n)$$

从现在正在运营的飞机继续延长运营第 1 年开始与新飞机比较,如果 $MC(n) \leqslant AAC(N_1)$,则旧飞机继续运营经济合理。如果 $MC(n) > AAC(N_1)$ 时,则旧飞机继续运营不经济,这时,需考虑更新,即用同样功能的新飞机替换,以使运营费用最少。按照这样的方法逐步比较,即可找出更新时间。

【例 9.5】一架运营多年的飞机,目前市场价格为 1 500 万美元,继续运营 5 年,预估运营费和年末残值如表 9.5 所示。航空公司计划用一架市场价格为 9 300 万美元的具有同样功能的新飞机更新替换旧飞机。新飞机的经济参数与例 9.4 中飞机的经济参数相同,

表 9.5 旧飞机预估运营费与年末残值 （单位:万美元）

运营年限 n	运营费 $Y(n)$	残值 $L(n)$
1	1 900	1 313
2	2 090	1 125
3	2 292	975
4	2 506	806
5	2 732	656

即新飞机投入运营,航空公司要求 8% 的税后收益利率,税率 30%,飞机的投资现值为 8 000 万美元,运营年限预计 15 年,每年的预估运营费如表 9.2 所示,假设其残值满足 $L(n)=0.85L(n-1)$ 的关系。试计算新飞机替换旧飞机的最合适时间。

【解】据例 9.4 的估算结果,新飞机的经济寿命是 11 年,这时,它的最小平均年度费用为 $AAC(11)_{min}=2\,686$(万美元)。

正在运营的旧飞机运营期限延长 5 年,每年的边际费用如表 9.6 所示。税前利率 $i=10.2\%$。

表 9.6 显示,旧飞机延长使用第一年边际成本费用为:$MC(1)=2\,240$(万美元),此时 $MC(1)<ACC(11)$,所以旧飞机可以继续运营。同理,旧飞机延长使用到第二年,$MC(2)=2\,412$(万美元),此时 $MC(2)<ACC(11)$,所以旧飞机可以继续运营。旧飞机延长使用到第三年,$MC(3)=2\,557$(万美元),此时 $MC(3)<ACC(11)$,故旧飞机仍然可以继续运营。旧飞机延长使用到第四年,$MC(4)=2\,774$(万美元),此时 $MC(4)>ACC(11)$。此时旧飞机需更新。所以,旧飞机使用新飞机更新替换的最佳时间为旧飞机继续使用的第 3 年年末。

表 9.6 旧飞机的边际费用　　　　　　　　　　　(单位:万美元)

运营年限 n	① $Y(n)$	② $L(n)$	③ $(1+i)L(n-1)$	④ $MC(n)=①+③-②$
0		1 500		
1	1 900	1 313	1 653	2 240
2	2 090	1 125	1 447	2 412
3	2 292	975	1 240	2 557
4	2 506	806	1 074	2 774
5	2 732	656	891	2 967

9.3.2 平均年度盈利法

一般而言,就飞机本身而言,当一架飞机的经济指标平均年度盈利 AAB 大于零时,此飞机运营仍可盈利。但航空公司或者租赁公司能否得到最大盈利,则需根据继续运营期限中收益和残值的大小,计算平均年度盈利,然后,逐年与新飞机的最大平均年盈利进行比较后决定。

假设一家飞机已经运营 n 年,第 n 年年末的残值为 $L(n)$,如果继续运营一年,在考虑到各种影响因素后,飞机的年收益为 $A(n+1)$,则第 $(n+1)$ 年的净现值为:

$$NPV(n+1) = \frac{L(n+1) + A(n+1)}{(1+i')} - L(n)$$

上式中，$L(n+1)$ 表示第 $(n+1)$ 年年末飞机的残值，i' 则为航空公司要求的税后收益利率。

那么，第 $(n+1)$ 年的平均年度盈利为：

$$AAB(n+1) = NPV(n+1)(1+i')$$

如果 $AAB(n+1) \leqslant 0$，运营该飞机亏损，那么旧飞机应该更新。如果 $AAB(n+1) > 0$，这时，需进一步将此时的平均年度盈利与功能相同的一架新飞机的平均年度盈利 $AAB_1(N_1)$ 进行比较。若 $AAB(n+1) < AAB_1(N_1)$，则旧飞机应该淘汰更新为新飞机，以取得最大盈利。[①]

【例9.6】假设一架已运营若干年的旧飞机，其市场价格为 2 500 万美元（当年的残值）。预计该飞机继续运营 3 年的年收益和残值如表 9.7 所示。与该飞机具有相同功能的新飞机的经济参数与例 9.2 相同，即为：$P = 9\,300$ 万美元，$Y_0 = 1\,000$ 万美元，$R_0 = 3\,200$ 万美元，$L(1) = 7\,800$ 万美元，$L(n) = 0.85L(n-1)$，$i' = 10\%$，$B_d = 0.01n \cdot R_0 + 0.005n^2 \cdot R_0 + 0.05n^{0.5} \cdot Y_0$，$C_d = 0.005n \cdot Y_0$。试计算该飞机的更新时间。

表 9.7　旧飞机收益与年末残值　　　　　　　　　（单位：万美元）

运营年限 n	收益 $A(n)$	残值 $L(n)$
1	955	2 250
2	633	1 875
3	322	758

【解】旧飞机延长运营一年，平均年盈利为：

$$NPV(1) = \frac{L(1) + A(1)}{(1+i')} - L(0) = \frac{2\,250 + 955}{1 + 0.10} - 2\,500 = 413.64（万美元）$$

$$AAB(1) = NPV(1)(1+i') = 423.64 \times 1.10 = 455（万美元）$$

飞机运营延长到第 2 年，第 2 年的平均年盈利为：

$$NPV(2) = \frac{L(2) + A(2)}{(1+i')} - L(1) = \frac{1\,875 + 633}{1 + 0.10} - 2\,250 = 30（万美元）$$

$$AAB(2) = NPV(2)(1+i') = 30 \times 1.10 = 33（万美元）$$

飞机运营延长到第 3 年，第 3 年的平均年盈利为：

$$NPV(3) = \frac{L(3) + A(3)}{(1+i')} - L(2) = \frac{758 + 322}{1 + 0.10} - 1\,875 = -893.18（万美元）$$

[①]　说明：$AAB_1(N_1)$ 中，AAB_1 表示新飞机的平均年度盈利指标，N_1 为新飞机的经济寿命。

$$AAB(3)=NPV(3)(1+i')=-893.18\times1.10=-982.5(万美元)$$

由上述计算过程可见,该飞机延长运营2年仍有盈利。又由例9.2的计算结果可知,与此旧飞机具有相同功能的新飞机的经济寿命为 $N_1=7$ 年,最大平均年盈利为 $AAB_1(N_1)=110.2$ 万美元,所以,$AAB(2)\leqslant AAB_1(N_1)$。由上可知,航空公司若要最大年盈利,则应在继续运营的第2年考虑将旧飞机进行更新,使用具有相同功能的新飞机进行替换。

9.4　飞机租赁的经济分析

一般而言,飞机的运营者使用飞机进行运营,是选择自己购买飞机,从租赁公司租赁飞机,还是从其他飞机所有者那里租赁飞机,应该取决于以上方案在经济上的比较结果。因此,需要对飞机租赁进行经济分析。

9.4.1　飞机租赁概述

1.飞机租赁的概念

飞机租赁是租赁的一种,作为租赁行业"皇冠上的明珠",飞机租赁是租赁行业的重点业务之一。目前,全球主要的租赁公司都以飞机租赁作为其唯一业务或者主营业务。飞机租赁是指航空公司或者承租人从租赁公司或制造厂家那里选择一定型号与数量的飞机,并与租赁公司或出租人签订有关租赁飞机的协议。在飞机租赁期限内,飞机的法定所有者——出租人将飞机的使用权转让给承租人,承租人则按期支付租金并取得飞机的使用权,租期结束航空公司可以归还或者不归还飞机给出租人。其含义可简要由图9.4表示。

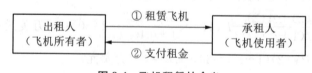

图 9.4　飞机租赁的含义

图9.4仅表示飞机租赁的基本含义,由于飞机租赁有多种不同的方式,因而其交易结构也不同,有多种不同的具体定义。因此,飞机租赁的交易结构图也远比图9.4复杂。

1960年,美国联合航空公司采用杠杆租赁方式租赁了一架喷气式飞机,标志着现代飞机租赁的开始。这是美国乃至世界上第一例飞机融资租赁的案例。随着飞机租赁业务的继续发展，到了 20 世纪 80 年代，美国、日本以及欧洲等西方发达国家和地区的飞机租赁都得到迅猛发展，以美国、日本和欧洲为中心的三个主要飞机租赁市场开始形成。这三大市场的飞机租赁交易额占据世界飞机租赁交易额的八成之上。波音公司数据显示，1980 年，全球机队规模为 6 037 架，其中多达 100 架为经营租赁的飞机，租赁渗透率为 1.7%。2014 年，相应的全球机队规模达到 20 726 架，其中租赁飞机多达 8 440 架，租赁渗透率为 40%。截至 2017 年年底，全球商用租赁飞机达到 11 517 架，较 2008 年的大约 6 580 架增长了 75%，十年复合增长率为 5.7%，租赁渗透率达 47.2%。全球采用租赁形式的航空公司比例逐年上升。《航空融资与租赁报告 2019》的数据显示，2018 年，按机队数量排名前十的航空租赁商的机队数量为 5 660 架（见表 9.8）。

表 9.8 2018 年按机队数量排名前十的航空租赁商

排名	租赁商	机队数量（架）	机队资产价值（亿美元）	同比增长（%）	国际评级		
					标普	惠誉	穆迪
1	GECAS	1 232	247	—4	AA+	—	—
2	AerCap	1 059	347	10	BBB—	BBB—	Baa3
3	Avolon	569	194	3	BB+	BB+	Ba1
4	BBAM LLC	498	209	14	—	—	—
5	Nordic Aviation Capital	474	64.7	8	—	—	—
6	SMBC Aviation Capital	421	162	3	—	A—	—
7	ICBC Leasing	385	161	13	A	A	A1
8	Dae Capital	352	106	0	—	—	—
9	Air Lease Corporation	335	148	15	—	BBB	—
10	BOC Aviation	335	146	5	A—	A—	—

资料来源：数据源自《航空融资与租赁报告 2019》，评级数据源自谭向东：《飞机租赁实务第三版》，中信出版社 2019 年版。

1981 年，中国国际信托投资公司采用投资减税杠杆租赁的方式，从美国引进一架波音 B747 飞机。此后，国内航空公司纷纷采用这一方式引进飞机，中国飞机租赁业开始发展。进入 21 世纪，中国飞机租赁业取得了快速而又迅猛的发展。截至 2007 年，中国国内航空公司租赁机队的规模为 481 架，其中只有 26 架飞机来自中国租赁公司，租赁市场上比较活跃的中国租赁公司仅有 4 家（辛丽萍，2019）。而到 2017 年底，中国国内航空公司租赁机队的规模为 1 369 架，租赁市场上约有 20 多家比较活跃的中国租赁公司。2017 年 9 月，天津东疆综合保税区以租赁形式引进了第 1 000 架飞机。至此东疆综合保税区成为全球继爱尔兰之后拥有飞机资产最多的飞机租赁聚集地。2021 年,即使受到新冠疫情的影响,东疆综合保税区新增租赁飞机仍然实现了增长,其飞机超过 170 架。2022 年 7 月 29 日,东疆综合保税区第 2 000 架融资租赁飞机降落在天津滨海国际机场,至此,东疆综合保税区租赁飞机机队规模达 2 000 架。

波音公司发布的《全球商业市场展望(2018—2037 年)》的数据显示,未来 20 年,全球共需要 42 730 架全新客机和货机才能满足市场需求,其价值约为 6.35 万亿美元。其中单通道市场将迎来最为显著的增长,其总需求量约为 31 360 架新飞机,价值高达 3.5 万亿美元。宽体机市场则大约有 8 070 架新飞机的需求量,总价值约为 2.5 万亿美元。全球客机的总数大约将达到 4.85 万架,此数量约是目前 2.44 万架客机的两倍。同时,由于目前金砖国家的飞机租赁业务正处于快速增长的黄金期,因此,保守预计未来 20 年,航空运输业的年平均增长率将维持在 6% 左右。其中,中国约为 6.1%,俄罗斯为 5.5%,巴西和印度则约为 5.5%。历史经验显示,航空业的成长期大概为 40 年,新兴市场国家的航空业正处于上升的黄金增长期,可以带动全球飞机租赁业的进一步发展。

2. 飞机租赁的特点

作为租赁的重点领域之一,飞机租赁与其他租赁相较有其特点。

(1) 飞机租赁标的价格昂贵、租金高。飞机租赁的标的物——飞机作为一种技术含量高、高资本密集型的产品,其价格非常昂贵。随着人类科技水平的不断进步,飞机的机载电子设备越来越先进,且制造飞机的工艺和材料也在不断改进,大量高科技复合型材料应用于机身各个部位,使得飞机的科技含量越来越高,飞机的价格也不断上升。另外,全球飞机制造商数目较少,这也会影响飞机的价格。目前,全球规模和生产能力比较大的飞机制造商仅有两家,即美国的波音公司和欧洲的空客公司。其他飞机制造商如巴西航空公司以及加拿大庞巴迪公司也能够生产客机,但其产量和综合实力相较于波音公司与空客公司比较弱。同时,中国也在积极发展大飞机产业,中国制造的“ARJ21”支线客机已经投入商业运营。2022 年 8 月,国产大飞机 C919 也已经完成取证试飞。飞机制造的高技术含量和复杂程度,决定了每年的飞机产量有限,导致飞机市场供不应求,飞机价格十分昂贵,主要的飞机制造商生产的飞机价格也逐年提高。波音公司和空客公司网站发布的信息数据显示,1985 年,一架 B737-200 型飞机的价格是 1 500 万美元。而到 2004 年,一架 B737-600 型飞机的价格则近 5 000 万美元。一架 B737-800 型飞机的价格则可以达到 7 800 万美元。对于同样机型的飞机,飞机的价格也越来越高。如 1997 年,B757-200 型飞机的价格为 5 500 万美元,而到 2001 年已达到 7 700 万美元。2004 年,B737-800 型飞机的价格为 7 800 万美元,2018 年,其价格则已达到 10 220 万美元。表 9.9 则显示了 2018 年波音公司和空客公司在售机型的目录价格。

表 9.9 波音公司与空客公司主流机型目录价格表（2018 年）

制造商	机　　型	座位数（个）	目录价格（百万美元）
波音公司	737-700	126—140	85.8
	737-800	162—186	102.2
	737-900ER	180—192	108.4
	737 MAX 7	138—153	96.0
	737 MAX 8	162—178	117.1
	737 MAX 9	178—193	124.1
	737 MAX 10	188—204	129.9
	747-8	467—530	402.9
	747-8 Freighter		403.6
	767-300ER	218—351	209.8
	767-300 Freighter		212.2
	777-200ER	301—400	295.2
	777-200LR	301—400	334.0
	777-300ER	368—451	361.5
	777 Freighter		339.2
	777-8	301—400	394.9
	777-9	368—451	425.8
	787-8	210—250	239.0
	787-9	250—290	281.6
	787-10	290—330	325.8
空客公司	A318	107—123	77.4
	A319	124—142	92.3
	A320	150—180	101.0
	A321	180—220	118.3
	A319neo	124—142	101.5
	A320neo	150—180	110.6
	A321neo	180—220	129.5
	A330-200	253—293	238.5
	A330-800neo	253—293	259.9
	A330-200 Freighter		241.7
	A 330-300	295—335	264.2
	A330-900neo	295—335	296.4
	A350-800	276（最大）	280.6
	A350-900	315（最大）	317.4
	A350-1000	369（最大）	366.5
	A380	550—830	445.6

（2）飞机租赁的租期较长。飞机作为租赁的标的物，因其自身的特点，其租赁租期一般较其他租赁标的的期限长。因为航空公司对于正在运营的飞机都有非常严格的使用标准和维护标准，飞机的使用年限通常长达 20 多年，客机机龄在 20 年左右的还可以改为货机继续使用。因此，在飞机的运营年限内，均可出租使用。一般而言，新飞机的租期往往在 8 年以上，根据不同厂家的不同维护计划，新飞机的租期可能有所差异，但一般以 8 年、10 年以及 12 年为主。

（3）飞机租赁公司实力较为雄厚。由于飞机的价格比较昂贵，飞机价值甚至可以达到上亿美元，因此，飞机租赁是资本密集型行业，大的租赁公司容易实现规模效应，其在提高信用评级、以低成本获取融资资金、以优惠价格大批量订购飞机等方面具有较大的优势。因此，大多数飞机租赁公司或者由一些实力较为雄厚的财团、银团、保险公司以及飞机制造商组成，或者与金融部门和飞机制造商有紧密的关系，同时全球飞机租赁公司通过并购等方式不断扩大自身规模。由数据分析集 Flight Global 发布的《航空融资与租赁报告 2019》数据显示，2018 年，全球前五大飞机租赁商拥有的租赁飞机资产价值占全球的 33.94%，前二十大飞机租赁商占比 71.23%。其中，按机队数量排名前十的航空租赁商如表 9.8 所示。

（4）飞机租赁交易结构和合同较为复杂。由于目前主要的飞机制造商大多位于美国和欧洲，而飞机的使用者则遍布全球，所以飞机租赁一般都为跨境交易。一般而言，飞机租赁交易结构和租赁合同都较为复杂，具体表现在三个方面。第一，飞机租赁交易结构较为复杂。因为飞机租赁交易一般涉及跨境交易，因此涉及不同的国家和地区之间的法律适用、交易币种、外汇管制、保险、税收、语言等方面的差异，从而导致飞机租赁交易结构的复杂性。一般而言，一项飞机租赁业务的参与者包括多个主体，即飞机制造商、航空公司、不同国家的律师与税务咨询师、银行、租赁公司以及评估公司等。从飞机租赁业务开始直到最终完成租赁，往往需要 2—3 个月的时间，业务复杂的通常需要半年或者更长时间。第二，飞机租赁的合同文本要求从业者具有较高的英文水平。由于飞机制造商主要是国外企业，同时由于飞机自身的专业特点，飞机租赁合同文本大多以英文为主，这就对从业人员的英文阅读、理解、表达以及谈判能力有较高的要求。第三，飞机租赁涉及的合同内容较为复杂，涉及合同种类多。由于飞机租赁一般涉及多个国家的法律法规和税务规定，其经营租赁合同中需要涉及对飞机技术性的维护条款和退租条款，一般一份完整的英文飞机租赁合同通常有上百页，且非航空专业从业人员很难把握。另外，飞机租赁除了签订租赁合同以外，还需要签订飞机买卖合同、银行贷款合同、保险权益转让合同、担保合同、机身发动机制造商保证转让合同以及保险合同等多个合同。因此，飞机租赁业务对于从业人员的综合要求较高。

3. 飞机租赁的分类

根据不同的分类标准,飞机租赁有多种形式。按照性质划分,飞机租赁可分为融资租赁和经营租赁;依据民航业的营运特点,飞机租赁可分为干租、湿租和半干租三类;依据飞机租赁的业务模式,飞机租赁可分为直接租赁、转租赁和售后回租、联合租赁和杠杆租赁等。另外,根据飞机是否跨境,飞机租赁可分为境内租赁和跨境租赁。

(1)依据性质划分。按照性质划分,飞机租赁可分为融资租赁和经营租赁。

融资租赁是较为常见的飞机引进方式,其以物为载体,目的在于融资并完全支付飞机的全部价值。融资租赁指出租人购买承租人选定的飞机,把飞机所有权以外的全部经营责任都转让给承租人,承租人负责飞机的维修、纳税和保险等。租期接近飞机的使用寿命,在租期内,租赁公司购买飞机的融资金额能够得到全额清偿并取得投资收益。租期结束时,承租人可以自由选择购买、续租或退租飞机。这是一种具有融资、融物双重功能的飞机租赁形式。融资租赁交易结构如图9.5所示。

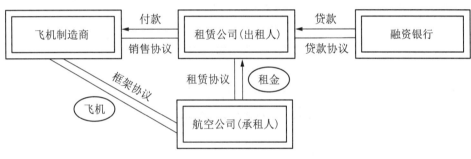

图 9.5 飞机融资租赁交易结构

融资租赁主要具有以下几个特点。第一,涉及当事人较多,交易结构较为复杂,需签署多个协议。一项飞机的融资租赁协议至少涉及三个当事人,即出租人、承租人和飞机制造商,多个当事人构成三边甚至多边交易,交易结构较为复杂。租赁交易的多个当事人之间需签署多个协议,即购买协议、租赁协议以及贷款协议、框架协议等。第二,租期较长。融资租赁租期基本接近或等于飞机的使用寿命或折旧寿命,一般为 10—15 年不等,甚至可达 20 年。第三,由承租人指定飞机的型号、数量。出租人只负责按用户要求融资购买飞机。第四,租金需完全支付。在飞机租赁期内,租金一般按季度或半年支付,承租人支付的租金加上租赁期末飞机的购买金额足以抵偿出租人购机的成本并获得投资收益。第五,融资租赁承租人承担所租飞机在租期内运营的一切费用。飞机出租人将一切关于飞机的所有权益和风险均转让给承租人,同时,在租赁期内,未得到出租人同意,只能由承租人使用飞机。第六,租赁协议不可撤销。一般而言,在租赁期内,不可随意更改或解除租赁协议。就特殊情况而言,经租赁双方协商,可以终止租约。租赁结束,承租人付出一定的金额获得飞机的所有权。总体而言,融资租赁的本质是,承租人以支付租金的方式分期购买飞机。

经营租赁是与融资租赁的概念相对应的,一般指租赁公司购买飞机并将飞机出租给承租人,其租期较短,承租人在租期内按期支付租金,租赁期届满,承租人可选择续租、退租或购买飞机等。经营租赁相较融资租赁较为灵活,是目前主要的飞机租赁方式,其交易结构如图 9.6 所示。

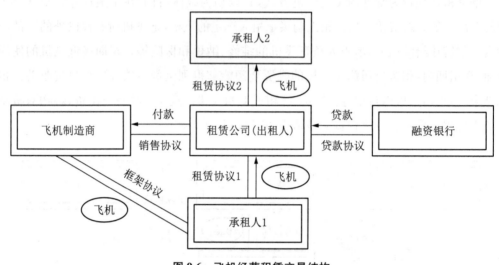

图 9.6 飞机经营租赁交易结构

经营租赁主要有以下几个特点。第一,经营租赁为结构简单的双边交易。飞机经营租赁交易结构较为简单,大多数是承租人(航空公司)与出租人(租赁公司)的双边交易,交易方式灵活。第二,飞机经营租赁租期较短。经营租赁租期为几个月到几年不等,租期远远小于飞机的使用寿命。第三,飞机经营租赁为不完全支付。由于飞机经营租赁的租期远低于飞机的经济寿命,所以,出租人在一次租赁中所得租金额总是低于购买飞机的支出,出租人需要通过多次出租才能收回购机时的成本和投资收益。从另一个方面可以看出,出租人在一次出租飞机中的风险也较大,因而经营租赁的租金一般较高。第四,租金一般按月或按季度支付,而且大多为先付,并且在飞机交付前承租人要缴纳保证金。第五,承租人不承担飞机所有权上的一切风险。承租人不承担飞机技术落后的风险、旧飞机出售的风险以及飞机质量、使用性能、技术性能等风险和责任。但是,经营租赁的承租人需承担支付租金以及在租期内维修保养飞机使之达到适航性、投保、税费等责任。租期结束,承租人将飞机返还给出租人。飞机经营租赁期满,承租人可以选择续租、退租或者购买飞机。经营租赁的飞机大多具有通用性,在市场上较为抢手。

（2）依据民航业的特点划分。按照民航业的特点，飞机租赁可分为干租、湿租和半干租三类。

干租指出租人（租赁公司、航空运营人或银行）只将航空器提供给承租人（航空运营人）使用，收取租赁费用，而并不提供飞机机组服务，且不承担运输过程中的给中费用、维修、保险及备件服务，这些费用和服务均由承租人自己承担。大多数飞机租赁业务都是干租业务。

湿租是指由出租人（航空运营人）向承租人（航空运营人）提供航空器并至少提供一名飞行机组人员的航空租赁。湿租中出租人一般为航空公司，承租人可能是另一家航空公司、旅行社或者一家物流、快递公司。湿租一般要求出租人将飞机租赁给承租人使用，且提供所需的机组人员、飞机维修和保险等，承租人则负责解决客源、航线和班次，并承担地面操作、起降费以及油费等直接运营成本。

半干租是指介于湿租和干租之间的飞机租赁模式，这种租赁方式由出租人提供部分服务，承租人也需承担一部分运营成本。半干租手续简单，运营方式灵活，风险小。

（3）依据飞机租赁的业务模式。按照飞机租赁的业务模式，飞机租赁可分为直接租赁、转租赁和售后回租、联合租赁和杠杆租赁等。

直接租赁是由租赁公司发挥主导作用的租赁模式。直接租赁指租赁公司直接与飞机制造商签订批量飞机购买合同，并向飞机制造商支付定金和飞机预付款，在这之后，租赁公司根据飞机交付时间提前寻找承租人，并在飞机交付前与承租人签订租赁合同，待新飞机交付时，出租人直接把新飞机租赁给承租人使用。直接租赁是一种租赁公司先下单再找客户的飞机租赁业务模式。

转租赁又称分租，是指承租人与出租人达成租赁交易后，再将飞机出租出去的一种业务模式。转租赁一般涉及两个以上的出租人。转租赁中承租人具有双重身份，既是第一承租人又是第二出租人。转租赁根据主体的不同又可分为以租赁公司为主体的转租赁和以航空公司为主体的转租赁两种业务模式。

以租赁公司为主体的转租赁业务模式如图9.7所示。图中租赁公司B作为出租人与航空公司A签订飞机租赁协议，租赁公司B作为承租人与作为出租人的租赁公司A签订飞机租赁协议，租赁公司A从银行取得融资并从飞机制造商那里购买飞机，之后将飞机租赁给租赁公司B。

以航空公司为主体的飞机转租赁业务模式如图9.8所示。这种业务模式为：租赁公司作为出租人与航空公司A作为承租人签订飞机租赁协议，之后，航空公司A根据其实际运营情况，比如运营淡季时，航空公司A又作为出租人将飞机转租给别的航空公司，例如航空公司B。这种业务模式在实际的航空运营中比较常见。

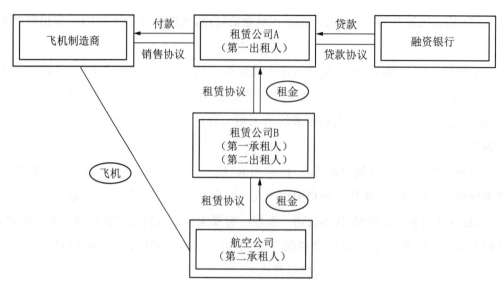

图 9.7　以租赁公司为主体的飞机转租赁交易结构

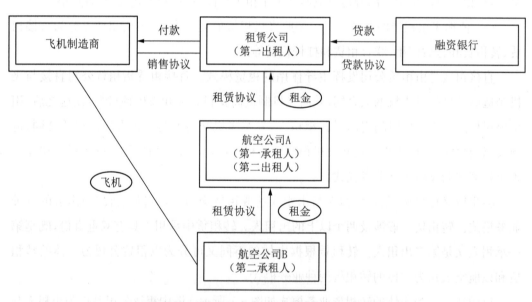

图 9.8　以航空公司为主体的飞机转租赁交易结构

售后回租是指航空公司将自身所拥有的飞机出售给租赁公司,然后,租赁公司作为租赁交易出租人再将飞机出售给承租人——原航空公司使用。售后回租的交易结构如图 9.9 所示。售后回租对于航空公司而言,可以满足其改善财务状况、盘活存量资产的需要,并使其可以与租赁公司一起分享政府投资减税优惠政策所带来的好处,并可以相对较低的租金取得飞机使用权,将物化资本转变为货币资本。

售后回租具有以下几个特点。第一,售后回租的标的飞机大多为旧飞机。第二,售

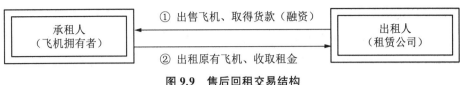

图 9.9 售后回租交易结构

后回租的租期一般较短。第三,售后回租的租金较高。由于航空公司通过售后回租将飞机的残值风险转移给出租人,因此,承租人支付的租金相对较高。第四,售后回租可分为售后回租融资租赁和售后回租经营租赁,后者较为常见。

联合租赁是指由两个或两个以上的出租人共同购买飞机,然后这些出租人共同与航空公司签订出租飞机的协议。在联合租赁中,承租人(航空公司)需同时向两个或两个以上出租人支付租金或根据协议向其中一个出租人支付租金,然后再由该出租人向另一个或一些出租人支付一部分租金。联合租赁业务交易结构如图 9.10 所示。联合租赁业务模式一般较为复杂,涉及多个出租人,因此多个出租人之间需要制定合理的对各方有保障的租赁方案,使租赁顺利开展。

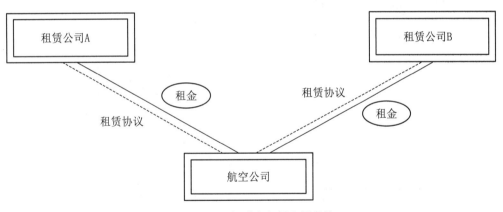

图 9.10 飞机联合租赁交易结构

杠杆租赁于 19 世纪 70 年代在美国出现,20 世纪 60 年代以后迅速发展。杠杆租赁适用于筹措资产价值在数百万美元以上的大型租赁项目,且可满足对使用寿命长达 10—25 年,甚至更长时间的资本密集型设备的融资需要,如飞机、输油管道、远洋货轮、卫星系统以及核电站等。飞机杠杆租赁即利用资金杠杆放大资本金的使用效果,用少量的资金撬动银行或者其他金融机构资金共同参与,投资飞机租赁项目。在杠杆租赁中,出租人只需投资飞机价格的 20%—40% 的资金,然后将飞机作为抵押并将有关权益转让,借贷其余大部分资金,从而出租人可购买到飞机,拥有飞机的所有权,并享有税收待遇。出租人将一部分税收优惠以降低租金的方式转让给承租人,从而使承租人可以获得比其他方式更低的融资成本。

飞机租赁是国际性业务,根据不同国家法律、监管、财会以及税收政策的不同,产生了不同种类的杠杆租赁交易结构,下面介绍几个典型国家美国、日本和法国的杠杆租赁。

虽然美国一向推崇自由贸易政策,但是美国的法律体系实质上在外资准入和运营方面,对国外投资人设置了许多门槛。如美国国内法要求航空器和船舶之类的交通行业的注册地点为美国,且其所有权人应为美国公民所控制的企业。所以,外国公司如果在美国开展飞机租赁业务,需要接受较为复杂的法律审查,因此,为规避这些规定,许多美国国外金融机构在美国设立信托(owner trust),从而开展飞机租赁业务。典型的美国杠杆租赁交易结构如图 9.11 所示。在典型的美国杠杆租赁交易中,信托计划作为出租人是整个飞机租赁业务的核心,股权参与人不必提供飞机的全额购买资金,大多数提供大约20%的资金,信托计划即出租人将飞机抵押给长期贷款人取得大约 80%的不可追索贷款,同时将相应租金以及保险权益转让给长期贷款人,信托计划作为飞机出租人和所有权人则从飞机制造商处购买飞机,并将飞机租赁给航空公司。

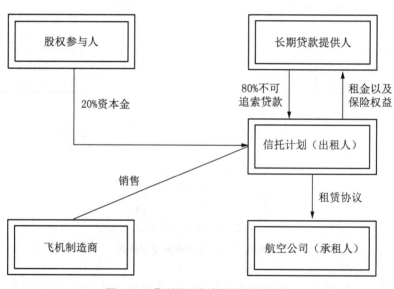

图 9.11　典型美国杠杆租赁交易结构

日本杠杆租赁(cross-border Japanese leveraged tax-based lease,JLL),于 20 世纪80 年代产生。当时,美国限制海外承租人使用美国杠杆租赁,日本杠杆租赁的产生使得大量海外租赁涌向日本,日本杠杆租赁得以迅速发展。日本杠杆租赁解决了当时日本贸易顺差过大的问题,租赁成功地发挥了平衡国际收支的作用。迄今为止,日本杠杆租赁仍是跨国减税杠杆租赁的主要方式,中国航空公司也较多采用日本杠杆租赁方式。日本杠杆租赁即日本的税务租赁大致经历了三个阶段的发展。第一个阶段,1988—1998 年,日本杠杆租赁采用加速递减折旧法进行飞机租赁。日本杠杆租赁结构与美国杠杆租赁交易结构基本相同。其交易结构如图 9.11 所示。第二个阶段,即日本经营租赁(Japanese operating lease,JOL)。由于日本国内税务改革,日本杠杆租赁模式已经不具优势,因此,日本投资者对杠杆租赁进行了创新与改革,创造出新的租赁形式,此种租赁方式将税收优惠在出租者和承租者之间分配。日本经营租赁交易结构如图 9.12 所示。第三个阶段是日本具有购买选择权的经营租赁(Japanese operating lease with call option,JOL-CO),其交易结构模式如图 9.13 所示。日本经营租赁和日本具有购买选择权的经营租赁的交易结构大致相同,主要区别在于航空公司即承租人是否有购买飞机的选择权。具体表现为以下几点。第一,日本具有购买选择权的经营租赁的租赁期限一般比日本经营租

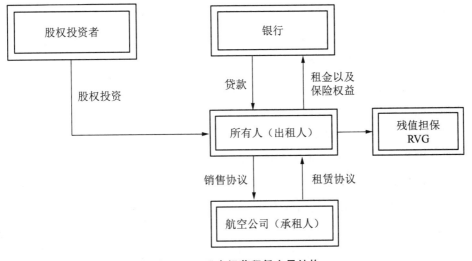

图 9.12　日本经营租赁交易结构

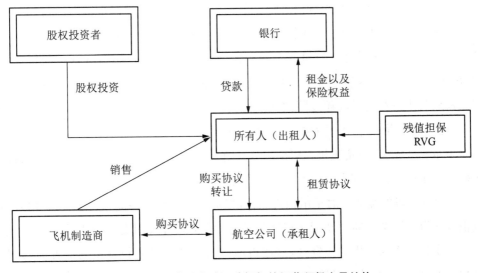

图 9.13　日本具有购买选择权的经营租赁交易结构

赁的期限长,日本具有购买选择权的经营租赁的租赁期一般会超过10年,而日本经营租赁的租赁期一般在10年以内。第二,日本经营租赁一般用于二手飞机的售后回租,日本具有购买选择权的经营租赁则用于租赁新飞机。第三,在日本具有购买选择权的经营租赁方式下,航空公司有购买权的选择,这对航空公司是有利的。

欧洲飞机租赁发端于英国,但是发展于法国、爱尔兰和开曼群岛。这里将详细介绍法国的杠杆租赁。法国杠杆租赁即法国税务租赁,是一种较为流行的飞机融资租赁模式。在法国税务租赁中,作为出租人的法国特殊目的公司(SPV)投资一部分资金购买飞机,飞机的另外两部分价款则由金融机构贷款和承租人首期租金构成。这样的操作方式有利于缓解单一方面资金需求量的巨大压力。作为承租人的航空公司需支付租赁交易的交易费用、租赁期的租金和租赁期满后留购飞机的费用,由于法国税法规定飞机资产的直线折旧率为12.5%,飞机期末残值很低,仅占总价值的5%甚至更低,使得航空公司租赁期末能以低成本来购买飞机。

(4) 依据飞机是否跨境。根据飞机是否跨境,飞机租赁可分为境内租赁和跨境租赁。

境内飞机租赁指飞机租赁的出租人和承租人在同一国家或地区的飞机租赁交易。目前,中国的国内飞机租赁刚开始发展。

境外飞机租赁指飞机的出租人和承租人不在同一国家或地区的飞机租赁交易。境外飞机租赁的形式可以是经营租赁也可以是融资租赁。境外飞机租赁一般有两种形式,即跨国飞机租赁(cross-border aircraft lease)和间接对外飞机租赁(indirected aircraft lease)。跨国飞机租赁指分处不同国家或地区的出租人和承租人之间开展的飞机租赁业务。由于出租人与承租人分处不同国家或地区,因此,飞机租赁业务需要考虑两个或两个以上国家的法律、税收和财会制度,并要求从事租赁业务人员具有较高的综合素质和业务水平。间接对外飞机租赁指一家租赁公司的海外法人企业在东道国经营的飞机租赁业务。无论承租人是不是东道国用户,对这家租赁公司而言都是间接对外飞机租赁。近些年来,间接对外租赁已成为租赁市场增长最快的租赁业务模式,在这种租赁业务模式中,出租人既可以进入当地金融市场进行融资,又可以享受当地的税收优惠,所以,这种租赁模式带来的收益已经超过跨国飞机租赁。

4. 飞机租赁相较于飞机购买的优势和劣势

对于承租人而言,租赁飞机在租期内只具有飞机的使用权,相对于购买飞机而言,租赁飞机对于承租人而言存在一定的优势与不足。

(1) 租赁飞机的优势。对于承租人而言,租赁飞机具有很多优点。第一,承租人通过飞机租赁获得了资金融通。利用飞机租赁业务,承租人可按期支付一小部分租金,不需要一次性支付巨额的飞机购买资金,这使得航空公司可将资金投资于其他方面,如购买航材和其他设备,从而扩大运输能力,这有利于提高航空公司的资金使用效率。承租人通过飞机租赁使得自己的资金筹措方式多样化。租赁融资是飞机购买传统融资之外的一种新型融资方式。经营租赁不影响承租人财务报表的资金流动比例,这是因为在经营租赁期内,出租人拥有飞机的所有权,所以租赁的飞机不是承租人的资产,不会在承租人财务报表上表现出来;同时,租赁的飞机也不是承租人的对外负债,而是在支付租金时计入成本。融资租赁承租人通过飞机租赁可以获得飞机的优惠让款。若承租人采用融资租赁,则需要将原来与飞机制造商签订的购买协议转让给飞机租赁的出租人,但是购买协议的转让一般不影响购机优惠让款,这笔优惠让款仍然属于承租人,这对承租人的生产经营有着一定的积极作用。另外,承租人采用售后回租方式租赁飞机可以加速固定资金的周转使用,既可以使承租人的财务状况得以改善,从而提高承租人资金的使用效率,同时又不影响承租人继续使用飞机。

第二,承租人通过飞机租赁可获得税务优惠。如美国、日本和欧洲的一些国家,飞机租赁与税务优惠有着密切的联系,基本上是以税款为基础的租赁,这些国家的飞机租赁公司所确定的租金的高低取决于税务优惠条件。中国为了鼓励飞机租赁业务的发展,在税务方面也采取了优惠政策。比如,注册在东疆保税港区,经银监会核准备案的或经商务部与国家税务总局共同认定的纳入内资融资租赁试点企业范围的 SPV 公司和租赁企业,自开业年度起营业税按照"利差纳税",对于其他注册在东疆保税港区的 SPV 公司和租赁企业,将通过财政税收返还等方式给予资金支持,确保企业的实际税负不高于按照利差纳税的税负。《天津东疆保税港区促进航运金融产业发展鼓励办法》中规定,针对不同企业不同年度分别给予 100%、80% 等不同程度财政税收返还。

第三,承租人通过飞机租赁可使折旧合理化,防止飞机陈旧。由于科技发展日新月异,许多设备的自然寿命未到,其经济寿命已到,因此,该设备需要被淘汰更新,这就是设备的陈旧化风险。为避免此种风险,使用租赁设备要优于购买设备。具体而言,经营租赁的承租人可以根据飞机的经济寿命在租期内退租,且可以避免飞机残值风险。而对于融资租赁的承租人而言,虽然不能在租期内退租,其可以在租赁决策时对于租赁标的进行研究与估算,将租期确定在飞机的经济寿命之内,同时还可以使飞机折旧更加合理化,从而使飞机及时更新。

第四,承租人通过飞机租赁可以简化获得飞机的时间,节省飞机交付时间。一架飞机从订购到交付一般需要 3—4 年,而采用飞机租赁方式,则只需要半年到一年。经营性租赁更短,最短甚至一周即可交付,这大大缩短了飞机交付期,能够使承租人及时更换飞机、更新机队,从而增加企业经济效益。

第五,租赁飞机使承租人经营更加灵活。与拥有飞机相比,租赁飞机使得承租人在经营策略上更加灵活。具体表现在:采用飞机租赁方式使新成立的航空公司的初始成本降低;飞机租赁使承运人最大限度地优化更新机队,提高生产效率,满足其生产经营战略的需要;承租人还可根据航空旺季和淡季合理规划机队,解决运力问题;飞机租赁有利于航空公司迅速开辟新航线,占领新市场。

(2)租赁飞机的劣势。当然,租赁飞机相较购买飞机也存在一定的不足,具体表现在四个方面。

第一,飞机租赁业务模式相较飞机购买较为复杂,尤其是飞机租赁业务模式中的杠杆租赁,其交易结构更为复杂。第二,租赁方式下承租人对飞机的处置权被限制,从而导致承租人不能对飞机进行重大技术改造,更不能抵押或出售飞机,在一定范围内限制了承租人使用飞机。第三,采用融资租赁方式租赁飞机的承租人在租期内退租较为困难,飞机必须使用一段较长时间后才可退租,否则,承租人必须支付较高的终止值。第四,在飞机租赁中,出租人和承租人都承担较高的风险。对于出租人而言,租赁风险主要是投资风险和残值风险。对于承租人而言,租赁风险主要有政治风险、自然风险、金融风险、税务风险和残值风险等。

总之,飞机租赁既有优势也有不足,那么究竟是采用租赁飞机还是购买飞机,应取决于承租人的经营策略和科学的评估。

9.4.2 飞机租赁的价格构成及估算

1. 飞机租赁的价格构成

在飞机租赁中,对承租人而言,飞机的租赁成本不仅包含支付给出租人的租金,还包括承租人运营飞机的费用和成本以及所得税等。飞机租赁的净现金流量计算公式如下:

$$净现金流量=运营收入-运营成本-租赁费用-销售税金及附加-所得税 \quad (9.5)$$
$$所得税=税率\times(运营收入-运营成本-租赁费用)$$

而在相同条件下的购买飞机的方案的净现金流量为:

$$净现金流量=运营收入-运营成本-飞机购买费用+残值-销售税金及附加-所得税$$

$$(9.6)$$

$$所得税=税率\times(运营收入-运营成本-折旧费)$$

注意,根据设备租购的净现金流量计算公式,以上净现金流量计算中的飞机运营成本不包含租赁费用或者购买费用,而一般而言,飞机的运营成本是要包含飞机的租购成本的。以下关于飞机租赁的分析则将租赁费用包含在运营成本中进行阐述。

如式(9.5)和式(9.6)所示,飞机租赁净现金流主要由以下几个方面构成。

(1)运营收入。飞机租赁的运营收入是指承租人在租赁某架飞机的租期内从该飞机获得的收入总和。飞机的运营收入一般包括运输旅客收入、运输货邮收入以及运输超重行李收入。用公式表示如下：

$$DOR = R_P + R_{FM} + R_B \tag{9.7}$$

其中，DOR 表示飞机的运营总收入，R_P 表示运输旅客收入，R_{FM} 表示运输货邮收入，R_B 表示运输超重行李收入。

（2）运营成本。运营成本指在某架飞机的租赁期内，该飞机营运所需支付的各项费用的总和。承租人在日常的机队运营中，一般将飞机的运营成本分为直接运营成本和间接运营成本。用公式表示如下：

$$TOC = DOC + IOC \tag{9.8}$$

其中，TOC 为飞机的航线运营总成本，DOC 为飞机的直接运营成本，IOC 为飞机的间接运营成本。

① 直接运营成本。直接运营成本能够直接而又清晰地反映飞机本身的优劣与设计特点，对于承租人或航空公司引入飞机的决策具有重要参考价值。根据中国市场的情况，直接运营成本主要包括所有权成本和现金运营成本。其中，所有权成本又包括飞机折旧费用、保险费用、利息或租金等。现金成本则包含燃油成本、维修成本、空勤成本、空乘成本、导航费以及起降费等组成。用公式表示如下：

$$DOC = C_O + C_C \tag{9.9}$$

$$C_O = C_D + C_I + C_{HI} \tag{9.10}$$

$$C_C = C_F + C_M + C_{FC} + C_{CC} + C_N + (C_{AP} + C_{GRO} + C_{PS} + C_{CAC}) \times DEP \tag{9.11}$$

其中，C_O 表示飞机的所有权成本；C_C 表示飞机的现金运营成本。C_D 表示飞机的折旧费用，C_I 表示贷款的利息或飞机的租金；C_{HI} 表示飞机的保险费用；C_F 为飞机的燃油成本；C_M 为飞机的维修成本；C_{FC} 为飞机的空勤成本；C_{CC} 为飞机的空乘成本；C_N 为飞机的导航费用；C_{AP}、C_{GRO}、C_{PS}、C_{CAC} 分别表示机场收费、地面服务费、旅客服务费以及民航发展基金。

② 间接运营成本。间接运营成本主要取决于航空公司的运营环境和营销模式，其与机队的运行关系不大。同一款机型的飞机在不同航空公司的运营下，可能产生不同的收益和成本。间接运营成本主要指除机组外的人工成本、飞行员引进成本、资产折旧、差旅、培训、制服费、场所租金以及财务费用等。不同航空公司的定位和运营模式不同，其间接运营成本会存在很大差异。

2.飞机租赁的价格估算

由前文所述，可以对飞机租赁的价格即净现金流量进行计算。具体计算方法和计算过程如下。

(1) 运营收入的估算。

由式(9.6)可知,飞机的运营收入一般包括运输旅客收入、运输货邮收入以及运输超重行李收入,以下进行详细阐述。

① 运输旅客收入。运输旅客收入即飞机运输旅客所获得的收入,其受飞机机型所拥有的座位数、潜在边际收益、航线年均航班次数等的影响。其中潜在的边际收益表示飞机潜在的收益。用公式表示如下:

$$R_P = S_M \times PLF \times (1+R_{PM}) \times [P_{FF} \times R_{FF} + F_D \times (1-R_{FF})] \times NFY \times (1+IP)^t$$

(9.12)

$$R_{PM} = CCI \times E_M \times E_O$$ (9.13)

其中,S_M 表示机型最大可用座位数;PLF 表示航线客座率;R_{PM} 表示潜在边际收益;P_{FF} 表示全程票价;R_{FF} 表示售出的全价票占全部售出票的比例;F_D 则为折扣票价;NFY 表示航线年平均航班次数;IP 表示票价年均增长率;CCI 代表单位成本对当地客流的影响;E_M 表示航班频率对当地客流的影响;E_O 表示当地客流水平。

② 运输货邮收入。运输货邮收入是飞机运输货邮所获得的收入,其与货邮运价、货邮重量以及货邮、行李运价年均增长率有关。用公式表示如下:

$$R_{FM} = PFM \times FW \times NFY \times (1+IB)^t$$ (9.14)

其中,PFM 表示货邮的运价;FW 表示年均航班货邮的重量;IB 则表示货邮、行李的运价年平均增长率。

③ 运输超重行李收入。运输超重行李收入指旅客行李超过规定的免费托运限额之外的由飞机运送所获得的收入。其与行李运价、年平均航班行李重量、超重行李占行李重量的比例以及行李运价的年平均增长率有关。用公式表示如下:

$$R_B = P_L \times W_L \times RE_L \times NFY \times (1+IB)^t$$ (9.15)

其中,P_L 为行李运价;W_L 为年平均航班行李重量;RE_L 则为超重行李占行李重量的比例。

(2) 运营成本的估算。

由式(9.7)可知,飞机的运营成本一般包含直接运营成本和间接运营成本。以下将对它们进行详细的介绍与估算。

① 直接运营成本的估算。

由式(9.8)可知,飞机的直接运营成本主要包括所有权成本和现金运营成本。由式(9.9)可知,飞机的所有权成本取决于飞机每年的折旧成本、净利息费用与飞机每年的保险费。进一步,飞机的折旧成本取决于飞机投资总额、残值率和折旧年限。飞机的净利息费用即飞机的年贷款利息。飞机的保险费则取决于保险费率和飞机价格。三个费用分别用公式表示如下：

$$C_D = I_T \times \frac{1-V_R}{P_D} \tag{9.16}$$

$$C_I = I_A \tag{9.17}$$

$$I_A = \frac{I_T \times F \times (PN) \times (IR/PN)}{1 - 1/(1+IR/PN)^{(PN \times LP)} - 1/(PN \times LP)} \tag{9.18}$$

$$C_{HI} = I_R \times P_A \tag{9.19}$$

其中，C_D 为折旧成本；I_T 表示投资的总额（单位为美元）；V_R 是飞机残值率；P_D 则为折旧年限；C_I 代表利息费用；I_A 表示贷款利息；F 代表贷款比例；PN 代表每年还款次数；IR 表示贷款年利率；LP 代表还贷的年限；C_{HI} 为飞机年保险费；I_R 代表保险费率；P_A 则为飞机的价格（单位为美元）。式(9.17)表明，飞机的贷款利息取决于贷款比例、贷款年利率、还贷年限以及每年的还款次数。航空保险的承保范围包括三部分，机身险、旅客法定责任险以及第三责任险。飞机的年保险费用取决于保险费率和飞机的价格，如式(9.19)所示。由式(9.11)可知，飞机现金成本的组成部分为：燃油成本、维修成本、空勤成本、空乘成本、导航费以及起降费等，以下详细进行每一部分的估算。

第一，燃油成本的估算。飞机的运行离不开燃油，燃油为飞机提供航行能力，燃油费用在飞机直接运营成本中占据了非常大的比例。很多时候，国际上燃油价格的波动和飞机的燃油量会直接影响航空公司的产出与收益。随着航空科技的发展，飞机制造商通过改进机翼、襟翼、发动机部件、降低飞机飞行阻力等方面，不断地提升飞机的燃油效率。而飞机自身的使用状况也直接影响其燃油效率。随着机龄的增长，维修次数的增加，飞机燃油效率将大大下降。小时燃油成本由燃油价格与飞机当前的燃油效率决定。用公式表示如下：

$$C_F = P_F \times W \tag{9.20}$$

其中，C_F 表示飞机的航空燃油成本；P_F 表示燃油价格；W 表示飞机小时耗油量。

第二，维修成本的估算。飞机的维修成本费用可分为飞机直接维修成本和飞机间接维修成本。按照飞机系统划分，直接维修成本分为飞机机体维修成本与飞机发动机系统维修成本，由人工时费和材料费组成。而飞机间接维修成本与航空公司和维修公司的运营、管理密切相关。除了上述计划性维修外，飞机可能会突发出现不同程度的故障损坏，这种具有突发性和偶然性的维修属于非计划性维修。而非计划的维修工时费和材料费可能会达到计划维修的 2 倍，深度维修甚至会达到或超过 3 倍，因此可根据历史数据计算非计划维修费用与计划维修费用的比例，通过该比例预估非计划维修成本。而实际上,预估飞机的维修成本难度很大,所以在测算新机型的维修成本时,一般通过竞争机型的数据进行对比计算。下面分别给出三部分维修费用的计算模型:

$$MC = MC_a + MC_e + MC_f \tag{9.21}$$

$$MC_a = MCL_a + MCC_a \tag{9.22}$$

$$MC_e = N_e \times (MCL_e + MCC_e) \times \frac{FH + 1.3}{FH + 0.25} \tag{9.23}$$

$$MC_f^{t+1} = MC_f^t \times \alpha^{t+1} \tag{9.24}$$

$$\alpha^{t+1} = \alpha^0 \times (1 + \varphi)^t \tag{9.25}$$

其中,MC 为飞机的维修成本;MC_a 为机体的维修成本;MC_e 为发动机的维修成本;MC_f 为预估维修成本;MCL_a 为飞机的机体维修劳务费用;MCC_a 为飞机的机体维修材料费用;N_e 为每架飞机的发动机数量;MCL_e 为发动机的维修劳务费用;MCC_e 为发动机的维修材料费用;FH 则为空中时间;MC_f^{t+1} 为飞机在第 $(t+1)$ 年时的非计划维修成本;MC_f^t 则为飞机在第 t 年的非计划维修成本;α^{t+1} 表示飞机在第 $(t+1)$ 年时的增长因子;α^0 表示增长初始因子;φ 为年增长率。

第三,机场收费。大多数的机场收费是依据飞机的最大起飞重量收取的。依据机场类别的不同,收费标准有所差异。本教材的机场收费、地面服务费用以及导航费用依据内地航空公司标准进行估算。记飞机的机场收费为 AF。

第四,地面服务费用。飞机的直接运营成本中的地面服务费包括:配载、通信、集装设备管理以及旅客与行李服务费;客梯、装卸货物以及地面运输服务费;过站服务费;飞机例行检查和放行费。这些费用一般依据飞机最大荷载或者飞机客座数进行收费。记飞机的地面服务费为 GHC。

第五,飞行机组费用。现代的运用运输机一般至少配备两名驾驶员,新冠疫情发生以来,有些航空公司的航班一般配备三名驾驶员。这里估算机组费用时,按照三名驾驶员进行估算。那么,飞行机组费用即包含机组的工资(含福利和补贴)以及飞行机组每年的复训成本,如下公式所示:

$$FCC = \frac{n_F \times (S_1 + S_2 + S_3 + FC)}{U} \tag{9.26}$$

其中,FCC 为飞行机组费用;n_F 为一架飞机所需配备的机组数量;S_1,S_2,S_3 为机长与副机长的年薪;FC 为年飞行机组复训成本,U 为飞机有效年利用率。

第六,导航费用。导航费包含航路费用和进近指挥费,按照飞机重量和航线距离进行收费。记飞机的导航费用为 NC。

② 间接运营成本的估算。

由前文所述，不同航空公司的定位和运营模式不同，间接运营成本存在很大差异，为了简便计算，使模型具有更好的通用性，将承租人（航空公司）的间接运营成本分摊到每一个旅客身上。用公式表示为：

$$IOC = \sum_l f_l \times ioc \tag{9.27}$$

其中，f_l 表示航空公司在 l 航线上的预计客运量；ioc 表示航空公司 t 年时为每个旅客花费的间接运营成本。

9.4.3　飞机租赁的决策方法

航空公司在进行飞机租赁的决策时，究竟采用购买飞机抑或租赁飞机，主要取决于租购的净现金流量的比较，若租赁的净现金流量大于购买飞机的净现金流量，那么就选择租赁飞机；反之，则选择购买飞机。

由本节开始时的式（9.5）和式（9.6）知，当采用直线折旧时，租赁费高于折旧费，因此所付税金较少，有利于飞机承租人（飞机使用者）。如例 9.7 所示。

【例 9.7】某航空公司需要某种机型的飞机，其购置费为 8 000 万美元，计划使用 10 年，10 年末的残值为 3 000 万美元。这种机型的飞机也可以租到，每年的租赁费用为 850 万美元。飞机每年的运营费用为 960 万美元（不包含飞机租赁费用）。所得税税率为 33%，采用直线折旧。试问该航空公司的租购方案是什么？（航空公司要求的基准收益率为 10%）

【解】若航空公司采用购买方案，则其年折旧费为：

（飞机购买费用－飞机 10 年末残值）÷10＝（8 000－5 000）÷10＝500（万美元）

这 500 万美元的折旧费用需计入总成本，租赁方案每年租赁费 850 万美元也需计入总成本，由于租购的运营收入和运营费用都相同，因此租赁方案的应税利润比购买方案的应税利润少：（850－500）万美元＝350 万美元，前者所得税少付：

$$33\% \times 350 = 115.5（万美元）$$

飞机租购方案的现金流量如图 9.14 所示。

按平均年度费用比较：

$$AAC(10\%)_A = (960 + 850) - 115.5 = 1\ 694.5（万美元）$$

$$AAC(10\%)_B = (8\ 000 - 3\ 000)(A/P, 10\%, 10) + 3\ 000 \times 0.10 + 960 = 2\ 074（万美元）$$

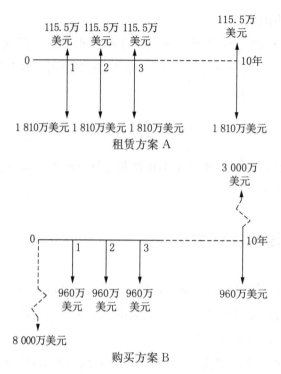

图 9.14　飞机租购方案的现金流量图

$$AAC(10\%)_A < AAC(10\%)_B$$

所以,从航空公司视角来看,应该采用租赁方案。

本章小结

　　大多数航空公司会从飞机机龄、运营成本和飞机技术革新以及航空公司内因角度考虑是否更新飞机。航空公司在作出飞机更新决策时,将飞机使用寿命周期的各项成本合并为两部分,即运营成本以及更新成本。考虑飞机更新决策的本质是比较某架飞机当时的运营成本以及更新同款飞机的更新成本,以飞机经济性为基础,寻求最优的更新决策。在实际进行飞机更新方案比较时有两个特点。一是假定新旧飞机的功能是相同的。二是一般采用平均年度费用(AAC)或平均年度盈利(AAB)进行比较。一般在进行飞机更新方案比较时,应遵循下面两条原则:第一,不考虑沉没成本;第二,不根据飞机的直接现金流量进行比较,而应该综合多种因素从客观实际出发进行比较。

　　飞机的经济寿命,指飞机运营能达到最大经济效益的服务寿命。飞机经济寿命的估算包含两个问题。即估计新飞机的经济寿命和决定正在运营的飞机的更新时间。对于总收入可以预估的飞机,从飞机所有者角度出发,采用最大平均年盈利计算飞机的经济寿命。对于总收入不能预估的飞机,可以从飞机的费用出发,采用最小平均年度费用估算飞机的经济寿命。

一架正在运营的飞机,是否需要用另一架运营功能相同的新飞机进行更新替换,一般由两种方法决定。一种是对于没有收入或无法对收入进行预估的飞机,采用平均年度费用法决定飞机的更新时间。另一种是对于有收入的飞机,应采用平均年度盈利法决定更新时间。

飞机租赁指航空公司或者承租人从租赁公司或制造厂家选择一定型号与数量的飞机,并与租赁公司或出租人签订有关租赁飞机的协议。目前,新兴市场国家的航空业正处于上升的黄金增长期,可以带动全球飞机租赁业进一步发展。飞机租赁具有的特点为:租赁标的价格昂贵、租金高,租赁的租期较长,租赁公司实力较为雄厚,租赁交易结构和合同较为复杂。根据不同的分类标准,飞机租赁有多种形式。

对于承租人而言,租赁飞机具有很多优点。第一,承租人通过飞机租赁获得了资金融通。第二,承租人通过飞机租赁可获得税务优惠。第三,承租人通过飞机租赁可使折旧合理化,防止飞机陈旧。第四,承租人通过飞机租赁可以简化获得飞机的手续,从而节省飞机交付时间。租赁飞机相较购买飞机也存在一定的不足,具体表现在四个方面。第一,飞机租赁业务模式相较飞机购买较为复杂。第二,租赁方式在一定范围内限制了承租人使用飞机。第三,采用融资租赁方式租赁飞机的承租人在租期内退租较为困难。第四,出租人和承租人都承担较高的风险。

在飞机租赁中,对承租人而言,飞机租赁成本不仅包含支付给出租人的租金,还包括承租人运营飞机的费用和成本以及所得税等。

航空公司在进行飞机租赁的决策时,究竟采用购买飞机抑或租赁飞机,主要取决于租购的净现金流量的比较,若租赁的净现金流量大于购买飞机的净现金流量,那么就选择租赁飞机;反之,则选择购买飞机。

思考题

1. 简述飞机更新方案比较的特点和原则。

2. 简述飞机经济寿命的概念及其估算方法。

3. 简述飞机融资租赁和经营租赁。

4. 简述世界飞机杠杆租赁业务的发展历程。

5. 简述天津东疆保税港区飞机租赁的发展历程及其创新的飞机租赁模式。

6. 比较飞机租赁与飞机购买的优缺点。

7. 简述飞机运营收入与运营成本。

8. 简述飞机运营成本的构成及每个组成部分的影响因素。

9. 某航空公司在 4 年前以 8 000 万美元引进飞机 A,估计还可使用 6 年,第 6 年末估计残值为 800 万美元,飞机的年运营费为 1 550 万美元。现在市场上出现了飞机 B,飞机价格为 7 800 万美元,估计可以使用 10 年,第 10 年末的残值为 780 万美元,年营运费为 1 000 万美元。现采用两种方案,方案甲:继续使用飞机 A;方案乙:把飞机 A 以 2 400 万美元出售,然后购买飞机 B,航空公司要求 15% 的基准投资收益率。试比较方案甲和方案乙。

10. 某航空公司需要某种机型的飞机,其购置费为 7 800 万美元,计划使用 10 年,10 年末的残值为 2 700 万美元。这种机型的飞机也可租到,每年的租赁费用为 750 万美元。飞机每年的运营费用为 960 万美元(不包含飞机租赁费用)。所得税税率为 33%,采用直线折旧。试问该航空公司的租购方案是什么?(航空公司要求的基准收益率为 10%)

第 10 章　不确定性和风险分析

　　航空工程项目、投资方案的决策取决于所选经济指标的计算,计算经济指标的部分数据是不确定的,由估计预测得来。前面各章的分析,都假定决策者对未来的情况有较为确切的了解,即确定性的决策分析。实际上,我们处在不确定性的环境中,未来总是不确定的,对未来的预测,甚至对现在情况的了解都是不完善的。因此,计算的结果与未来的客观实际情况并不都是完全符合的,决策者无论选择哪一种方案都会承担一定的风险。这些风险主要存在于决策者所不能控制的那些因素。在航空工程经济分析中,首先根据主要任务,拟定构造许多互斥方案。然后根据某一项或某一组经济指标,选择一个或几个方案进行深入研究并加以补充完善。最后确定的航空方案必须在实际的航运环境中运营。但这些航运环境一般都是决策者在进行决策时预先估计猜测的,估计值和实际值之间可能存在偏差。比如燃油价格、飞机机票、货运费率、飞机客流量等运营参数不能正确预测,是造成不确定性的重要原因。这些不确定性一般可以用概率分布来表示。此外,飞机重量、制造费用等一般是根据历史统计资料确定的,如果这些资料数据过时,或者所研究的飞机是非常规标准型的,那么估算这些参数时会存在大量的不确定性。另外,在拟订方案中所采用的近似计算方法、飞机制造中的误差,以及飞机性能随机龄的增加而变差,都将引起不确定的结果。特别是由科技的发展和政治经济形势的变化而造成的不确定性,在航空投资分析中很难用数字精确表示,当然也不能用概率分布表示。

　　为了提高航空工程方案经济效益评价的可靠性和准确性,降低投资风险,提高经济决策的科学性,分析不确定因素对经济评价指标的影响,需要进行不确定性和风险分析。

　　不确定性分析的主要内容为分析各种具体的不确定性因素及其对投资项目经济效益的影响程度。所谓的不确定性即缺乏肯定性,风险可理解为由经济参数的不确定而给投资效果带来的影响。例如,从投资者的经济利益出发,风险可理解为达不到预定的基准投资收益率的可能性。

　　不确定性分析的方法比较多,主要方法有以下几种:盈亏平衡分析、敏感性分析、概率分布、期望效应分析、决策树法、泰勒级数法、不确定性决策分析以及蒙特卡洛法等。

本章主要介绍盈亏平衡分析、敏感性分析、概率分布以及期望效用分析。

10.1 盈亏平衡分析

各种不确定性因素,如投资额、燃油价格、飞机机票、货运费率、飞机客流量、科技进步以及各种政治经济因素等的变化会影响方案的经济效果,当这些因素的变化达到某一临界值时,方案的经济效果会发生质的变化,从而影响方案的取舍。而盈亏平衡分析的目的则在于寻找这种临界值,以判断方案对不确定性因素变化的承受能力,为决策提供依据。盈亏平衡分析概述详见第7章第2节,这里不再赘述。

10.1.1 线性盈亏平衡分析

线性盈亏平衡分析有四个假设前提。第一,假定产量等于销售量。第二,假定产量变化、单位可变成本不变,从而总生产成本是产量的线性函数。第三,假定销售量变化、销售单价不变,从而销售收入是销售量的线性函数。第四,假定企业只生产单一产品,或者生产多种产品,但可以换算为单一产品计算。只有满足以上四个假设前提,才能进行线性盈亏平衡分析。

为进行线性盈亏平衡分析,将生产成本分为固定成本和可变成本。在特殊的生产条件下,企业产品的成本函数是线性的,用 C_T 表示年总成本,f 表示年总固定成本,C_V 表示单位产品的可变成本,x 表示年总产量,那么成本方程式为:

$$C_T = C_V \cdot x + f \tag{10.1}$$

若 B 表示销售收入,B' 表示扣除销售税金后的销售收入,t' 表示销售税率,则有如下公式:

$$B' = B(1-t') = P \cdot x \cdot (1-t') \tag{10.2}$$

式(10.2)中,P 为产品的销售单价。

当盈亏平衡时,收入与支出相等,即税后销售收入 B' 等于生产总成本 C_T:

$$B' = C_T$$

那么有:

$$P \cdot x \cdot (1-t') = C_V \cdot x + f \tag{10.3}$$

可根据式(10.3)求出盈亏平衡点：

$$BEP(产量) = x = \frac{f}{P - C_V - t} \qquad (10.4)$$

式(10.4)中，$t = Pt'$，其表示单位产品的销售税金。

式(10.4)两边都除以该项目的设计(额定)年产量 x_0，则可得到以生产能力利用率表示的 BEP，用公式表示为：

$$BEP(生产能力利用率) = \frac{x}{x_0} = \frac{f}{x_0(P - C_V - t)} = \frac{f}{S - C_A - T_A} \qquad (10.5)$$

式(10.5)中，C_A 为年总可变成本；T_A 为年销售税金；这里，$T_A = x_0 t$。

除用公式分析外，盈亏平衡分析还可以通过图解法进行。以年产量(年销售量)为横坐标，生产总成本或销售收入(税后)为纵坐标，将成本表达式(10.1)和销售收入表达式(10.2)表示在图形中，两线交点对应的坐标值即盈亏平衡点，图解如图 10.1 所示。

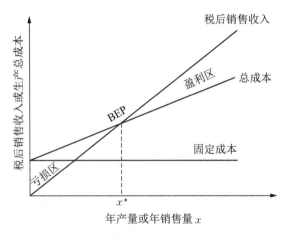

图 10.1　线性盈亏平衡分析简图

10.1.2　非线性盈亏平衡分析

在实际工作中，产品的年总成本与产量并不都是线性关系，产品的销售一般也会受到市场和用户的影响，销售收入与产量也不呈线性变化。所以，这时即可使用非线性盈亏平衡分析。其总成本和销售收入的变化趋势如图 10.2 所示。

如图 10.2 所示，当产量(销售量)、成本和收入三者呈非线性关系时，可能出现几个盈亏平衡点，图 10.2 中有两个盈亏平衡点 x_1^* 和 x_2^*，如图 10.2 所示，在产量 x_1^*，x_2^* 之间企业能够盈利，当产量或销售量小于 x_1^* 或大于 x_2^* 时，企业生产销售该产品将亏损。所

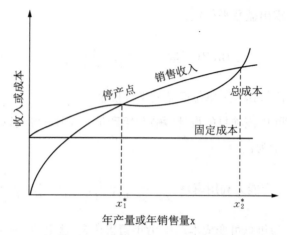

图 10.2 非线性盈亏平衡分析问题

以，企业该产品的合理生产规模为(x_1^*, x_2^*)。

进一步，设$B(x)$为年销售收入和销售量x之间的函数关系，设$C(x)$为年总成本与产量之间的函数关系，则利润为：

$$A_P(x) = B(x) - C(x) \qquad (10.6)$$

对式(10.6)两边求一阶导数，得：

$$dA_P(x)/dx = B'(x) - C'(x)$$

令$\dfrac{dA_P(x)}{dx} = 0$，可得x^*，且这时二阶导数小于零，所以，产量为x^*时，可获得最大利润。

【例10.1】某企业的某项产品的产量x与其年总成本之间的关系为$C(x) = 200\,000 + 4x + 0.005x^2$，假定产量等于销售量，其销售收入$B(x) = 100x - 0.001x^2$，试求该企业对该产品的合理经济规模及最大利润。（成本和销售收入单位：元）

【解】当利润为零时，即达到盈亏平衡时，$C(x) = B(x)$，代入数据为：

$$200\,000 + 4x + 0.005x^2 = 100x - 0.001x^2$$

解之，得：

$$x_1^* = 13\,538 \qquad x_2^* = 2\,463$$

所以，企业生产该产品的合理生产规模区间为：$2\,463 < x < 13\,538$

企业生产该产品的利润为：

$$A_P(x) = B(x) - C(x) = 100x - 0.001x^2 - 200\,000 + 4x + 0.005x^2$$

$$= -0.006x^2 + 96x - 200\ 000$$

则：

$$\frac{\mathrm{d}A_P(x)}{\mathrm{d}x} = -0.012x + 96 = 0$$

解之，得：

$$x^* = 8\ 000$$

又因为：

$$\frac{\mathrm{d}^2 A_P(x^*)}{\mathrm{d}x^*} = -0.012 < 0$$

因此，当 $x^* = 8\ 000$ 时，该企业生产与销售该产品可获最大利润，该最大利润为：

$$A_{P\max}(x^*) = 184\ 000$$

10.1.3　盈亏平衡分析方法的优缺点

盈亏平衡分析方法是对拟建项目进行不确定性分析的方法之一，其对项目的分析存在自身的优点和缺点。

运用盈亏平衡分析方法有助于了解拟建项目可能承担风险的程度。一方面，盈亏平衡分析需要对项目的一些主要参数，如销售量（产量）、售价以及成本等经济指标作出分析和决策。另一方面，运用盈亏平衡分析可以对某些不易确定的经济数据，如总投资、收益率等进行分析。因此，运用盈亏平衡分析法可以粗略地对高度敏感的产量、售价、成本以及利润等因素进行分析，这将有助于了解项目可能承担风险的程度。

运用盈亏平衡分析方法分析拟建项目不够全面。这是因为，盈亏平衡分析的一系列前提假设较为理想化，尤其是它假设生产量等于销售量，即企业生产的产品能够完全销售。另外，运用盈亏平衡分析方法时所使用的数据是某一正常年份的确定性数据，但在建项目是一个长期过程。基于以上原因，运用盈亏平衡分析方法分析拟建项目不够全面准确。

尽管盈亏平衡分析方法存在上述缺点，但由于其计算简单，可直接对项目的关键因素（盈利性）进行分析；因此，在分析项目不确定性时，仍然广泛使用盈亏平衡分析方法进行分析。

10.1.4 航空运输项目盈亏平衡分析方法

航空运输项目有三大特点。第一,航空运输业是服务性行业,其在生产的同时完成销售,其生产任务就是完成人员或物资的转移,其生产量就是完成的运输量。第二,其销售收入就是运输的运营收入。运价基本上不随运输量的大小而变化,即航空运输业的营运收入是运输量的线性函数。第三,航空运输项目生产比较单一,即完成客货运输。航空运输项目的这些特点基本符合线性盈亏分析的四个前提条件,故可采用线性盈亏平衡分析方法。

设航空运输项目的总成本为:

$$C = C_v Q + f \tag{10.7}$$

其中,C 表示航空运输的总成本;C_v 表示单位运输量的可变成本;Q 表示运输量;f 表示航空运输的固定成本。

由航空运输项目的总成本等于运营收入(销售收入),得:

$$PQ^*(1-t') = C_v Q^* + f \tag{10.8}$$

其中,Q^* 为航空运输项目的盈亏平衡点的实物量(运输量);P 为运费率;t' 则为营业税率。

由式(10.8)可得:

$$Q^* = \frac{f}{P(1-t') - C_v} \tag{10.9}$$

10.2 敏感性分析

敏感性分析也是不确定性分析的一种常用方法。

10.2.1 敏感性分析概述

敏感性分析是通过分析、预测各种不确定性因素,如投资额、建设工期、产品产量、产品价格、产品成本以及汇率等发生增减变化时对方案经济效果的影响,从中找出影响程度最大的因素——敏感因素,并从敏感因素变化的可能性和测算的误差中分析方案的风险大小。敏感性分析概念详见第 7 章第 8 节，这里不再赘述。

1. 敏感性分析的步骤

在运用敏感性对方案进行分析时一般遵循如下五个步骤。

(1) 确定项目分析的具体对象。项目分析的具体对象即项目分析的具体指标，也就是方案的经济效果指标，如净现值、净年值、内部收益率以及投资回收年限等。各个经济指标分析评价的内容和问题不同，而对于某个特定方案的经济分析而言，需根据方案的内容与方案的资金来源等特点，选择相应的几种指标作为分析指标。在具体操作中，敏感性分析所使用的指标一般需要与此方案确定性分析所使用的指标一致，以便对方案进行综合分析与决策。

(2) 选择不确定性因素，并设定其变化幅度。一般而言，影响方案经济效果的不确定性因素有很多，比如投资额、建设工期、产品价格、生产成本、贷款利率以及销售量等。这些因素中的任何一个发生变化，都会引起方案经济效果的变动。在实际工作中，一般不需要对影响方案经济效果的所有因素都进行不确定性分析，一般做法为根据方案的内容与特点选择几种变化可能性较大且对方案经济效果影响较大的因素进行敏感性分析。例如，对于出口产品，若其生产原材料主要是由国内供给，在这类方案中，外汇汇率的变化对经济效果影响较大，故应选择外汇汇率作为不确定性因素进行分析。又如，对于航空运输项目，运营收入对其影响较大，因此应选择运营收入作为不确定性因素之一进行敏感性分析。

在选定需要分析的不确定性因素之后，需要根据实际情况和不确定性因素可能波动的范围，设定不确定性因素的变化幅度，如 5%、10%、15%、20% 等。

(3) 计算不确定性因素的影响程度。对于各个不确定性因素的各种可能变化幅度，分别计算其对分析指标影响的具体数值，具体做法为：固定其他不确定性因素，变动某一个或某几个因素，计算经济效果指标值。在此基础上，建立不确定性因素与分析指标之间的对应数量关系，并进一步用图表表示分析。

(4) 确定敏感性因素。敏感性因素即其数值的变化显著影响分析对象的不确定性的因素。判断敏感性因素的方法一般有相对测定法和绝对测定法两种方法。

相对测定法的具体操作方法为：首先将多个不确定性因素的变化幅度设定为相同，然后，比较在同一变化幅度下各因素变动对分析指标的影响程度，影响程度较大者即敏感性因素。这种影响程度可以用敏感性系数表示。敏感性系数计算如下所示：

$$S_{AF} = \frac{\Delta A/A}{\Delta F/F} \tag{10.10}$$

其中，S_{AF} 表示评价指标 A 对于不确定性因素 F 的敏感度系数；$\Delta F/F$ 表示不确定

性因素 F 的变化率;$\Delta A/A$ 表示当不确定性因素 F 发生 ΔF 变化时,评价指标 A 的相应变化率。

若 $S_{AF}>0$,则表示评价指标 A 与不确定性因素 F 同向变化;若 $S_{AF}<0$,则表示评价指标与不确定性因素反向变化。S_{AF} 的绝对值越大,则说明对应的不确定性因素越敏感。

相对测定法仅从评价指标对不确定性因素变化的敏感程度判定敏感因素,并没有考虑不确定性因素本身的变动情况,因而存在局限性。

绝对测定法的具体操作方法为:首先,假设各个不确定性因素均向对方案不利的方向变化,并取其可能出现的对方案最不利的数值,然后,根据此数值计算方案的经济效果指标,再观察其是否达到使方案无法被接受的程度,以确定敏感性因素。如果某个不确定性因素可能出现的最不利数值使方案变得不可接受,那么表明该因素为方案的敏感性因素。

另外,绝对测定法还有一种变通方法。即先设定分析指标由可行变为不可行的数值,然后一一求解各个不确定性因素所对应的临界数值,即求出临界点或转换值。之后,将各个不确定性因素的临界点与其可能出现的最大变化幅度进行比较,如果最大变化幅度超过临界点,则表明该因素是方案的敏感因素。另外,临界点可以采用临界点百分比或临界值表示,临界点百分比表示不确定性因素相对于基本方案的变化率,临界值表示不确定性因素变化达到的绝对数值。

(5)综合评价方案,并进行选择。根据以上确定性分析和敏感性分析的结果,对各个方案进行综合评价,并选择最优方案。

2. 敏感性分析的种类

根据计算时变动不确定性因素的数目,敏感性分析可分为单因素敏感性分析和多因素敏感性分析。

(1)单因素敏感性分析。单因素敏感性分析是指计算时只变动一个不确定性因素,从而进行的敏感性分析。单因素敏感性分析在分析方法上与数学多元函数的偏微分分析类似,即假定其他因素不变,只计算某个因素的变化对经济效果指标的影响。

【例 10.2】某投资方案用于确定性分析的现金流量如表 10.1 所示,表中的数据由对未来最可能出现的情况的预测估算而得。由于未来影响经济环境的某些因素的不确定性,预计各参数的最大变化区间为 -30%—30%,基准折现率为 12%。试对各参数分别作敏感性分析。

【解】本题取净现值作为分析的指标。净现值的未来最可能值为:

$$NPV = -K+(AR-AC)(P/A,12\%,10)+L(P/F,12\%,10)$$
$$= -170\,000+(35\,000-3\,000)\times5.650+20\,000\times0.322\,0=17\,240(元)$$

表 10.1　方案现金流表

参　　数	预　测　值
投资额(K)(元)	170 000
年收益(AR)(元)	35 000
年支出(AC)(元)	3 000
残值(L)(元)	20 000
寿命期(n)(年)	10

以下就投资额、年收益、年支出、残值和寿命期这五个不确定性因素作敏感性分析。

假设投资额变化的百分比为 a、年收益变化的百分比为 b、年支出变化的百分比为 c、残值变化的百分比为 d、寿命期变化的百分比为 e，则分析投资额变化、年收益变化、年支出变化、残值变化以及寿命周期变化对方案净现值影响的计算公式如下所示：

$$NPV = -K(1+a) + (AR-AC)(P/A, 12\%, 10) + L(P/F, 12\%, 10) \quad (10.11)$$

$$NPV = -K + [AR(1+b)-AC](P/A, 12\%, 10) + L(P/F, 12\%, 10) \quad (10.12)$$

$$NPV = -K + [AR-AC(1+c)](P/A, 12\%, 10) + L(P/F, 12\%, 10) \quad (10.13)$$

$$NPV = -K + (AR-AC)(P/A, 12\%, 10) + L(1+d)(P/F, 12\%, 10) \quad (10.14)$$

$$NPV = -K + (AR-AC)[P/A, 12\%, 10(1+e)] + L[P/F, 12\%, 10(1+e)] \quad (10.15)$$

① 相对测定法。

依据题意，各参数的最大变化区间为 −30%—30%，则以上各式中，a、b、c、d、e 的取值都为 ±10%、±20%、±30%。

根据以上五个公式，采用表 10.1 中的数据可计算各个不确定性因素在不同变动幅度下方案的净现值，计算结果如表 10.2 所示。

表 10.2　敏感性分析表

不确定性因素	变动幅度(元)						
	−30%	−20%	−10%	0	+10%	+20%	+30%
投资额(K)	68 240	51 240	34 240	17 240	240	−16 760	−33 760
年收益(AR)	−42 085	−22 310	−2 535	17 240	37 015	56 790	76 565
年支出(AC)	22 325	20 630	18 935	17 240	15 545	13 850	12 155
残值(L)	15 308	15 952	16 596	17 240	17 884	18 528	19 172
寿命期(n)	−14 906	−2 946	7 708	17 240	25 766	33 342	40 152

根据表 10.2 绘制敏感性分析图和敏感度系数表,如图 10.3 和表 10.3 所示。

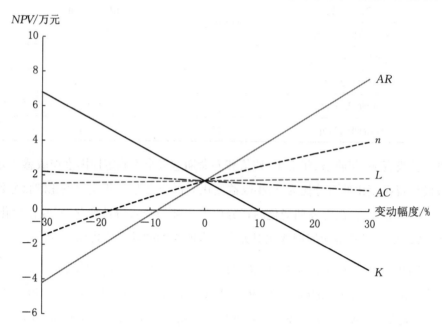

图 10.3　敏感性分析图

表 10.3　敏感度系数表

不确定性因素	变化率	净现值(元)	敏感度系数	临界点百分比	临界值
基本方案	0	17 240			
投资额	−20%	51 240	9.86		
	+20%	−16 760	9.86	10.14%	187 238
年收益	−20%	−22 310	11.47	−8.72%	31 948
	+20%	56 790	11.47		
年支出	−20%	20 630	0.98		
	+20%	13 850	0.98	101.71%	6 051
残　值	−20%	15 952	0.37	−267.70%	−33 540
	+20%	18 528	0.37		
寿命期	−20%	−2 946	5.85	−17.34%	8.27
	+20%	33 342	4.67		

　　由图 10.3 中各条曲线的斜率和表 10.3 中各不确定性的大小可以得出,年收益的变动对方案的净现值影响最大,其次为投资额,之后是寿命期和年支出的变动,残值变动的影响最小。

② 绝对测定法。

分别令式(10.11)—式(10.15)中的方案净现值 NPV 为零,可解得:

$a=10.14\%$,$b=-8.72\%$,$c=101.71\%$,$d=-267.70\%$,$e=-17.34\%$。

如表 10.3 中第五列所示,这些值即临界点百分比。用各个不确定性因素所达到的绝对数表示即临界值,如表 10.3 中第六列所示。

绝对测定法的结果表明,当其他因素不变时,投资额的增加超过 10.14%,也即达到 187 238 元时,方案的净现值将为负,不可接受此方案;或者以年收益分析,其他因素不变,年收益的降低超过 8.72%,即年收益减少到 31 948 元时,方案净现值为负,不可接受此方案。其他不确定性因素的分析类似。如果仅从不确定性因素本身的特性考虑,临界点百分比的绝对值越小,其所对应的因素就越敏感。依据此,本例中敏感性由大到小依次为年收益、投资额、寿命期、年支出和残值,排序与相对测定法的排序相同。

(2) 多因素敏感性分析。单因素敏感性分析在进行方案或项目的敏感性分析时,假定其他因素不变,而只分析某一因素变动对经济效果的影响。这一般不符合实际情况。在实际中,因素的变动往往不是独立的,各因素变动之间有相关性,某一个因素变动的同时,其他因素也会发生相应的变化。因此,单因素敏感性分析有其局限性。

多因素敏感性分析是指同时考虑各种因素发生变动,从而对方案或项目的经济效果的影响程度进行分析。多因素敏感性分析涉及多个因素同时发生变动以及各种因素发生不同的变动幅度的组合,所以,多因素敏感性分析的计算较为复杂。在多因素敏感性分析中,若需分析的不确定性因素不超过三个,且经济效果指标的计算也比较简单,可以采用解析法与作图法相结合的方法对方案或项目进行敏感性分析。

【例 10.3】本例数据和信息同例 10.2,试对投资额与年收益的联动进行双因素敏感性分析。

【解】同例 10.2,净现值的未来最可能值为:

$$NPV=-K+(AR-AC)(P/A,12\%,10)+L(P/F,12\%,10)$$
$$=-170\,000+(35\,000-3\,000)\times5.650+20\,000\times0.322\,0=17\,240(元)$$

接下来,就投资额和年收益这两个不确定性因素进行双因素敏感性分析。

假设投资额和年收益变动的百分比分别为 a 和 b,分析投资额和年收益变化对方案净现值影响的计算公式为:

$$NPV=-K(1+a)+[AR(1+b)-AC](P/A,12\%,10)+L(P/F,12\%,10)$$
$$(10.16)$$

将相关数据代入式(10.16),整理得:

$$NPV=17\,240-170\,000a+197\,750b$$

令 $NPV=0$,可得 NPV 的临界值:

$$NPV=17\,240-170\,000a+197\,750b=0$$

即:

$$b=0.859\,7a-0.087\,2$$

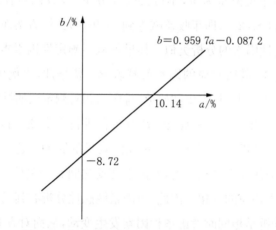

图 10.4 投资额和年收益双因素敏感性分析图

如图 10.4 所示,直线 $b=0.859\,7a-0.087\,2$,即为一条 $NPV=0$ 的临界线。在临界线上,$NPV=0$;在临界线左上方的区域,$NPV>0$;在其右下方的区域,$NPV<0$。也即投资额和年收益如果同时变动,只要二者变动的范围不进入右下方的区域(包括临界线上的点),那么就可以接受此方案。

三因素乃至多因素敏感性分析与双因素敏感性分析类似。

3. 敏感性分析的评价

敏感性分析在一定程度上就各种不确定性因素的变化对方案或项目的经济效果的影响进行了定量分析,有助于决策者了解方案或项目的不确定程度以及影响方案或项目的敏感性因素,从而有助于确定方案或项目实施过程中需要重点研究与控制的因素,从而提高了对方案的经济评价的可靠性。但是,敏感性分析也有其局限性。敏感性分析只考虑了各个不确定性因素可能变动的幅度及其对方案或项目经济效果的影响程度。但是,敏感性分析没有考虑这些不确定性因素在未来发生变动的可能性,尤其是发生不同幅度变动的可能性,即概率问题,这将会影响分析结果的准确性。在实际情况中,由于敏感因素和不敏感因素发生概率的问题,采用敏感性分析评价方案的经济效果可能会不准确。具体而言,虽然有些因素对方案或项目影响较为敏感,但是它发生的概率很小,以至于可以忽略不计。而有些因素可能对方案和项目的影响不敏感,但是它发生的概率较大,从而使得不敏感因素对方案经济效果的影响比敏感性因素更大。

10.2.2 航空运输项目的敏感性分析

1. 航空运输项目敏感性分析的主要因素

航空运输项目应进行敏感性分析的主要因素有以下几个。第一,投资额,包括固定资产投资和流动资金,固定资产投资是主要部分。第二,营运收入,主要表现为货物运输量的变化。第三,营运费用(不包括折旧)。第四,外汇汇率的变动。第五,投资收益率的大小。在对航空运输项目敏感性分析中选择不确定因素时,应根据项目的特点和具体的实际情况设定上述因素的变动范围,一般不超过 20%。一般而言,在敏感性分析中,变动范围不应设定太小,以免出现误差从而影响分析结果的准确性。

2. 航空运输项目敏感性分析方法

由敏感性分析的含义和内容可知,某种因素对项目或方案的影响程度可以表示该因素按一定比例变动所引起的经济评价指标的变动幅度,也可以表示为评价指标在临界点时所允许的某项因素的最大变动幅度。

一般而言,航空运输项目敏感性分析的主要经济评价指标为内部收益率、净现值和运费率等。以下对航空运输项目分别进行单因素敏感性分析。

选择净现值作为航空运输项目敏感性分析的主要经济指标。那么,可以分别采用相对测定法和绝对测定法判断选择敏感性因素。对航空运输项目进行单因素敏感性分析的具体操作步骤如例 10.4 所示。

【例 10.4】某航空运输项目用于确定性分析的现金流量如表 10.4 所示,表中的数据由对未来最可能出现的情况的预测估算而得。由于未来影响经济环境的某些因素具有不确定性,预计各参数的最大变化区间为−20%—20%,基准折现率为 12%。试对各参数分别作敏感性分析。

表 10.4　方案现金流表

参　　数	预测值
投资额(K)(万美元)	9 300
年收益(AR)(万美元)	2 700
年支出(AC)(万美元)	1 000
残值(L)(万美元)	930
寿命期(n)(年)	10

【解】本题取净现值作为分析的指标。净现值的未来最可能值为：

$$NPV = -K + (AR - AC)(P/A, 12\%, 10) + L(P/F, 12\%, 10)$$
$$= -9\,300 + (2\,700 - 1\,000) \times 5.650\,2 + 930 \times 0.322\,0 = 604.8(万美元)$$

以下就投资额、年收益、年支出、残值和寿命期这五个不确定性因素作敏感性分析。

假设投资额变化的百分比为 a、年收益变化的百分比为 b、年支出变化的百分比为 c、残值变化的百分比为 d、寿命期变化的百分比为 e，则分析投资额变化、年收益变化、年支出变化、残值变化以及寿命周期变化对方案净现值影响的计算公式如下所示：

$$NPV = -K(1+a) + (AR - AC)(P/A, 12\%, 10) + L(P/F, 12\%, 10)$$
$$(10.17)$$

$$NPV = -K + [AR(1+b) - AC](P/A, 12\%, 10) + L(P/F, 12\%, 10)$$
$$(10.18)$$

$$NPV = -K + [AR - AC(1+c)](P/A, 12\%, 10) + L(P/F, 12\%, 10)$$
$$(10.19)$$

$$NPV = -K + (AR - AC)(P/A, 12\%, 10) + L(1+d)(P/F, 12\%, 10)$$
$$(10.20)$$

$$NPV = -K + (AR - AC)[P/A, 12\%, 10(1+e)] + L[P/F, 12\%, 10(1+e)]$$
$$(10.21)$$

（1）相对测定法。

依据题意，各参数的最大变化区间为 -20%—20%，则以上各式中，a、b、c、d、e 的取值都为 $\pm 5\%$、$\pm 10\%$、$\pm 20\%$。

根据以上五个公式，采用表 10.1 中的数据可计算各个不确定性因素在不同变动幅度下的净现值，计算结果如表 10.5 所示。

表 10.5 某航空运输项目的敏感性分析表 （单位：万美元）

不确定性因素	变动幅度						
	-20%	-10%	-5%	0	$+5\%$	$+10\%$	$+20\%$
投资额（K）	2 464.8	1 534.8	1 069.8	604.8	139.8	-325.2	$-1\,255.2$
年收益（AR）	$-2\,446.3$	-920.8	-158	604.8	1 367.6	2 130.4	3 655.9
年支出（AC）	1 734.8	1 169.8	887.3	604.8	322.3	39.8	-525.2
残值（L）	544.9	574.8	589.8	604.8	619.8	634.7	664.7
寿命期（n）	-479.5	93.5	356.3	604.8	839.5	1 061.5	1 469.2

根据表 10.5，绘制敏感性分析图（图 10.5）和敏感度系数（表 10.6）。

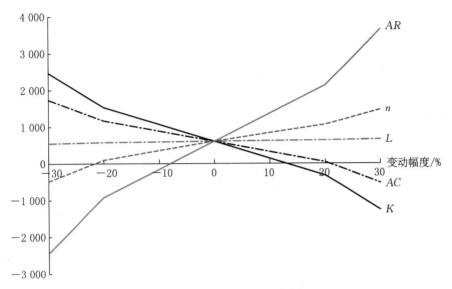

图 10.5　某航空项目的敏感性分析图

表 10.6　某航空项目的敏感度系数表

不确定性因素	变化率	净现值(万美元)	敏感度系数	临界点百分比	临界值
基本方案	0	604.8			
投资额(万美元)	−10%	1 534.8	15.38		
	+10%	−325.2	15.38	+6.50%	9 904.5
年收益(万美元)	−10%	−920.8	25.22	−3.96%	2 593.08
	+10%	2 130.4	25.22		
年支出(万美元)	−10%	1 169.8	9.34		
	+10%	39.8	9.34	+5.40%	1 054
残值(万美元)	−10%	574.8	0.50	−201.96%	−948.23
	+10%	634.7	0.50		
寿命期(年)	−10%	93.5	8.45	−11.71%	8.83
	+10%	1 061.5	7.55		

　　由图 10.5 中各条曲线的斜率和表 10.6 中各不确定因素敏感性的大小可以得出,年收益的变动对方案的净现值影响最大,其次为年支出,之后是投资额和寿命期的变动,残值变动的影响最小。

　　(2) 绝对测定法。

　　分别令式(10.17)—式(10.20)中的方案净现值 NPV 为零,可解得

　　$a = 6.50\%, b = −3.96\%, c = 5.40\%, d = −201.96\%, e = −17.34\%$。

如表 10.6 中第五列所示，这些值即临界点百分比。用各个不确定性因素所达到的绝对数表示即临界值，如表 10.6 中第六列所示。

此航空项目运用绝对测定法的结果表明，当其他因素不变时，投资额的增加超过 6.50％，即达到 9 904.5 万美元时，方案的净现值将为负，不可接受此方案；或者以年收益分析，其他因素不变，年收益的降低超过 3.96％，即年收益减少到 2 593.08 万美元时，方案净现值为负，不可接受此方案；或者其他因素不变，残值的减少超过 201.96％（实际最多为 100％），即 −948.23 万美元（实际最小为零）时，方案的净现值将为负，不可接受此方案；或者其他因素不变，寿命期缩短超过 11.71％，即缩短至 8.83 年时，方案的净现值将为负，不可接受此方案。如果仅从不确定性因素本身的特性考虑，临界点百分比的绝对值越小，其所对应的因素就越敏感。依据此，本例中敏感性由大到小依次为年收益、年支出、投资额、寿命期和残值，且其中年支出和投资额的临界点百分比比较接近。因此，绝对测定法排序与相对测定法的排序基本相同。

10.3 风险分析

在实际生产中，一个拟建的航空运输项目的收益与成本都是未知的。因为项目所有的现金流量（包括运营收入和运营费用等）以及项目的寿命周期等不仅受航空运输企业的生产管理等情况的制约，还受航空运输市场的需求、客流量等客观情况的影响。因此，航空运输项目存在很大的不确定性。不同的航空运输项目，其不确定性的大小也不尽相同。若不确定性程度较小，则可以近似地按照确定性项目进行处理，这时运用盈亏平衡分析和敏感性分析研究项目的不确定性。若不确定性程度较大，则需用风险分析亦即概率分析的方法进行项目概率的预测和分析。

10.3.1 风险分析概述

1. 风险的含义

风险是指对经济主体的预期目标产生不利影响的可能性。理解风险的含义，需要注意以下几点。第一，风险是一种不确定性。风险是否发生、什么时候发生、会产生什么样的结果都是不确定的。若对项目不利的影响必定发生或不发生，人们就可以通过计划或预算的方式予以明确，使之成为成本或费用，就无所谓风险。因此，风险存在的必要条件即不确定性。第二，风险是潜在的损失。风险作为项目的一种不利影响，其总是与潜在的损失相联系的。第三,风险的存在使得实际结果与预期目标存在差异。风险带来的损失主要是相对于人们的预期目标而言的,不一定是绝对损失。例如,若某项目的投资期望收益率为15%,而投资的内部收益率估计为10%—20%,虽然最低的项目投资收益率大于零,但是,仍存在投资收益率小于期望收益率15%的可能性,故该项目存在风险。第四,风险是相对于经济主体而言的。若某位投资者对项目投资的结果不承担任何责任,则对他而言就不存在任何风险。最后,风险总是与选择联系在一起的。研究风险的目的就在于减轻风险的发生直至规避风险,只有存在多种选择,才有减轻风险以及规避风险的可能性,如果没有不同的选择,研究风险就毫无意义。

2. 风险与不确定性

(1) 风险与不确定性。风险与不确定性是两个完全不同的概念,但是风险和不确定性又存在千丝万缕的联系。

第一,不确定性是风险的前提。人们对于事物认识的局限性、不完备信息以及事物本身存在的不确定性,使得项目投资活动的结果和收益具有不确定性,从而造成经济主体的实际收益低于预期目标收益或者导致经济主体遭受一定的损失,这就会导致风险。第二,风险与不确定性相伴而生。因为不确定性导致风险,所以二者常常相伴而生,在实践中,很多人将风险和不确定性混合使用,不加区分。第三,风险和不确定性是不同的。不确定性会导致实际结果或收益高于人们的期望收益或者低于人们的期望收益,而在实践中,通常将结果低于预期收益的不确定性称为风险。此外,不确定性和风险的"未知"程度不一样。风险是虽然不知道实际结果的确切情况,但是知道各种结果发生的可能性;而不确定性则为不知道各种结果发生的可能性。也就是说,风险可以计算出概率,而不确定性则不能。

(2) 风险分析与不确定性分析。由风险与不确定性的概念可知,风险分析与不确定性分析既有联系,又有区别。

二者主要区别在于二者分析的方法、内容以及作用不同。风险分析预先分析各种不确定因素出现的可能性,然后求得对方案各种结果影响的可能性,从而判断方案的风险程度。而不确定性分析只是研究各种不确定性因素对于方案结果的影响,但是其不能得出各种不确定性因素出现的可能性,因而不能计算出方案的各种结果的概率。风险分析和不确定性分析的共性就在于各种因素的不确定性。风险分析预先知道自变量(不确定性因素)出现的概率,并由此分析因变量(方案结果)出现的各种可能性。而不确定性分析则不知道自变量(不确定性因素)的概率分布,只是分析自变量变化时因变量的结果。

3. 风险分析的程序

风险分析是要查明方案或项目在哪些方面、哪些地方、什么时候会出现什么问题,哪些地方潜藏着风险。在查明风险之后，要对其进行量化，从而确定各个风险出现的可能性以及其对方案或项目的影响程度，在此基础上制定出为减少风险而供选择的各种方案和措施。具体有以下三个步骤。

第一步为风险识别。风险识别即识别对方案或项目存在影响的各种不确定性因素。首先，研究风险与方案或项目的关系，清楚方案的组成、各种变数的性质以及相互之间的关系，甚至方案与环境之间的关系，等等。然后，采用系统方法和步骤找出对方案和方案所需资源形成潜在威胁的各种因素。

第二步为风险评估。风险评估即估算风险事件发生的概率以及其对方案或项目结果影响的大小。风险评估进一步可区分为风险估计和风险评价。风险估计即估算各个风险因素发生的概率以及其对方案的影响程度。风险评价则是对方案的整体风险、各风险之间的相互影响以及各风险对方案的总体影响、经济主体对风险的承受能力进行评价。

第三步为制定风险防范对策。即在风险识别和风险评估的基础上，根据决策主体的风险态度，制定应对风险的策略。

10.3.2　航空运输项目风险分析

风险一般用货币数量衡量，可以用概率、随机变量的数字特征描述。概率描述其预期结果中经济上不利方面发生的可能性，随机变量的数字特征则描述预期后果的分布范围、分布的离散程度、期望值等。

1. 离散型随机变量取值

有关航空运输项目经济效益的营运参数，如投资、运营费用、年货运量、客流量以及年运营收入等都有不确定性，因此这些运营参数就为随机变量。所谓随机变量是指不能确切知道它的值，但知道它可能的取值，并且知道取这些值的概率的变量。例如，某架飞机的年运营收入的可能值及其概率如表 10.7 所示。

表 10.7　某飞机年运营收入的可能值及其概率

年运营收入(万美元)	概率 P_i
1 800	0.17
1 900	0.20
2 000	0.36
2 100	0.15
2 200	0.12

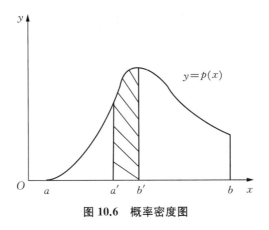

图 10.6　概率密度图

如表 10.7 所示,其为随机变量(年运营收入)的概率分布,即分布列,其概率之后为1,用公式表示为:

$$\sum_{i=1}^{n} p_i = 1$$

表 10.7 所列概率分布为离散型随机变量的概率分布。可用一曲线 $y = p(x)$ 表示连续型随机变量的概率分布,如图 10.6 所示。$p(x)$ 称为概率密度,变量 x 可在区间 $[a, b]$ 取任何值,并可求得取值在任一小区间 $[a', b']$ 的概率 P:

$$P[a' < x < b'] = \int_{a'}^{b'} p(x)\mathrm{d}x$$

概率 P 等于概率密度曲线下区间 $[a', b']$ 的面积,全区间 $[a, b]$ 曲线下的面积等于 1。

在概率分析中,可用少量数字特征数来表示概率分布特征,数字特征数中最主要的有数学期望和方差。数学期望用符号 $E(x)$ 或 m 表示。对于离散型随机变量,$E(x) = \sum_{i=1}^{n} x_i p_i$,对于连续型随机变量,$E(x) = \int_a^b x \cdot p(x)\mathrm{d}x$。数学期望可以近似地认为是变量的平均值。方差用符号 $D(x)$ 或 $Var(x)$ 表示,$D(x) = E[(x_i - m)^2 = \sigma^2]$。方差表示变量相对于数学期望值 m 的离散程度,方差的平方根即 $\sqrt{D(x)} = \sigma$ 称为标准差或均方差。

风险分析即概率分析的主要目标在于计算得出方案的数学期望和方差,并将不同方案的数学期望和方差进行比较,以此评价某方案的风险程度。

【例 10.5】某建筑安装企业在过去 8 年中完成了 68 项工程施工任务,其中一部分因种种原因而拖延工期,方案相关统计数据如表 10.8 所示(注:表中负值表示工期提前)。请估计该企业施工工期的概率分布。

表 10.8　某企业工期拖延统计表

工期拖延(%)	项目数(个)	工期拖延(%)	项目数(个)
<-30	0	0—5	12
-30——-25	2	5—10	9
-25——-20	1	10—15	6
-20——-15	3	15—20	4
-15——-10	6	20—25	1
-10——-5	9	25—30	1
-5—0	14	>30	0

【解】对这 68 项工程的数据进行分组统计,各组的概率便构成概率分布,如表 10.9 所示。

表 10.9　某企业工期拖延概率分布表

组　别	工期拖延(%)	频　数	频率=频数/样本总数
1	-30——-25	2	0.029 4
2	-25——-20	1	0.014 7
3	-20——-15	3	0.044 1
4	-15——-10	6	0.088 2
5	-10——-5	9	0.132 4
6	-5—0	14	0.205 9
7	0—5	12	0.176 5
8	5—10	9	0.132 4
9	10—15	6	0.088 2
10	15—20	4	0.058 8
11	20—25	1	0.014 7
12	25—30	1	0.014 7
	合　计	68	1.000 0

将表 10.9 中的数据用直方图表示出来,并用光滑曲线拟合,即得到图 10.7 所示的概率分布图。

【例 10.6】某架航空货机的一些经济参数的最佳值、最可能值和允许估计值如表 10.10 所示,设该货机的残值为 1 400 万元。各经济参数的三个估计值的概率如表 10.11 所示,试求各种组合的净现值、净现值小于零的概率、净现值大于 14 000 的概率,以及净现值的数学期望和方差。

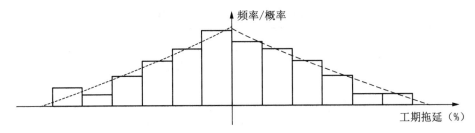

图 10.7　某企业工期拖延概率分布图

表 10.10　某货机经济参数的最可能值和允许估计值

经济参数	允许值	最可能值	最佳值
造价(万元)	18 900	16 800	14 000
年货运量(万吨)	1.10	1.30	1.60
年营运费用(万元)	3 150	2 450	1 750
货运费率(元/吨)	4 200	4 200	4 200
使用年限(年)	25	25	25
基准投资收益率(%)	10	10	10

表 10.11　各种组合情况出现的概率

年货运量	造　　　价								
	允许值 $P=0.2$			最可能值 $P=0.6$			最佳值 $P=0.2$		
	年营运费用								
	允许值 $P=0.25$	最可能值 $P=0.65$	最佳值 $P=0.10$	允许值 $P=0.25$	最可能值 $P=0.65$	最佳值 $P=0.10$	允许值 $P=0.25$	最可能值 $P=0.65$	最佳值 $P=0.10$
允许值 $P=0.1$	0.005	0.013	0.002	0.015	0.039	0.006	0.005	0.013	0.002
最可能值 $P=0.7$	0.035	0.091	0.014	0.105	0.273	0.042	0.035	0.091	0.014
最佳值 $P=0.2$	0.010	0.026	0.004	0.030	0.078	0.012	0.010	0.026	0.004

【解】计算各种组合的净现值如表 10.12 所示。该货机的 NPV 大于 14 000 万元的组合个数占总组合数的比例为 10/27。该货机 NPV 小于零的组合个数占总个数的比例为 3/27。在三个 NPV 小于零的数值中,有一个为三个允许值同时出现的情况,由于这种三个允许值同时出现的概率极小,所以该方案的风险较小。

如表 10.11 和表 10.12 所示,计算该货机的净现值小于 0 的概率、大于 14 000 万元的概率分别为:

$NPV<0$ 的概率 $p=0.005+0.015+0.005=0.025$;

表 10.12 各种组合情况下的 NPV

年货运量	造价								
	允许值 P=0.2			最可能值 P=0.6			最佳值 P=0.2		
	年营运费用								
	允许值 P=0.25	最可能值 P=0.65	最佳值 P=0.10	允许值 P=0.25	最可能值 P=0.65	最佳值 P=0.10	允许值 P=0.25	最可能值 P=0.65	最佳值 P=0.10
允许值 P=0.1	−5 427.44	926.53	7 280.50	−3 327.44	3 026.53	9 380.50	−527.44	5 826.53	9 380.50
最可能值 P=0.7	2 197.32	8 551.29	14 905.26	4 297.32	10 651.29	17 005.26	7 097.32	13 451.29	19 805.26
最佳值 P=0.2	13 634.47	19 988.44	26 342.41	15 734.47	22 088.44	26 342.41	18 534.47	24 888.44	31 242.41

$NPV > 14\,000$ 的概率 $p = 0.014 + 0.042 + 0.014 + 0.026 + 0.004 + 0.030 + 0.078 + 0.012 + 0.010 + 0.026 + 0.004 = 0.26$。

NPV 的数学期望和方差分别为：

$$E[NPV] = \sum_{i=1}^{27} NPV_i \times P_i = 11\,332.35（万元）;$$

$$\sigma[NPV] = \sqrt{\sum_{i=1}^{27} (NPV_i - E[NPV])^2 \times P_i} = 13\,197.71（万元）。$$

2. 连续型随机变量分布

以上研究的经济参数取值大多是离散的,现对连续的经济参数(随机变量)的情况进行探讨。

(1) 分布的侧斜。当变量的分布形式不对称时,即众数和期望值不是同一数值时,分布就存在侧斜。若众数小于期望值,则分布是正侧斜。在航空运输的技术经济论证中,一般涉及的支出项目,即造价和运营费用等所有分布都是对称和正侧斜的,而与收入有关的参数,如运营收入、客流量以及货运费率等的分布则是对称和负侧斜的。这是从保守的角度出发,使得比平均支出大的数值和比平均收入小的数值有较大的概率,如图 10.8 所示。

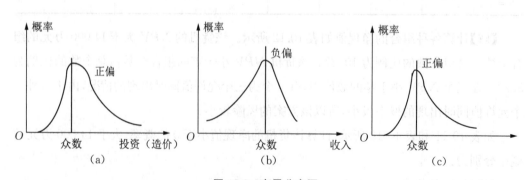

图 10.8 变量分布图

(2) β 分布。β 分布是在有限区间上进行定义,而正态分布则是在无限区间上进行定义。β 分布可以是正侧斜或负侧斜,或者如正态分布是堆成分布的,即无侧斜。

以下以 $(0,1)$ 区间的 β 分布为例进行分析。

$(0,1)$ 区间的 β 分布的变量 y 的概率密度为:

$$f(y)=\begin{cases} \dfrac{y^{p-1}(1-y)^{q-1}}{B(p,q)}; & 0 \leqslant y \leqslant 1 \\ 0; & y<0, \ y>1 \end{cases} \tag{10.22}$$

数学期望为:

$$E(y)=\frac{p}{p+q} \tag{10.23}$$

方差为:

$$D(y)=\frac{pq}{(p+q)^2(p+q+1)} \tag{10.24}$$

式(10.22)—式(10.24)中,p,q 为分布参数;$B(p,q)$ 是参数为 p,q 的 β 函数。

任意区间 (x_p,x_0) 上 β 分布的变量 x,通过线性变换:

$$y=\frac{x-x_p}{x_0-x_p}$$

可变换为 $(0,1)$ 区间上 β 分布变量,x 的概率密度为:

$$f(x)=\begin{cases} \beta(y)\dfrac{1}{x_0-x_p}; & x_p \leqslant y \leqslant x_0 \\ 0; & x<x_p, \ x>x_0 \end{cases} \tag{10.25}$$

式中,x_0,x_p 为变量 x 分布区间的端点值。

$y=\dfrac{x-x_p}{x_0-x_p}$ 是 $(0,1)$ 区间上 β 的分布变量,β 分布的概率密度函数 $\beta(y)$ 如式(10.22) 所示。

x 的数学期望和方差如下所示:

$$E(x)=x_p+(x_0-x_p) \cdot \frac{p}{p+q} \tag{10.26}$$

$$D(x)=(x_0-x_p)^2 \cdot \frac{p \cdot q}{(p+q)^2(p+q+1)} \tag{10.27}$$

由式(10.25)可知,已知 x_0、x_p、p、q,那么可以确定 β 分布。

假如已得到变量 x 的最佳、允许和最可能估计值,并假定这三个估计值分别对应于 β 分布中的上限、下限和众数。一般而言,通过同型飞机的历史运营实际资料,可以得到某变量的这三个估计值,接下来则可按如下步骤确定 x 的分布。

第一,设 x_0、x_p 和 x_m 分别表示变量的最佳、允许和最可能估计值,并假定分布参数 p、q 满足条件:

$$p+q=6 \tag{10.28}$$

根据计划评审技术(project evaluating research technique, PERT)中被广泛采用的利用三个估计值来计算均值的公式:

$$\mu_x=\mathrm{E}(x)=\frac{x_p+4x_m+x_0}{6} \tag{10.29}$$

式中 μ_x 为 x 的均值。

第二,根据式(10.26)、式(10.28)和式(10.29)得:

$$\begin{cases} p=6\times\left(\dfrac{\mu_x-x_p}{x_0-x_p}\right) \\ q=6-p \end{cases} \tag{10.30}$$

由分布参数 p、q 的值,可得 x 的概率密度函数 $f(x)$,并可计算 x 的方差和偏度系数 S_x,得:

$$S_x=\frac{\mu_{3x}}{\sigma_x^3} \tag{10.31}$$

式中,μ_{3x} 为变量 x 的三阶中心距,且:

$$\mu_{3x}=\mathrm{E}[(x-\mu_x)^3]$$

σ_x 为变量 x 的均方差,且:

$$\sigma_x=\sqrt{\mathrm{D}(x)}$$

(3) 正态分布。在实践中,大量相互独立的随机因素的综合影响形成许多随机变量,在这些随机因素的影响中,其中每一个个别因素在总影响中所起的作用又都是很小的,这些随机变量近似服从正态分布。由同一分布中心极限定理可知,当 n 个变量相互独立、服从同一分布、具有有限的数学期望和方差,并且当 n 趋向于无穷大时,n 项随机变量和的分布就趋近于正态分布。只要独立随机变量和的分布满足李雅普诺夫条件或林德伯格条件等,即可近似地认为其服从正态分布。正态分布只需用均值和方差即可描述。正态分布的概率密度为:

$$n(z) = \frac{1}{\sqrt{2\pi}\sigma_z} e^{-\frac{(z-\mu_z)^2}{2\sigma_z^2}}$$

上式中,μ_z 为变量 z 的数学期望,σ_z 为变量 z 的均方差。

据中心极限定理,可以认为评价航空运输项目的经济指标绝大部分服从正态分布。但是,因为中心极限定理涉及的是分布的"极限",所以,函数的实际分布与正态分布之间必然存在一定的误差,但是这种误差很小。当考虑侧斜对分布的影响时,可用式(10.32)求得经济指标相应的分布。若用三次矩表示变量的分布,则有:

$$F(x) - N(x) \approx \frac{\mu_{3x}}{6\sigma_x^3}(1-x^2)n(x) \tag{10.32}$$

式中,$x = \frac{z-\mu_z}{\sigma_z}$,即变量 z 的中心化变量;$F(x)$ 为 x 的分布函数;$N(x)$ 为正态分布函数。$n(x)$ 为正态分布概率密度函数;μ_{3x} 为变量 z 的三阶中心矩;σ_z 为变量 z 的均方差。

对式(10.32)两边微分得:

$$f(x) - n(x) \approx \frac{S_z}{6}(x^3 - 3x)n(x)$$

所以上式可化为:

$$f(x) \approx \left[1 + \frac{S_z}{6}(x^3 - 3x)\right]n(x)$$

上式中,S_z 为偏度系数,$S_z = \frac{\mu_{3z}}{\sigma_z^3}$。

由 $z = \mu_z + \sigma_z x$,得:

$$f(z) \approx \left[1 + \frac{S_z}{6}(x^3 - 3x)\right]\frac{1}{\sqrt{2\pi}\sigma_z} e^{-\frac{(z-\mu_z)^2}{2\sigma_z^2}}$$

$$= \left[1 + \frac{S_z}{6}(x^3 - 3x)\right]n(z) \tag{10.33}$$

由式(10.33)可知,当侧斜为零,即分布对称时,z 的分布就是正态分布,因此,可用式(10.33)表示侧斜对分布形状的影响。

可以验证,当 z 的分布为式(10.33)时,z 的数学期望、均方差和偏度系数分别为 μ_z、σ_z 和 S_z。

由于用于航空工程经济分析中的数据常常为近似值,数据较为不精确,那么,要知道 z 的实际分布与正态分布之间的差别较为困难。而将 z 的分布近似当作正态分布进行处理已经足够有效。如需考虑偏度的影响,可用式(10.33)计算 z 的分布,或者假定其为 β 分布。

当变量的分布为正态分布时,同样也可用变量的允许值、最可能值和最佳估计值计算正态分布中的参数 μ 和 σ。此时,$\mu = x_m = \frac{1}{2}(x_0 + x_p)$。

进一步,虽然正态分布定义在无穷区间上,但根据"3σ 准则"可知,概率 $P(|x-\mu| \leqslant 3\sigma) \approx 0.997\,4$,即 x 的值基本位于 $|x-\mu| \leqslant 3\sigma$ 范围内,所以可以近似地认为 $6\sigma = x_0 - x_p$,所以:

$$\sigma^2 = \left[\frac{1}{6}(x_0 - x_p)\right]^2$$

3. 估算经济指标的期望值、方差和概率

下面以净现值为例,阐释期望值和方差。

(1) NPV 的数学期望的估算。对于确定性情况,假定确切知道年度现金流量 A_t,即 A_t 是已知确定的值,那么,净现值 NPV 即 A_t 按某一基准投资收益率折现后累加计算而得。而在不确定营运情形下,A_t 不再是一个已知确定的值,它是一个随机变量,则可用其数学期望和方差描述,由于 A_t 为随机变量,所以 NPV 亦是随机变量。那么,NPV 的表达式如下所示:

$$NPV = \sum_{t=1}^{N} A_t(P/F, i, t) - P = \sum_{t=0}^{N} A_t(P/F, i, t)$$

式中,A_t 为第 t 年的现金流量(收益);A_0 为 P(投资);i 为基准投资收益率;N 为使用年限。

那么,NPV 的数学期望为:

$$\mathrm{E}[NPV] = \sum_{t=0}^{N} \frac{\mathrm{E}[A_t]}{(1+i)^t} \tag{10.34}$$

式中,$\mathrm{E}[A_t]$ 为 A_t 的数学期望。

由式(10.34)可知,已知现金流量的数学期望和某固定的基准投资收益率后,即可计算出净现值 NPV 的数学期望。

(2) NPV 的方差的估算。因为每年的现金流量可能是相互独立的,也可能是相关的。因此,可以区分两种情形估算 NPV 的方差。

第一种情形为每年的现金流量相互独立,对于这种情况,很容易估算 NPV 的方差。用公式表示为:

$$D[NPV] = D\left[\sum_{t=0}^{N} \frac{A_t}{(1+i)^t}\right] = \sum_{t=0}^{N} \frac{D[A_t]}{(1+i)^{2t}} \quad\quad (10.35)$$

式中，$D[A_t] = \sigma_t^2$，表示第 t 年现金流量的方差。

另一种情形为每年的现金流量相关，对于这种情况，首先要找到相关系数，然后再估算 NPV 的方差。具体如下：

假定现金流量形式为一个自相关的时间序列，从而求得相关系数矩阵。然后，NPV 的方差可由下式估算：

$$\begin{aligned} D[NPV] &= \sum_{t=0}^{N} \frac{D[A_t]}{(1+i)^{2t}} + 2\sum_{t=0}^{N-1}\sum_{\theta=1}^{N} \frac{\rho_{t\theta}\sigma_t\sigma_\theta}{(1+i)^{t+\theta}} \\ &= \sum_{t=0}^{N} \frac{D[A_t]}{(1+i)^{2t}} + 2\sum_{t=0}^{N-1}\sum_{\theta=1}^{N} \frac{COV(A_t, A_\theta)}{(1+i)^{t+\theta}} \end{aligned} \quad\quad (10.36)$$

式中，$\rho_{t\theta}$ 表示第 t 年与第 θ 年现金流量的相关系数；σ_t 表示第 t 年现金流量的均方差；σ_θ 表示第 θ 年现金流量的均方差；$COV(A_t, A_\theta)$ 表示第 t 年与第 θ 年现金流量的协方差。

若 $\rho_{t\theta} = 0$，$t \neq \theta$ 时，A_t 与 A_θ 相互独立；$\rho_{t\theta} = \pm 1$，即为全相关；$-1 < \rho_{t\theta} < 1$（$\rho_{t\theta} = 0$ 除外）就是部分相关。

（3）航空工程的数学期望和方差的估算。在航空工程经济分析中，经常采用简单现金流量的假定。NPV 的数学期望和方差的估算即可简化，用公式表示为：

$$NPV = A(P/A, i, N) - P$$
$$E[NPV] = (P/A, i, N)E[A] - E[P] \quad\quad (10.37)$$
$$D[NPV] = (P/A, i, N)^2 D[A] + D[P] \quad\quad (10.38)$$

以上式中，假定年收益 A 与造价 P 为相互独立的随机变量。显然，采用简单的现金流量模式，意味着各年的收益 A 是全相关。

上述求 NPV 数学期望和方差的公式能用来估算任意分布形式的现金流量 A_t 的任何线性组合的数学期望和方差。对于非线性组合的形式则可通过泰勒级数法估算其数学期望和方差。

对于线性组合形式的具体估算过程举例如下（以航空货运为例）。

$$年收益 A = 年收入 B - 年运营费用 Y = FR \times Q - Y$$

式中，FR 表示货运费率，Q 表示年货运量，Y 表示年运营费用。

当 FR 与 Q 相互独立时，年收益的数学期望与方差为：

$$E[A] = E[FR] \cdot E[Q] - E[Y] \quad\quad (10.39)$$

$$D[A] = D[FR] \cdot E^2[Q] + D[Q] \cdot E^2[FR] + D[Y] \qquad (10.40)$$

式中，Q 与 Y 是一些随机变量（营运参数）的函数。

① 随机变量服从正态分布或者近似正态分布。如果能够假定 NPV 分布的形式，则可求得其概率。因为正态分布随机变量的线性组合仍是正态分布，那么，若现金流量本身是正态分布，则 NPV 即数学期望为 $E[NPV]$、方差为 $D[NPV]$ 的正态分布。若现金流量本身不服从正态分布，但据中心极限定理，NPV 近似服从正态分布，估算结果与正态分布相同。若随机变量服从正态分布或者近似正态分布时，其概率可查正态表得出。

② 随机变量不服从正态分布或近似正态分布。若不能假定或确定随机变量的分布形式，则可根据契比雪夫不等式、高斯不等式以及坎普-迈德尔不等式等估算概率。

a. 契比雪夫不等式。

$$P(\lceil x - \mu \rceil \geqslant c\sigma) \leqslant \frac{1}{c^2} \qquad (10.41)$$

式中，μ 和 σ 分别为变量 x 的数学期望和方差。

b. 高斯不等式。

对于单峰概率密度，m_1 表示众数的横坐标，则对于 $C > |\lambda|$，有：

$$P(\lceil x - \mu \rceil \geqslant c\sigma) \leqslant \frac{4(1+\lambda)^2}{9(c - |\lambda|)^2} \qquad (10.42)$$

式中，$\lambda = \dfrac{\mu - m_1}{\sigma}$。

c. 坎普-迈德尔不等式。

若概率密度函数是对称、单峰的，则数学期望和众数重合，$\lambda = 0$，有：

$$P(\lceil x - \mu \rceil \geqslant c\sigma) \leqslant \frac{4}{9c^2} \qquad (10.43)$$

d. 用于单向概率的契比雪夫不等式强形式。

若概率密度函数是对称、单峰的，则数学期望和众数重合，$\lambda = 0$，有：

$$P(\lceil x - \mu \rceil < c\sigma) \leqslant \frac{1}{1 + c^2} \qquad (10.44)$$

式中，$c = \dfrac{X_0 - \mu}{\sigma}$，$x_0$ 为指定的变量值，即欲求 $x < x_0$ 的概率。

【例 10.7】某货机使用年限为 15 年，各年度的现金流量 $A_t(t = 0, 1, 2, \cdots, 15)$ 的最佳值、最可能值和允许估计值如表 10.13 所示，要求的基准投资收益率 $i = 20\%$，试求 NPV

表 10.13　某货机各年度现金流量的估计值及数字特征计算

(单位:万美元)

t	允许估计值 A_p	最可能值 A_m	最佳值 A_0	β分布参数 p	β分布参数 q	$E[A_t]$	$(1+i)^{-t}$	$\dfrac{E[A_t]}{(1+i)^t}$	$D[A_t]$	$(1+i)^{-2t}$	$\dfrac{D[A_t]}{(1+i)^{2t}}$
0	−1 204	−1 090	−1 000	2.76	3.24	−1 094	1	−1 094	1 476.8	1	1 476.8
1	230	250	330	1.8	4.2	260	0.833 3	216.66	300.0	0.694 4	208.32
2	270	310	350	3	3	310	0.694 4	215.26	228.6	0.482 3	110.25
3	320	350	380	3	3	350	0.578 4	202.44	128.6	0.334 9	43.07
4	330	380	430	3	3	380	0.482 3	183.27	357.2	0.232 6	83.08
5	350	380	470	2	4	390	0.401 9	156.74	457.1	0.161 5	73.82
6	340	380	420	3	3	380	0.334 9	127.26	228.6	0.112 2	25.65
7	320	350	380	3	3	350	0.279 1	97.69	128.6	0.077 9	10.02
8	280	320	360	3	3	320	0.232 6	74.43	228.6	0.054 1	12.37
9	260	300	340	3	3	300	0.193 8	58.14	228.6	0.037 6	8.60
10	240	280	320	3	3	280	0.161 5	45.22	228.6	0.026 1	5.97
11	200	270	280	4.5	1.5	260	0.134 6	35.00	171.5	0.018 1	3.10
12	200	240	280	3	3	240	0.112 2	26.93	228.6	0.012 6	2.88
13	190	220	250	3	3	220	0.093 5	20.57	128.6	0.008 7	1.12
14	170	200	230	3	3	200	0.077 9	15.58	128.6	0.006 1	0.78
15	150	180	210	3	3	180	0.064 9	11.68	128.6	0.004 2	0.54

的数学期望和方差。

【解】假定每年的收益相互独立，A_t 服从 β 分布，$p+q=6$，有：

$$E[A_t]=\frac{A_P+4A_m+A_0}{6}$$

$$D[A_t]=(A_0-A_P)^2\frac{pq}{252}$$

根据式(10.34)和(10.35)即可求得 NPV 的数学期望和方差，有：

$$E[NPV]=\sum_{t=0}^{15}\frac{E[A_t]}{(1+i)^t}=392.9（万美元）$$

$$D[NPV]=\sum_{t=0}^{N}\frac{D[A_t]}{(1+i)^{2t}}=45.46^2（万美元）$$

$$\sigma[NPV]=45.46（万美元）$$

$NPV<0$ 的概率计算如下：

若 NPV 服从正态分布，则：

$$P(NPV<0)=\Phi\left(\frac{0-392.9}{45.46}\right)=\Phi(-8.64)\approx0$$

若不知道 NPV 的分布，则按契比雪夫不等式，有：

$$P(NPV<0)=\frac{1}{1+c^2}=\frac{1}{1+(-8.64)^2}=0.013$$

式中，$c=\frac{x_0-\mu}{\sigma}$，x_0 为指定的变量值，即欲求 $x<x_0$ 的概率，这里 $x_0=0$，$c=\frac{0-393.9}{45.46}=-8.64$

如果只知道 NPV 分布是单峰且对称的，但不知道其他分布，则可使用坎普-迈德尔不等式，则有：

$$P(NPV<0)\leqslant\frac{1}{2}\left(\frac{4}{9c^2}\right)\approx0.002\ 9$$

10.4　期望效用分析

由于同样的货币量在不同风险的情况下，对同一人而言具有不同的价值，在同等程度的风险情况下,不同的人对风险的态度不同,这时,对相同货币量的得失就有不同值。所以,第10.3节以收益或费用(一定的货币量)的期望值作为决策准则的风险分析,有时不一定合理。而在人们对同一笔货币在主观价值的衡量上,经济学家和社会学家较多应用效用这一概念。一般而言,用 1 表示最大效用值,用 0 表示最小效用值。效用值的大小是相对数值关系。用效用值的大小来表示决策者对于风险的态度,对于某事物或某方案的主观价值评价的大小。

同一个人可能对不同风险程度的相同收益或费用值具有不同的效用评价。若在直角坐标系内,横坐标表示收益或费用值,纵坐标表示效用值,将某个人对风险态度的变化关系画出的曲线,叫作某个人的效用曲线。一般而言,不同的人其效用曲线也不相同,进一步可采用心理实验法确定。

【例10.8】假设决策者甲面临两种可供选择的收入方案。具体方案内容如下:

第一种方案:以 50% 的机会可获得 200 万元,50% 的机会损失 100 万元;

第二种方案:以 100% 的机会获得 25 万元。

试问:决策者甲愿意接受哪一种方案?

【解】假定 200 万元的效用值为 1,−100 万元的效用值为 0。则首先采用提问法实验甲对不同方案的选择。

(1) 甲认为选择第二种方案可确定获得 25 万元,比选择第一种方案可靠。

(2) 若第二种方案获得 25 万元变为获得 10 万元,那么,甲将如何选择? 甲认为确定可获 10 万元比第一种方案可靠。

(3) 若第二种方案获得 25 万元变为损失 10 万元,那么,甲将如何选择? 这时,甲不愿意付出 10 万元,而愿意选择第一种方案。

如此这样,经过数次提问之后,甲认为第二种方案由 25 万元减少为 0 元,选取第一种方案或第二种方案都可以,说明对甲而言,0 元的效用值和第一种方案的效用值是一样的,则有:

$$0.5 \times 1 + 0.5 \times 0 = 0.5$$

因此,收益或费用值为 0 即对应于效用值 0.5,这样即得效用曲线上的一点,如图10.9所示。

第二,将以 0.5 的概率获得收益 200 万元、以 0.5 的概率获得 0 元作为选择,采用提问法实验甲对不同方案的选择,具体重复上述提问过程。假定经过多次提问,最后判定 80 万元的效用与这个方案的效用相等,那么,与 80 万元相等的效用值为 $0.5 \times 1 + 0.5 \times 0.5 = 0.75$。则在 0—200 万元之间又得到一个点。

同理,将以 0.5 概率获得 0 元、以 0.5 概率损失 100 万元作为选择。假定经过多次提

问,最后判定甲对－60 万元的效用与这个方案的效用相等,则与－60 万元相等的效用值
为 0.5×0.5＋0.5×0＝0.25,则得到－100 万—0 之间的一个点。同理,可以得到许多这
样的点,连接这些点,则得到效用曲线,如图 10.9 所示。

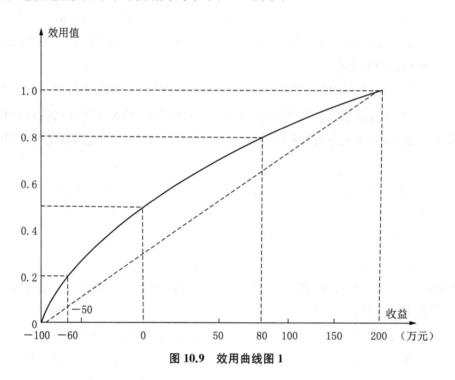

图 10.9 效用曲线图 1

一般而言,效用曲线有三种类型,如图 10.10 所示。

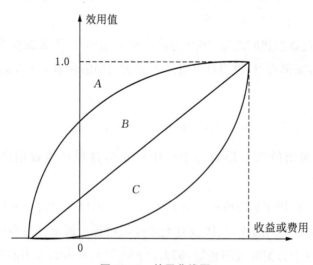

图 10.10 效用曲线图 2

第一种类型:如图 10.10 中曲线 A,决策人的特点是其对肯定得到某一收益值的效用

大于他对有风险的相同收益期望值的效用,即决策人为风险规避者,是保守型的决策者。如,例 10.8 中的决策人甲。

第二种类型:该类型的决策人与保守型决策者相反,其对于有风险的相同收益期望值的效用大于肯定得到某一收益值的效用。这种决策者对于收益有更大的爱好、更加敏感,是风险爱好者,也是进取型决策者。如图 10.10 中曲线 C 所示。

第三种类型:决策人介于第一种类型和第二种类型之间,是一种中间型决策人。其对于有风险的相同收益期望值的效用等于肯定得到某一收益值的效用。如图 10.10 中曲线 B 所示。

【例 10.9】有两个飞机方案——方案 A 和方案 B,不同自然状态发生的概率及相应的经济指标净现值如表 10.13 所示。决策者的效用曲线如图 10.11 所示。试问:决策者应该选择哪个方案?

表 10.14　飞机方案不同自然状态发生的概率及相应的净现值 （单位:百万元）

方案	自 然 状 态				
	θ_1	θ_2	θ_3	θ_4	θ_5
	$P(\theta_1)=0.35$	$P(\theta_2)=0.25$	$P(\theta_3)=0.25$	$P(\theta_4)=0.10$	$P(\theta_5)=0.05$
A	−19.6	14.7	29.4	44.8	60.2
B	0	3.5	14.0	25.9	39.2

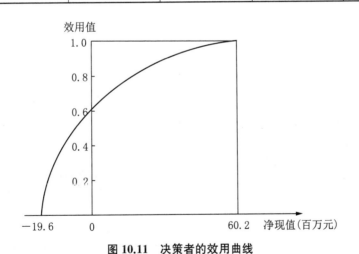

图 10.11　决策者的效用曲线

【解】(1) 净现值期望值法。

由表 10.14 可得,方案 A 的净现值期望值为:

$$E(NPV_A) = -19.6 \times 0.35 + 14.7 \times 0.25 + 29.4 \times 0.25 + 44.8 \times 0.10$$

$$+ 60.2 \times 0.05 = 116.55 (百万元)$$

方案 B 的净现值期望值为：

$$E(NPV_B)=0\times0.35+3.5\times0.25+14.0\times0.25+25.9\times0.10+39.2\times0.05=89.25（百万元）$$

若仅采用净现值期望值作为经济效益的评价指标，则应选择方案 A。

（2）期望效用分析法。

由图 10.11 可得各净现值对应的效用值，如表 10.15 所示。之后计算两个方案的期望效用值。

表 10.15 不同方案的期望效用

方案	指 标	自然状态				
		$P(\theta_1)=0.35$	$P(\theta_2)=0.25$	$P(\theta_3)=0.25$	$P(\theta_4)=0.10$	$P(\theta_5)=0.05$
A	净现值（百万元）	−19.6	14.7	29.4	44.8	60.2
	效用值	0	0.76	0.87	0.95	1.0
B	净现值（百万元）	0	3.5	14.0	25.9	39.2
	效用值	0.59	0.64	0.75	0.85	0.92

由表 10.15 可知，方案 A 的期望效用值为：

$$0\times0.35+0.76\times0.25+0.87\times0.25+0.95\times0.10+1.0\times0.05=0.55$$

方案 B 的期望效用值为：

$$0.59\times0.35+0.64\times0.25+0.75\times0.25+0.85\times0.10+0.92\times0.05=0.69$$

由图 10.11 的效用曲线可得，对应于期望效用值 0.55 和 0.69，方案 A 和方案 B 的净现值分别为 −2.8 百万元和 7.7 百万元。这两个数值为不承担风险可获得的相应货币值，称为确定性当量值。二者大大低于原来的期望值 116.55 百万元和 89.25 百万元。

由以上分析知，方案 A 的净现值较高，但考虑决策者对投资承担风险的态度后，发现决策者为风险规避者，而方案 B 的效用期望值比方案 A 大，因而，决策者应选择方案 B。

本章小结

在航空工程经济分析中，存在诸多不确定性，决策者无论选择哪一种方案都会承担一定的风险。为了提高航空工程方案经济效益评价的可靠性和准确性、降低投资风险、提高经济决策的科学性，在分析不确定因素对经济评价指标的影响时，需进行不确定性和风险分析。不确定性分析的主要内容为分析各种具体的不确定性因素及其对投资项目经济效益的影响程度。不确定性分析的方法比较多，本章主要介绍盈亏平衡分析、敏感性分析、概率分布以及期望效用分析。

盈亏平衡分析是在一定市场、生产能力的条件下，研究拟建项目成本与收益的平衡关系的方法。盈亏平衡分析包括线性盈亏平衡分析和非线性盈亏平衡分析。运用盈亏平衡分析方法有助于了解拟建项目可能承担风险的程度。但是由于盈亏平衡分析方法一系列苛刻前提假设的存在，运用盈亏平衡分析方法分析拟建项目不够全面准确。

敏感性分析是通过分析、预测各种不确定性因素，如投资额、建设工期、产品产量、产品价格、产品成本以及汇率等发生增减变化时对方案经济效果的影响，从中找出影响程度最大的因素——敏感因素，并从敏感因素变化的可能性以及测算的误差中分析方案风险的大小。对项目进行敏感性分析首先要确定项目分析的具体对象，其次选择不确定性因素，并设定其变化幅度，再次计算不确定性因素的影响程度，然后确定敏感性因素，最后综合评价方案，并进行选择。根据计算时变动不确定性因素的数目，敏感性分析可分为单因素敏感性分析和多因素敏感性分析。应用敏感性分析可以对航空运输项目进行评价。

风险分析是要查明方案或项目在哪些方面、哪些地方、什么时候会出现什么问题，以及在哪些地方潜藏着风险。查明风险之后，要对其进行量化，确定各个风险出现的可能性以及其对方案或项目的影响程度，在此基础上制定出为减少风险而供选择的各种方案和措施。具体有以下几个步骤。第一步为风险识别。第二步为风险评估。第三步为制定风险防范对策。航空运输项目分析分为离散型随机变量取值和连续型随机变量分布。风险分析即概率分析的主要目标在于计算得出方案的数学期望和方差，并将不同方案的数学期望和方差进行比较，以此评价某方案的风险程度。

由于同样数量的货币量在不同的风险情况下，对同一人而言具有不同的价值，在同等程度的风险情况下，不同的人对风险的态度不同。所以，以收益或费用（一定的货币量）的期望值作为决策准则的风险分析，并不一定都是合理的。因此，可以用期望效用分析方法评价某方案的价值。

思考题

1. 什么是不确定性分析？为什么进行不确定性分析？
2. 简述盈亏平衡分析的概念和特点。
3. 简述敏感性分析的步骤、作用和局限性。
4. 简述风险分析的概念和程序。
5. 某企业经销一种无人机，每年固定费用为 900 万元，产品单件变动成本为 500 元，单价为 1 050 元，单位销售税金为 50 元。求该企业盈亏平衡点的产量为多少？设企业年生产能力为 2.4 万件，企业每年获得利润多少？生产能力利用率是多少？
6. 某制造并出售无人机的企业年固定成本为 100 万元，单位变动成本为 10 000 元，产品随销售收入(扣除销售税金及附加、增值税)为 $210\,000Q^{\frac{1}{2}}$(Q 为产销量),试确定该产品的经济规模区和收入最大时的产量。

7. 某航空公司拟购买飞机进行客货运输,项目总投资为 1 200 万美元(其中流动资金投资为 50 万美元),飞机投入运营后,预计年运输旅客达 10 万人次,预计单价为 39 美元/人次,销售税金为销售收入的 10%。年运营成本为 140 万美元,方案寿命期为 10 年,基准折现率为 10%。

就投资额、产品单价、经营成本等影响因素对该方案进行单因素敏感性分析。

8. 某企业的一台无人机投资方案用于确定性分析的现金流量如下表,预计各参数的最大变化范围为 −30%—+30%,基准折现率为 12%,试对投资额与年收益的变动进行多因素敏感性分析。

参　数	单　位	预测值
投资额(K)	元	170 000
年收益(AR)	元	35 000
年支出(AC)	元	3 000
残值(L)	元	20 000
寿命期(n)	年	10

9. 某无人机投资方案的寿命期为 10 年,基准折现率为 10%,方案的初始投资额和每年年末净收益的可能情况及其概率见下表。试求该方案净现值的期望值。

投资额(万元)		年净收益(万元)	
数值	概率	数值	概率
120	0.30	20	0.25
150	0.50	28	0.40
175	0.20	33	0.35

10. 某制造无人机的公司要从三个互斥方案中选择一个方案,各方案的净现值及其概率如下表所示。

市场销路	概率	方案净现值(万元)		
		A	B	C
销路差	0.25	2 000	0	1 000
销路一般	0.50	2 500	2 500	2 800
销路好	0.25	3 000	5 000	3 700

参考文献

[1] 查浩宇、黄彦、雍明培：《通用飞机项目研制中的创新与应用》，《广东科技》2016年第 11 期。

[2] 程玉辉：《机队与航线网络匹配度研究》，中国民用航空飞行学院，2020 年。

[3] 邓举功：《航空公司机队规划数学模型建立和分析》，《民航经济与技术》2000 年第 7 期。

[4] 邓林龙、刘顺涛、王青等：《航空型号研制项目管理成熟度模型构建及应用》，《科技管理研究》2023 年第 10 期。

[5] 傅家骥、仝允桓：《工业技术经济学》，清华大学出版社 1996 年版。

[6] 辜丽萍：《飞机租赁的国内外发展研究》，《中国工程咨询》2019 年第 1 期。

[7] 郭博智、任启鸿：《商用飞机项目中的技术经济方法》，《民用飞机设计与研究》2014 年第 4 期。

[8] 郭博智等：《民用飞机销售支援与客户价值》，上海交通大学出版社 2015 年版。

[9] 郭愈强：《飞机租赁原理与实务操作》，中国经济出版社 2019 年版。

[10] 韩景倜：《航空工业装备寿命周期费用与经济分析》，国防工业出版社 2008年版。

[11] 韩卫涛：《非线性盈亏平衡分析方法》，《中国农业会计》1993 年第 7 期。

[12] 韩振：《国内外航空市场分析以及飞机租赁前景》，《时代金融》2020 年第 18 期。

[13] 韩正元、胡庆江：《民用大型飞机制造业的五力模型分析》，《现代商贸工业》2008年第 9 期。

[14] 何元斌等：《工程经济学》，西南交通大学出版社 2016 年版。

[15] 黄洋：《工程经济》，武汉大学出版社 2014 年版。

[16] 黄有亮等：《工程经济学》，东南大学出版社 2015 年版。

[17] 贾顺平：《交通运输经济学（第 3 版）》，人民交通出版社 2019 年版。

[18] 姜雨、李绍嘉、戴垚宇、李智超：《航线网络连接驱动因素分析》，《科学技术与工

程》2023 年第 10 期。

[19] 金南征:《小型飞机研制项目的评估》,《航空科学技术》1996 年第 4 期。

[20] 克拉克:《大飞机选购策略》,航空工业出版社 2009 年版。

[21] 李航、李炎培:《基于空间距离改进的航线网络级联失效模型》,《安全与环境学报》2023 年第 8 期。

[22] 李南:《工程经济学(第五版)》,科学出版社 2018 年版。

[23] 李媛、赵艳红、秦福光等:《基于集成产品开发团队的民用飞机主制造商研制项目》,《创新世界周刊》2018 年第 1 期。

[24] 林鹤:《航空运输系统的优化与创新对提升航空安全水平的影响》,《中国航务周刊》2023 年第 29 期。

[25] 林文进等:《国产支线飞机航线运营经济性分析框架》,民用飞机设计与研究,2019 年第 4 期。

[26] 刘沐林:《基于动态规划的航空公司机队更新决策研究》,中国民用航空飞行学院,2019 年。

[27] 刘欣仪、李海峰:《区域多机场系统航线网络优化模型》,《航空计算技术》2020 年第 3 期。

[28] 卢新来、丁常宏、任长伟等:《民用飞机研制项目风险管理研究与应用》,《航空科学技术》2015 年第 1 期。

[29] 鹿雁慧等:《工程经济学》,北京理工大学出版社 2019 年版。

[30] 罗凤娥、赖欣:《航空公司运行管理》,西南交通大学出版社 2015 年版。

[31] 马锋等:《工程经济学》,西南交通大学出版社 2019 年版。

[32] 孟那那:《矩阵式管理模式下飞机研制项目的计划管理》,《工程与试验》2020 年第 2 期。

[33] 邵颖红:《工程经济学概论》,电子工业出版社 2015 年版。

[34] 佘渝娟等:《工程经济学》,重庆大学出版社 2018 年版。

[35] 石丽娜:《机队规划与成本控制》,南京航空航天大学,2002 年。

[36] 斯蒂芬·霍洛维:《实用航空经济学》,中国民航出版社 2009 年版。

[37] 宋振伟:《航空公司机队三阶段规划模型研究》,《时代金融》2016 年第 24 期。

[38] 谭向东:《飞机租赁实务(第三版)》,中信出版社 2019 年版。

[39] 田彦章:《运用基于 AHP 的 YAAHP 软件实现民用飞机型号研制阶段项目管理风险评估》,《中国新技术新产品》2022 年第 16 期。

[40] 佟强:《北航"十五"机队规划研究》,大连理工大学,2002 年。

[41] 汪瑜:《航空公司微观机队规划方法研究》,南京航空航天大学,2016 年。

［42］王倩:《基于多目标的机队最优配置方法研究》,中国民航大学,2015 年。

［43］王少文等:《工程经济学》,北京理工大学出版社 2017 年版。

［44］王燚妍:《基于运行效益的机队分配模型的构建与优化》,中国民航大学,2018 年。

［45］王幼松:《工程经济学》,华南理工大学出版社 2011 年版。

［46］魏坤鹏:《航空公司机队引进方案技术与经济性评价》,中国民用航空飞行学院,2020 年。

［47］吴添祖等:《技术经济学概论(第三版)》,高等教育出版社 2010 年版。

［48］吴翼虎:《浅谈非线性盈亏平衡分析在项目决策中的应用》,《价值工程》2018 年第 22 期。

［49］谢寅:《民用飞机研制阶段机体结构制造的成本估算方法》,《中国乡镇企业会计》2017 年第 9 期。

［50］邢宏涛:《飞机配套产品研制项目风险识别及评估研究》,《科技资讯》2020 年第 7 期。

［51］许敏等:《国市场直接运营成本(DOC)计算方法研究与应用》,《民用飞机设计与研究》2010 年第 4 期。

［52］杨新涅、徐睿阳:《基于功能定位的区域多机场航线网络优化》,《航空计算技术》2020 年第 7 期。

［53］殷丽娟:《大飞机项目研制中标准化工作作用和地位的思考》,《航空标准化与质量》2010 年第 5 期。

［54］殷时军、孟令航:《智慧民用航空运输系统思考与实践》,《南京航空航天大学学报(社会科学版)》2022 年第 4 期。

［55］尤怀墨:《全球商用航空运输市场展望》,《大飞机》2022 年第 3 期。

［56］于玺强:《民用飞机直接运营成本分析与建模》,南京航空航天大学,2004 年。

［57］虞晓芬、龚建立、张化尧:《技术经济学概论(第五版)》,高等教育出版社 2018 年版。

［58］袁象:《航运技术经济学》,格致出版社 2010 年版。

［59］战松涛:《浅谈施工项目财务分析评价方法》,《黑龙江科技信息》2003 年第 10 期。

［60］张海峰、姜海燕、王发丽:《基于参数法的我国航空飞机研制项目成本估算研究》,《科技管理研究》2014 年第 21 期。

［61］张康等:《美国市场直接运营成本(DOC)计算分析方法应用研究》,《民用飞机设计与研究》,2012 年第 3 期。

［62］张仁颐:《船舶工程经济学》,上海交通大学出版社 2001 年版。

［63］章健:《航空概论》,国防工业出版社 2010 年版。

［64］章连标等:《民用飞机租赁》,中国民航出版社 2005 年版。

［65］赵康:《临空经济视角下航空运输发展研究》,《民航管理》2022 年第 5 期。

［66］赵元、王飞飞:《飞机型号研制中项目进度的管理方法》,《科技创新与应用》2020 年第 5 期。

［67］钟佳轩:《航空公司运营绩效动态评价》,中国民用航空飞行学院,2021 年。

［68］周灵基:《航空公司机队规划的属性——适应性、灵活性、连续性》,《空运商务》2009 年第 1 期。

［69］中华人民财政部:《关于修改〈企业会计准则——基本原则〉的决定》,2014 年。

［70］Hsu, C., H. Li, S. Liu, C. Chao, 2011, "Aircraft Replacement Scheduling: A Dynamic Programming Approach", *Transportation Research*, 47, 41—60.

［71］Massoud, B., J. Hartman, 2012, "Aircraft Replacement Strategy: Model and Analysis", *Journal of Air Transport Management*, 25, 26—29.

图书在版编目(CIP)数据

航空工程经济学 / 马凌远主编. — 上海 ：格致出
版社 ：上海人民出版社，2024.6
ISBN 978 - 7 - 5432 - 3578 - 6

Ⅰ. ①航…　Ⅱ. ①马…　Ⅲ. ①航空工程-工程经济学
Ⅳ. ①F407.5

中国国家版本馆 CIP 数据核字(2024)第 106467 号

责任编辑　王浩淼
装帧设计　路　静

航空工程经济学
马凌远　主编

出　　　版　格致出版社
　　　　　　上海人民出版社
　　　　　　(201101　上海市闵行区号景路 159 弄 C 座)
发　　　行　上海人民出版社发行中心
印　　　刷　浙江临安曙光印务有限公司
开　　　本　787×1092　1/16
印　　　张　17.75
插　　　页　1
字　　　数　341,000
版　　　次　2024 年 6 月第 1 版
印　　　次　2024 年 6 月第 1 次印刷
ISBN 978 - 7 - 5432 - 3578 - 6/F·1582
定　　　价　78.00 元